YLILUONNOLLINEN RAKKAUS
Jumalan armon levittäminen Pyhän Hengen lahjojen kautta

IHERINGIUS

Copyright © 2018 Marko Joensuu

Lainaukset Raamatusta on otettu vuoden 1933 Vanhasta testamentista ja vuoden 1938 Uudesta testamentista.

ISBN 978-1-9164811-0-7

Iheringius
An imprint of
Joensuu Media Ltd
20-22 Wenlock Road
London
N1 7GU
England

www.iheringius.com

YLILUONNOLLINEN RAKKAUS
Jumalan armon levittäminen Pyhän Hengen lahjojen kautta

MARKO JOENSUU

Ja kun fariseukset kysyivät häneltä, milloin Jumalan valtakunta oli tuleva, vastasi hän heille ja sanoi: "Ei Jumalan valtakunta tule nähtävällä tavalla, eikä voida sanoa: 'Katso, täällä se on', tahi: 'Tuolla'; sillä katso, Jumalan valtakunta on sisällisesti teissä". (Luuk. 17:20-21)

SISÄLTÖ

Kiitossanat		9
Johdanto		11
1.	Yhteisöstä lavaesiintymiseksi	19
2.	Väärä palvelutyön malli	31
3.	Mitä yliluonnollinen rakkaus on?	45
4.	Ensimmäinen kirje korinttilaisille ja armolahjat	53
5.	Sota kahden valtakunnan välillä	75
6.	Terveeksitekemisten lahjat	93
7.	Profetoiminen	131
8.	Kielet ja niiden selittäminen	153
9.	Tiedon sanat	175
10.	Viisauden sanat	183
11.	Henkien erottamisen lahja	193
12.	Uskon lahja	241
13.	Voimatekojen lahja	253
14.	Juoksun päättäminen hyvin	279
Lähdeviitteet		285
Lähdeluettelo		295
Markon muita kirjoja		301

KIITOSSANAT

Suurin kiitos kuuluu Pyhälle Hengelle, joka antoi minulle ajatuksen tästä kirjasta lähes kaksikymmentäviisi vuotta sitten. Ilman Sinua minulla ei olisi ollut rohkeutta kirjoittaa tätä kirjaa.

Kiitos Ikwu Amiaka profeetallisista sanoistasi, jotka vahvistivat oikeaan aikaan, että minun pitää kirjoittaa tämä kirja.

Kiitos myös ystävilleni Esteban Gecchelinille, Markku Koivistolle, Peter Gayerille ja Yoshua Zimmermanille, joiden kanssa olen käynyt lukemattomia keskusteluja Pyhän Hengen armolahjoista ja niiden käyttöön liittyvistä ongelmista. Nämä keskustelut ovat muokanneet syvästi tämän kirjan sisältöä, vaikkakin kaikki virheet ovat omiani.

Kiitos isälleni ja äidilleni; ilman teitä en edes eläisi tällä planeetalla, enkä olisi koskaan pystynyt tekemään tätä hengellisen kasvun matkaa ilman sitä ehdottoman, vieraanvaraisen, rehellisen ja anteeksiantavan opetuslapseuden mallia, jonka olette minulle antaneet.

Kiitos pojalleni Joshualle ja vaimolleni Daniellalle siitä, että olette matkustaneet tämän pitkän matkan kanssani ja että olette rakastaneet minua aina asettamatta mitään ehtoja.

Marko Joensuu
Lontoo, elokuu 2016

JOHDANTO

Azusa-kadun herätys, joka alkoi Los Angelesissa vuonna 1906, palautti tietoisuuden Ensimmäisen kirjeen korinttilaisille 12:7-11 luettelemasta yhdeksästä Pyhän Hengen antamasta armolahjasta takaisin seurakuntaan.

Monet 1900-luvun herätysliikkeistä painottivat terveeksitekemisten lahjoja, ja muissa herätyksissä jotkut armolahjoista toimivat spontaanisti. Mutta vasta Azusa-kadun helluntaiherätys alkoi tuoda ymmärryksen yhdeksästä armolahjasta – viisauden sanat, tiedon sanat, usko Hengessä, terveeksitekemisten lahjat, lahja tehdä voimallisia tekoja, profetoimisen lahja, lahja erottaa henkiä, eri kielillä puhumisen lahja ja lahja selittää kieliä – takaisin seurakuntaan.

Los Angelesin herätys ei missään mielessä ollut se ainoa senaikainen herätys mutta ehkä se merkittävin, sillä se tuli vaikuttamaan koko globaaliin seurakuntaan helluntailaisen teologian ja ilmiöiden välityksellä synnyttäen lopulta karismaattisen liikkeen 1960-luvulla.

Samaan aikaan maailmalla oli monia herätyksiä. Esim. Walesin herätys alkoi vuonna 1904, Korean herätys vuonna 1903, Intiassa oli herätys vuonna 1905 ja Chilessä vuosina 1908-1909.[1]

Walesin herätys edelsi Azusa-kadun herätystä, ja sieltä kantautuvat tarinat inspiroivat Azusa-kadun herätystä, mutta se oli luonteeltaan erilainen keskittyen lähinnä kääntymiskokemukseen. Mikään muu saman ajan herätys ei keskittynyt armolahjoihin.

Azusa-kadun herätys alkoi kaupungissa, josta tuli pian maailman viihdetuotannon pääkaupunki. Jälkeenpäin ajatellen on helppo huomata, miten herätyksen syntypaikka on vaikuttanut syvästi helluntailaiseen ja karismaattiseen liikkeeseen – siitäkin huolimatta, että ne ovat usein valittaneet Hollywoodin turmelevasta vaikutuksesta kovalla äänellä.

Tänään emme kuitenkaan näytä tietävän yhtään enempää armolahjoista kuin helluntailiikkeen uranuurtajat. Vaikuttaa siltä, että yli sata vuotta kestänyt armolahjoista (*charismata*) oppiminen ei ole tehnyt meistä yhtään viisaampia.

Mitä yli satavuotinen helluntailiikkeen historia ja yli viisikymmentä vuotta karismaattista liikettä ovat opettaneet on se, että armolahjat eivät useinkaan tuo mukanaan pyhittymistä tai rakkautta. Ja tiedämme vain harvoja, jotka ovat pystyneet käyttämään armolahjoja täysikasvuisella tavalla ja yhtäjaksoisesti läpi koko elämän.

Armolahjojen käyttö on levinnyt ja hiipunut aaltoliikkeenomaisesti samalla tavalla kuin monet herätyksemme. Karismaattinen liike on etsinyt lakkaamatta yliluonnollista mutta epäonnistunut sen ymmärtämisessä: herätykset ovat tulleet ja menneet.

Monet uskovat alkavat käyttämään armolahjoja jossain elämänvaiheessa usein saatuaan niitä jonkun herätyksen aikana. Mutta useimmat näyttävät menettäneen armolahjansa vain muutaman vuoden päästä. Esim. pastori, joka profetoi minulle vuonna 1995 Kensington Temple -seurakunnassa Notting Hillissä, Lontoossa, Toronton herätyksen aikana, ei ole menettänyt ainoastaan profetian armolahjaansa vaan hänestä on tullut ateisti.

Tästä huolimatta monet muistavat kaiholla niitä päiviä, jolloin he käyttivät armolahjoja, ja kaipaavat uutta herätystä, joka sytyttäisi ne palamaan uudelleen, monesti jahdaten herätystä ympäri maailmaa, mikä on luonut herätysturismi-ilmiön.

Sinusta ei ehkä vaikuta siltä, että armolahjojen käyttö on tyrehtynyt, sillä niistä pidetään paljon melua. Mutta jos tarkastelet asioita tarkemmin, huomaat pian, että melulla peitetään usein niiden puuttuminen ja niiden ymmärtämisen puute.

Mutta armolahjat eivät ole koskaan tarvinneet herätystä toimiakseen terveellä tavalla. Asia on toisinpäin! Armolahjat aloittavat herätyksen ja uudistuksen seurakunnassa.

JOHDANTO

Armolahjat eivät myöskään tarvitse erityisen karismaattista ilmapiiriä tai uskolla täytettyä seurakuntaa toimiakseen. Alkuseurakunnassa armolahjojen käyttö auttoi seurakuntaa kasvamaan. Pyhä Henki kyllä vuodatettiin ensimmäisenä helluntaina, mutta apostoli Paavali ei tarvinnut mitään herätystä ennen kuin hänen palvelutoimensa alkoi vaikuttaa minkään kaupungin elämään. Sen sijaan hän saapui uuteen kaupunkiin ja alkoi käyttää armolahjoja. Tämän lopputuloksena ihmiset antoivat elämänsä Jeesukselle, ja heidät varustettiin palvelemaan Jeesusta.

On *kolme* pääsyytä siihen, että emme ole oppineet paljoakaan armolahjoista viimeisen sadan vuoden aikana.

Ensimmäiseksi me emme ole ymmärtäneet rakkauden tärkeyttä armolahjojen dynamiikassa.

Paavali kirjoittaa Ensimmäisessä kirjeessä korinttilaisille:

> Tavoitelkaa rakkautta ja pyrkikää saamaan hengellisiä lahjoja, mutta varsinkin profetoimisen lahjaa. (1. Kor. 14:1)

Ei ole sattumaa, että rakkaus ja armolahjat tuodaan yhteen tässä jakeessa. Eikä sekään ole sattumaa, että Ensimmäisen kirjeen korinttilaisille 13. luku, ehkä syvällisin rakkaudesta koskaan kirjoitettu teksti, on sijoitettu armolahjojen käyttämistä ohjeistavien kappaleiden väliin. On uskomatonta, että tämä luku olisi saattanut jäädä kirjoittamatta, ellei Paavalilla olisi ollut tarvetta opettaa korinttilaisia, kuinka käyttää armolahjoja.

Ensimmäinen Johanneksen kirje 4:8 sanoo:

> Joka ei rakasta, se ei tunne Jumalaa, sillä Jumala on rakkaus.

Armolahjasi eivät koskaan tavoita korkeaa tasoa, ellet opi elämään rakkaudessa. Hengellisten lahjojen ytimessä on rakkaus.

Toiseksi opetuksemme armolahjoista kehittyi suurelta osin vasta-argumenttina niille, jotka väittävät armolahjojen lakanneen toimimasta pian sen jälkeen kun Uuden testamentin kirjat oli kirjoitettu. Innossamme puolustaa armolahjoja olemme usein puolustaneet yliluonnollisia ilmiöitä, joiden alkuperä on ollut epäilyttävä, ja hengellisiä opettajia, joiden teologia on harhaoppinen. Innossamme puolustaa lahjoja olemme usein tutkineet ainoastaan pinnallisesti ilmiöitä, jotka vaativat kriittistä ajattelua ennen kuin niistä voi tulla aitoja oppimisen hetkiä. Olemme mieluusti käyttäneet henkien erottamisen armolahjaa maailmassa, mutta välttäneet sen käyttöä seurakunnassa, ja tämän takia olemme menettäneet sen kokonaan.

Mutta armolahjojen käytön rohkaisua pitää tukea seurakunnassa toimiva henkien erottamisen lahja, sillä muuten seurakunta hyväksyy kaikki yliluonnolliset ilmiöt ja avaa ovet demonisille voimille ja petokselle.

Kolmanneksi ymmärryksemme armolahjoista on ollut pääosin kokemuksiin perustuva eikä raamatullinen, ja silloin kun se on ollut raamatullinen, se on useimmiten ollut näin abstraktilla tasolla ja ilman minkäänlaista ymmärrystä käytäntöön soveltamisesta.

Tämä on johtanut siihen, että olemme hyväksyneet ilmiöitä ja kokemuksia täysin niiden näyttävyyden perusteella arvioimatta niiden hengellistä alkuperää.

Halukkuudessamme puolustaa yliluonnollista olemme etsineet ilmiöitä, jotka näyttävät osoittavan Jumalan voiman – usein liittyen tunnettuihin karismaattisiin saarnaajiin – ajatellen teologisten armolahjoihin liittyvien kysymysten olevan toissijaisia.

Emme ole tutkineet edellisten sukupolvien työtä ja teologiaa kriittisesti vaan me olemme usein käyttäneet heidän työtään todisteena yliluonnolliselle arvioimattamme sitä ollenkaan. Tämän takia herätyksen virrat, jotka ehkä aluksi olivat täynnä puhdasta vettä, ovat saastuneet, ja olemme hyväksyneet selvästi epäraamatullisia oppeja. Tämän takia karismaattinen liike on juonut saastuneista lähteistä jo kauan.

Esim. monet tuntevat Smith Wigglesworthin "uskon ja parantumisen apostolina", ja he viittaavat usein Wigglesworthiin liitettyihin parantumiskertomuksiin kritiikittä uskoen niiden olleen tositapahtumia. Mutta Wigglesworthin ymmärryksen mukaan yli 90% parantumisista oli seurausta demonien ulosajamisesta. Ja Wigglesworth rukoili enimmäkseen kristittyjen

JOHDANTO 15

puolesta. Wigglesworthin epäraamatullinen uskomus siitä, että uskovat voivat olla demonien riivaamia, on varmasti osittain sen takana, että hän kykeni julistamaan suuren määrän parantumisia palvelutyössään.

Selitys tähän on yksinkertainen. Wigglesworthin uskomuksen mukaan demonin ulosajamisen jälkeen hän voi julistaa parantumisen, sillä demonit aiheuttivat sairaudet. Tähän ei tarvittu mitään lääketieteellistä testiä vaan ainoastaan teologinen usko siihen, että Jumala on voimallisempi kuin demonit.

Yleisön piti ainoastaan hyväksyä se, että Jumala on voimallisempi kuin demonit. Ja koska suurin osa yleisöstä oli aina uskovia, he hyväksyivät tämän premissin automaattisesti.

Wigglesworthin teologialla ja demonologialla oli syvä vaikutus hänen metodologiaansa. Usein hän löi sairasta, mutta mielessään hän löi demonia eikä sairautta. Monet puolustavat Wigglesworthin sairasten lyömistä tänäänkin, sillä he uskovat, että Wigglesworthilla oli valtava sairasten parantamisen palvelutyö.

Mutta jos uskot, kuten suurin osa ihmiskuntaa, että sairaudet ovat aitoja fyysisiä tiloja eivätkä demonisoitumisen tai riivattuna olemisen aiheuttamia, analyysimme lopputuloksena pitäisi olla julistettujen parantumisten kyseenalaistaminen eikä demonien tyrmäämisen puolustaminen.

Usein me hyväksymme menneisiin herätyssaarnaajiin kuten Wigglesworthiin liitetyt parantumiskertomukset kritiikittä, samaan tapaan kuin monet keskiajan kristityt uskoivat keskiajan pyhimyksiin liitetyt ihmekertomukset kritiikittä aina uskonpuhdistukseen asti, jolloin uskonpuhdistajat alkoivat kyseenalaistamaan näitä tarinoita avoimesti.

Mutta ennen kuin perustamme metodologiamme jonkun parantajan toimintaan, meidän pitää ensin todentaa, että parantumiset todella tapahtuivat.

Monet uskovat pelkäävät saarnaajien työn arvostelua, sillä he ovat kauhuissaan "Herran voideltuun" koskemisen mahdollisista seurauksista. Mutta Raamattu ei käske meidän olla hiljaa, jos todistamme jotain, minkä epäilemme olevan lähtöisin muualta kuin Jumalasta. Apostoli Johannes kirjoittaa:

YLILUONNOLLINEN RAKKAUS

Rakkaani, älkää jokaista henkeä uskoko, vaan koetelkaa henget, ovatko ne Jumalasta; sillä monta väärää profeettaa on lähtenyt maailmaan. (1. Joh. 4:1)

Paavali myös kirjoittaa:

Profeetoista saakoon kaksi tai kolme puhua, ja muut arvostelkoot. (1. Kor 14:29)

Kasvoin helluntailiikkeessä ja olen työskennellyt suuren osan elämästäni sen karismaattisemmassa haarassa. Olen tullut siihen johtopäätökseen, että paljon siitä, mitä me ajattelemme ymmärtävämme armolahjoista, on itse asiassa väärennettyä ja harhaanjohtavaa, sillä useimmiten me vain välitämme eteenpäin edellisten sukupolvien opetukset niitä paljoakaan analysoimatta.

Ymmärryksemme armolahjoista perustuu paljolti vääräbn palvelutoimintamalliin, joka on muotoutunut 1940-luvulla alkaneesta parantumisherätyksestä kertovien *legendojen* varaan. Tämä malli on hyväksytty ilman kritiikkiä paljolti sen takia, että niin monet karismaattisen liikkeen julistajista esittelevät parantumisherätyksen yhtenä seurakuntahistorian valtavimpana aikakautena.

Parantumisherätys on termi, jota monet amerikkalaiset karismaatikot käyttävät 1940-luvun loppupuolen ja 1950-luvun herätysliikkeestä. Oral Roberts käsitetään yleensä liikkeen näkyvimpänä johtajana, mutta William Branhamin ajatellaan yleisesti olleen herätyksen aloittaja.

Tämän takia, ennen kuin tutkimme kuinka aidot armolahjat toimivat, meidän pitää ensin vapautua tästä väärästä palvelutoiminnan mallista, joka hallitsee ymmärrystämme. Ja kun tarkastelemme armolahjoja yksitellen, tulemme huomaamaan kuinka tämä väärä palvelutoimintamalli jatkuvasti varjostaa meitä ja johtaa harhaan.

Tämän kirjan siemenet kylvettiin yksinkertaisen näyn kautta. Näin tämän näyn 1990-luvun alkupuolella, mutta on vienyt lähes kaksikymmentäviisi vuotta ennen kuin ymmärrykseni on kasvanut riittävästi näyn jakamiseen. Yhtenä päivänä kun rukoilin, näin *näyn.* Se oli yksittäinen kuva traktorista kyntämässä peltoa. Erillään tällä kuvalla oli vain vähän merkitystä, ja olisin voinut jättää sen

JOHDANTO

helposti huomaamatta. Tunsin kuitenkin, että se oli Herran antama näky, vaikkakin se kummastutti minua. Sitten avasin television ja näin ohjelman traktorien kiihdytyskisasta, jossa supervoimakkaat kiihdytystraktorit kilpailivat toisiaan vastaan vetämällä raskaita taakkoja. Kontrasti yksinäisen peltoa kyntävän traktorin ja yleisön juhlinnan kohteena olevien kiihdytystraktorien välillä oli valtava. Sitten vaihdoin kanavaa ja näin karismaattisen julkkispastorin heiluvan suurella lavalla. "Tämä on vain ilotulitusta", kuulin Pyhän Hengen kommentoivan, mikä keskeytti ajatusvirtani. "Kaikki tämä energia kuluu hukkaan." Mietiskelin sitä, mitä olin nähnyt ja kuullut, ja ymmärsin, että on palvelutoimia, jotka saavat aikaan paljon meteliä mutta ei paljon muuta, ja että on palvelutoimia, jotka ovat melkein näkymättömiä, mutta jotka saavat paljon aikaan. Se kaikki riippuu siitä, mihin se kaikki voima ja energia kulutetaan – lavaesiintymiseen vai todelliseen työntekoon.

Kun yritin vastustaa tämän kirjan kirjoittamista, Pyhä Henki antoi minulle sanat "väärä malli", jotka muistuttivat minua näystä ja saivat minut tutkimaan vallitsevan palvelutyömallin juuria yksityiskohtaisemmin.

Tämä kirja on kirjoitettu jokaiselle epäilevälle Tuomaalle, joka haluaa kokea enemmän Jumalasta, mutta haluaa olla täysin varma siitä, että tämä kokeminen on todellista.

Jeesuksen ylösnousemuksen jälkeen Hän ilmestyi opetuslapsilleen, mutta jostain syystä Tuomas ei ollut paikalla:

> Mutta Tuomas, jota sanottiin Didymukseksi, yksi niistä kahdestatoista, ei ollut heidän kanssansa, kun Jeesus tuli. Niin muut opetuslapset sanoivat hänelle: "Me näimme Herran". Mutta hän sanoi heille: "Ellen näe hänen käsissään naulojen jälkiä ja pistä sormeani naulojen sijoihin ja pistä kättäni hänen kylkeensä, en minä usko".
>
> Ja kahdeksan päivän perästä hänen opetuslapsensa taas olivat huoneessa, ja Tuomas oli heidän kanssansa. Niin Jeesus tuli, ovien ollessa lukittuina, ja seisoi heidän keskellään ja sanoi: "Rauha teille!"
>
> Sitten hän sanoi Tuomaalle: "Ojenna sormesi tänne ja katso minun käsiäni, ja ojenna kätesi ja pistä se minun

kylkeeni, äläkä ole epäuskoinen, vaan uskovainen".

Tuomas vastasi ja sanoi hänelle: "Minun Herrani ja minun Jumalani!"

Jeesus sanoi hänelle: "Sentähden, että minut näit, sinä uskot. Autuaat ne, jotka eivät näe ja kuitenkin uskovat!" (Joh. 20:24-29)

Tuomaan paha maine epäilijänä on ainakin osittain perusteeton, sillä hän halusi uskoa, mutta hän halusi myös olla varma, että muut opetuslapset olivat todella nähneet ylösnousseen Jeesuksen, eivätkä vain jonkun enkelin tai haamun.

On huomionarvoista, että Tuomas etsi *ristin merkkejä* todisteeksi ylösnousseesta Jeesuksesta. Samoin meidän pitää myös etsiä ristin merkkejä jokaisesta yliluonnollisesta tarinasta, ennen kuin hyväksymme ne Jumalan voiman osoituksina.

Tuomaalle ei riittänyt jonkun toisen kokemus, vaan hän halusi nähdä Jeesuksen omin silmin. Ja tämän kokemuksen tähden Tuomas on se ensimmäinen, joka huudahti: "Minun Herrani ja minun Jumalani!"

Tuomas ei halunnut joutua *kummitustarinan* pettämäksi. Vain ylösnoussut Herra, joka kantoi ristin merkkejä, riitti hänelle. Monessa mielessä tämä kirja on jatkoa edelliselle kirjalleni *Viisi askelta: taistelu profetian armolahjasta*, joka tarkastelee Isä meidän -rukoukseen kätkettyä viittä hengellistä askelta. Ne ovat askeleita Jumalan läsnäoloon, perspektiiviin, huolenpitoon, luonteeseen ja vapauteen. Mutta kun aikaisempi kirja keskittyi matkaan, tämä kirja keskityy matkan päätepisteeseen.

Yhdeksän armolahjaa voivat toimia täysin ja terveesti vain silloin kun ne virtaavat elämäntavasta, joka on täynnä Jumalan läsnäoloa ja keskittynyt oppimaan ja tekemään Hänen tahtonsa. Tämä elämäntapa hylkää ahneuden, on täynnä anteeksiantoa ja kykenee erottamaan ja vastustamaan paholaisen monia juonia.

Armolahjat ovat kaikki osa Isä meidän -rukouksen toista askelta – *Tulkoon sinun valtakuntasi. Tapahtukoon Sinun tahtosi*. Mutta kosketelen myös viidettä hengellistä askelta – *Äläkä saata meitä kiusaukseen, vaan päästä meidät pahasta* – sillä tämä on henkien erottamisen armolahjan aluetta.

1

YHTEISÖSTÄ LAVAESIINTYMISEKSI

Ennen kuin siirrymme armolahjojen yleiseen dynamiikkaan ja siihen, miten yksittäiset armolahjat toimivat, meidän pitää kitkeä harhaanjohtava malli, joka hallitsee ymmärrystämme armolahjoista.

Kutsun tätä väärän palvelun mallia, jonka kuvaan lyhyesti, *lavaesiintymismalliksi*, jonka päätarkoituksena on tarjota vaikuttava esitys. Pelkistäen, suurin osa nykyseurakunnista on rakennettu lavaesiintymiskokemuksen ympärille, eikä niiden päämääränä olekaan olla aitoja kristittyjä yhteisöjä. Mutta Pyhän Hengen antamat armolahjat sovivat huonosti tähän lavaesiintymisympäristöön.

Ensimmäinen vaihe tämän väärän armolahjojen käytön mallin kehityksessä alkoi pian helluntailiikkeen synnyn jälkeen Azusa-kadulla Los Angelesissa vuonna 1906.

Helluntailiikkeen nopean leviämisen maailmalle teki mahdolliseksi kaksi uutta teknologiaa – höyrylaivat ja sähke. Azusa-kadun herätys oli ensimmäinen herätys, jossa laivoilla ja sähkeillä oli merkittävä rooli; Walesin herätys, joka alkoi kaksi vuotta aikaisemmin, oli ensimmäinen herätys, joka levisi sanomalehtien avulla.

Tiedotusvälineiden kehittymisellä on aina ollut suuri merkitys herätysten ja uskonnollisten liikkeiden leviämisessä. Uskonpuhdistuksen teki mahdolliseksi kirjapainojen kehittyminen. Sitä ennen laaja roomalaisten teiden verkosto auttoi levittämään evankeliumin koko Rooman valtakuntaan.

Mutta tiedotusvälineet ovat aina myös muovanneet uskonnollisia liikkeitä. Azusa-katu 312, rakennus, jossa ensimmäinen helluntailainen herätys alkoi, oli rakennuksena nöyristä nöyrin. Se oli rakennettu Los Angelesin teollisuusalueelle ja palvellut aikaisemmin metodistikirkkona. Katukerroksesta oli tehty hevostalli. Lattia oli sahanpurun peittämä, ja kirkonpenkkeinä palvelivat lankut, jotka oli naulattu puisiin tynnyreihin. Ei ollut lavaa, ja William Seymour, afroamerikkalainen saarnaaja, joka toimi herätyksen katalyyttinä, istui samalla tasolla kuin seurakunta.

Penkit oli järjestetty siten, että seurakunta istui kasvotusten symboloiden kaikkien uskovien *tasa-arvoa* ja *veljeyttä*. Ja tästä pienestä ja merkityksettömän tuntuisesta tilasta helluntailaisuuden ideat ja ymmärrys levisivät nopeasti ympäri maailmaa tehden lopulta helluntailais-karismaattisesta liikkeestä yhden suurimmista kristillisistä ryhmistä maailmassa.

Mutta vaikka helluntailais-karismaattinen liike on kasvanut nopeasti, tämä ei tarkoita, että kaikki olisi hyvin liikkeen sisällä. Esim. pinnallinenkin tämän päivän karismaattisessa liikkeessä vaikuttavan profeetallisen liikkeen tarkastelu paljastaa, että se on kärsinyt hengellisen vararikon. Se, mitä monet ajattelevat tänään olevan profetiaa, ei itse asiassa ole mitään muuta kuin "profeetallista" viihdeteollisuutta – viihdettä, jonka tarkoituksena on tuottaa pelon tai toivon tunteita kristityissä, jotka kuluttavat tapahtumia, profetioita ja konfrensseja. Kuten hyvä viihde, nämä profetiat herättävät tunteitamme – mutta pian julistetaan uusi profetia! Ei ole minkäänlaista vastuunottoa, sillä kukaan ei tunnu välittävän siitä, että hyvin tunnetutkin profeetalliset julistajat jakavat vääriä profetioita, ja ne profetiat, joita ei voi osoittaa vääriksi, ovat erehtymättömiä vain sen tähden, että ne ovat yhtä epäselviä kuin horoskoopit.

Samanlaiset matalat standardit pätevät väitteisiimme parantumisista. Minä ja monet teistä olette olleet monissa parantumiskokouksissa, jossa jotkut lavalle astuneet seurakunnan jäsenet on julistettu parantuneeksi, mutta vain muutamaa päivää myöhemmin on selvää, että lähes kukaan ei parantunut.

Parantumisväitteisiin liittyvät kysymykset eivät ole mitättömiä, sillä *Pew Forum on Religion and Public Life's Spirit and Power: A 10-Country Survey of Pentecostals* -tutkimuksen mukaan "jumalallinen parantuminen" on kaikkein merkittävin ja vielä merkittävämpi tekijä kuin kielilläpuhuminen tai taloudellisen menestyksen korostaminen, jos haluaa erottaa helluntailaiset ja karismaatikot muista kristityistä. Jokaisessa kymmenestä tutkitusta maasta helluntailaisten suuri enemmistö (enemmän kuin 70% kahdeksassa kymmenestä maasta) kertoi kokeneensa henkilökohtaisesti tai todistaneensa "jumalallisen parantumisen" joko sairaudesta tai onnettomuuden aiheuttamasta vammasta. Latinalaisessa Amerikassa, Afrikassa ja Aasiassa, mantereilla joissa helluntailaisuus kasvaa nopeimmin, jopa 80%-90% ensimmäisen sukupolven kristityistä laskee kääntymisensä pääasiassa joko itsensä tai perheenjäsenen kokeman jumalallisen parantumisen ansioksi.[1]

Usko jumalalliseen parantumiseen näyttää yhdistävän suurta osaa karismaatikoista ja helluntailaisista riippumatta heidän näkemyseroistaan muissa asioissa. Mutta vaikka uskomme parantumisiin, se ei välttämättä tarkoita sitä, että koemme niitä yhtä paljon kuin ajattelemme. On surullinen tosiasia, että helluntailainen ja karismaattinen maailma on täynnä parantumisväitteitä – mutta suurinta osaa niistä ei ole koskaan todennettu.

Erään tuntemani seurakunnan kampanja kuvaa tätä riittävästi. Joitakin vuosia sitten seurakunta järjesti pitkäkestoisen parantumiskokoussarjan, jonka aikana parantumiskokouksia järjestettiin säännöllisesti. Ajatus kampanjaan saatiin, kun eräs parantajaevankelista vieraili seurakunnassa yhtenä viikonloppuna.

Kokouksen aikana yksi seurakunnan jäsenistä parantui osittaisesta kuuroudesta. Tämä saattoi alulle pitkän kampanjan, jonka aikana monet ihmiset nousivat lavalle ja tunnustivat parantuneensa. Mutta todellisuudessa he eivät olleet kaikki parantuneet. Suuri osa näistä parantumistodistuksista oli aika mitättömiä, ja se ensimmäinen osittainen parantuminen kuuroudesta jäi merkittävimmäksi parantumiseksi. Jälkeenpäin näyttää siltä, että enemmän ihmisiä parantui pienryhmissä, säännöllisissä seurakunnan tilaisuuksissa ja tämän seurakunnan normaalissa evankeliointityössä kuin näissä parantumisille tarkoitetuissa kokouksissa.

Voit ehkä ajatella, että tämä oli joku huonosti tuottava kampanja, kun kyseessä ei ollut mikään kuuluisa seurakunta, mutta todellisuudessa nämä tulokset ovat tavallisia. Monet samanlaiset kampanjat, kuten Lakelandin herätys vuonna 2008, kasvattavat parantumislukujaan jättämällä väitetyt parantumiset todentamatta ja omimalla kaikki parantumiset, jotka ovat tapahtuneet kampanjan lähiseudulla. Lakelandin herätyksen johtaja väitti, että noin kolmekymmentä ihmistä herätettiin kuolleista, mutta *Christianity Today* -lehden (12. elokuuta 2008) mukaan kukaan ei ollut koskaan tavannut näitä ylösnousseita henkilökohtaisesti – kaikki nämä väitteet oli tehty todentamattomien puhelinsoittojen, tekstiviestien tai sähköpostiviestien perusteella.[2] Jälkeenpäin kaikki nämä ylösnousemukset osoittautuivat urbaaneiksi myyteiksi, vaikkakin yhdessä tapauksessa joku oli elvytetty sen jälkeen kun hänen sydämensä oli jo pysähtynyt. Mutta tällä "ylösnousemuksella" ei ollut mitään tekemistä Lakelandin herätyksen kanssa. Se tapahtui floridalaisessa sairaalassa, mikä riitti siihen, että herätys omi sen.

Mikäli apostoli Johannes kirjoittaisi kirjeensä tänään, hän saattaisi sanoa: "Lapseni, älkää uskoko jokaista sähköpostiviestiä, Facebook-päivitystä tai herätysuutista."

Lavaesitysmalli perustuu ihmisten kutsumiseen eteen tai lavalle ja parantumisen tai armolahjan toimimisen julistamiseen reaaliajassa – ilman kunnollista todentamista ennen tai jälkeenpäin. Usein parantumistodistuksen saaminen vaatii jonkin verran ohjailua.

Kenelläkään yleisössä istuvalla tai kotona tapahtumaa televisiosta seuraavalla ei ole mitään taustatietoa lavalla seisovien ihmisten todellisesta terveystilanteesta, kuten se miten vakava heidän sairautensa on, joten on lähes mahdotonta arvioida, onko parantuminen tai tiedon sana aito.

Ikävä kyllä tällä karismaattista maailmaa vallitsevalla parantamisrukouksen mallilla on enemmän tekemistä viihdeteollisuuden kuin todellisen palvelemisen kanssa.

Tietenkään tämä ei tarkoita sitä, etteikö parantumisia voisi tapahtua julkisesti tai esiintymislavalla. Se on Jumala joka parantaa, ja jos Hän haluaa tehdä ihmeen, on Hänen asiansa valita aika ja paikka. Mutta useimmiten lavaesitysparantajat eivät ole edes kiinnostuneita siitä, onko parantuminen aito vai ei – heitä kiinnostaa

YHTEISÖSTÄ LAVAESIINTYMISEKSI 23

ainoastaan se, miltä kaikki näyttää, sillä miltä se näyttää vaikuttaa bisneksen tulokseen joko rohkaisemalla tai vähentämällä lahjoituksia ja uhrilahjoja. Tämän lavaesiintymismallin kehittyminen saavutti lakipisteensä amerikkalaisten parantajaevankelistojen aikakautena myöhään 1940-luvulla.

Yksi tämän kirjan keskeisistä argumenteista on se, että Jumala on antanut meille armolahjat toimimaan yhteisössä *rakkauden* välineinä, mutta me olemme tehneet niistä lavaesiintymistä. Ja tämä on vääristänyt meidän ymmärrystämme niistä ja estänyt meitä saavuttamaan täysikasvuisuutta niiden käyttämisessä.

On mielenkiintoista lukea, kuinka William Seymour järjesti Azusa-kadun kokoustilan. Hänellä oli selvästi selkeä ymmärrys siitä, kuinka kokoustilan arkkitehtuuri vaikuttaa jumalanpalveluksiimme. Douglas J. Nelson kirjoittaa:

> Seymour suunnitteli epätavallisen istumajärjestyksen. Hän sijoitti saarnapöntön huoneen keskelle ja alttarin sen eteen, mikä palveli penkkinä niille, jotka vastasivat alttarikutsuun. Penkit ympäröivät saarnapöntön ja alttarin – kaikki olivat samalla tasolla. Tämä järjestys heijasti sitä tasa-arvoista yhteyttä, jonka Seymour visioi. Kristuksen ruumis kokoontui uudella tavalla täysin tasa-arvoisina Jumalan huoneessa, ei joukkona yksilöitä, jotka katselivat toisten olan yli pappeja tai kuoroa, vaan yhteyttä kokevina toinen toisensa palvelijana.[3]

Azusa-kadun vaatimaton kirkkorakennus oli rakennettu tukemaan yhteisöä, jossa ketään ei nostettaisi toisten yläpuolelle ja jossa Jeesus olisi kaiken keskipisteenä.

Mutta tämän päivän lavaesiintymiskulttuurissa pastorista tulee tähti, ja kaikkien huomio keskittyy häneen.

Azusa-kadun herätys, joka oli Jumalan spontaani työ, antoi meille nälän herätyksiin, ja pian aloimme etsiä metodeja, joilla voisimme tuottaa tämän herätyskokemuksen uudelleen. Apuna olivat nopeasti kehittyvät kommunikaatioteknologiat – mikrofonit ja kaiuttimet – jotka mahdollistivat säännölliset suuret kokoontumiset.

Jos vertaat 1900-luvun loppuun asti rakennettuja kirkkorakennuksia nykyisiin kirkkorakennuksiin, huomaat tärkeän eron.

Vanhoissa kirkkorakennuksissa saarnapönttö oli korkealla kirkonpenkkien yläpuolella pääasiassa akustisista syistä. Haittapuolena oli se, että vanhanaikainen saarnapönttö rajoitti puhujan liikkumista. Tämän päivän saarnapöntöt ovat useimmiten teatraalisilla näyttämöillä huomattavasti matalammalla kuin vanhat saarnapöntöt ja usein suurissa voimakkailla äänentoistojärjestelmillä varustetuissa auditorioissa. Avoimet lavamme voivat antaa vaikutelman epämuodollisuudesta ja läheisyydestä, mutta niiden läheisyys on usein pettävää ja huolellisesti järjestettyä – samoin kuin television keskusteluohjelmien.

Mediateoreetikot puhuvat usein "välitetystä läheisyydestä", joka on pelkistettynä "yksisuuntaista läheisyyttä, jota erottaa etäisyys".[4] Media ja viihdeteollisuutemme on rakennettu tämän varaan, ja seurakuntamme on rakennettu tämän varaan. Mutta tämä ei ole todellista läheisyyttä.

Menestyvät saarnaajat ovat 1900-luvun alusta lähtien olleet niitä, jotka ovat onnistuneet valjastamaan ensin mikrofonin, sitten radion ja television käyttöönsä ja viihtyvät tässä teatraalisessa lavaympäristössä.

Tämä heijastaa yleistä muutosta yhteiskunnassa. Oscar- ja Bafta-voittaja *Kuninkaan puhe* -elokuva kuvaa tämän kehityksen ensivaiheita. *Kuninkaan puhe* on brittiläinen historiallinen draama vuodelta 2010. Se on Tom Hooperin ohjaama ja David Seidlerin kirjoittama. Elokuvassa Colin Firth näyttelee kuningas Yrjö VI:tta, joka voittaakseen änkytyksensä tapaa Geoffrey Rushin näyttelemän Lionel Loguen, australialaisen puhe ja -kieliterapeutin. Heistä tulee yhdessä työskennellessä ystäviä, ja kun Yrjö VI:n veli luopuu kruunusta, uusi kuningas tukeutuu Logueen valmistautuessaan ensimmäiseen sota-ajan radiolähetykseen Iso-Britannian julistaessa sodan Saksaa vastaan vuonna 1939.

Vuoden 1939 saapuessa radio oli jo muuttanut kuninkaaseen kohdistuvia odotuksia. Ensimmäisen maailmansodan aikana kuninkaan ei odotettu esittävän puheita, jotka kuulisi koko kansakunta, ja pienehkö änkyttäminen ei olisi haitannut paljoakaan. Nyt koko kansakunta odotti kuulevansa kuninkaan puheen radion kautta, ja tällä puheella oli suuri merkitys, sillä se välittäisi Iso-Britannian päättäväisyyden taistella natseja vastaan. Yhtäkkiä kuninkaan ääni oli kaiken keskipisteessä.

Sanotaan, että Winston Churchill – Iso-Britannian pääministeri, jonka tahdonvoimalla oli suuri merkitys toisen maailmansodan voittamisessa – olisi ollut valitsemiskelvoton television aikakautena, sillä hän ei ollut fyysisesti niin viehätysvoimainen kuin useimmat nykypäivän puoluejohtajista. Mutta jos kuulet hänen radiopuheitaan, ymmärrät nopeasti miten hyvin hän hallitsi radiopuheen taidon.

Nykypäivänä niiden, jotka pääsevät johtamaan poliittista järjestelmäämme, edellytetään näyttävän tai ainakin kuulostavan hyvältä, ja suureen osaan politiikasta liittyy vaikutelman luominen vahvasta ja karismaattisesta johtajasta. Politiikka on henkilöitynyt puoluejohtajiin, ja mikä merkitsee, on *vaikutelma* heidän luonteestaan, ei se keitä he todella ovat. Monessa mielessä politiikasta on tullut näyttämötaidetta.

Voimme erottaa samanlaisen kehityskulun helluntailaisuudessa ja karismaattisessa liikkeessä, jotka saivat mallinsa yliluonnolliseen palvelutoimeen vuosien 1946-1957 amerikkalaisesta parantamisherätyksestä. Noina vuosina Yhdysvaltoja ja muita maita kiersi noin seitsemänkymmentä parantajaevankelistaa telttoineen. Osana herätystä monet näistä saarnaajista korostivat Pyhän Hengen armolahjoja ja kastetta, jumalallista parantumista ja rukouksen ja paaston voimaa. Toiset julistivat viiden palveluviran – apostolien, profeettojen, evankelistojen, paimenten ja opettajien – palauttamista seurakuntaan Kirjeen efesolaisille 4. luvun mukaan, ja kaikki heistä väittivät omaavansa kyvyn välittää yliluonnollista voimaa kätten päällepanemisen kautta.

Suurin osa näistä parantajaevankelistoista on nukkunut pois, mutta he ovat jättäneet jälkeensä palvelutoimintamallin, joka on selvinnyt karismaattisen uudistuksen läpi ainoastaan pienin muutoksin.

Ja tämä palvelutoiminnan malli on täysin rikki.

Kaksi julistajaa ovat vaikuttaneet tämän mallin kehitykseen enemmän kuin ketkään muut.

ARMOLAHJAT TEATTERINA

Aimee Semple McPherson on vaikuttanut huomattavalla tavalla siihen, miten ymmärrämme julkisen palvelutoimen. Vuonna 1919 Aimee vei helluntailiikkeen teatterin näyttämölle.[5] Ennen Aimeen kääntymiskokemusta hänen suurin kunnianhimonsa oli tulla näyttelijäksi. Nyt helluntailiike muutti teltoista suuriin saleihin. Myöhemmin Aimee rakensi suuren Angelus Temple -kirkkorakennuksen Los Angelesiin – sekä helluntailiikkeen että Hollywoodin syntymäpaikkaan.

Des Moines-Register Tribune -lehti kirjoitti Aimeesta 13. heinäkuuta 1920:

> Aluksi, Aimee on kaunis, ja hän on taiteellinen. Hänen sormenpäänsä ovat kaunopuheisia taiteellisuudessaan… Voittaen, anoen, riemusaatossa, kulkien koko väriskaalan läpi siirtyen hetkessä ekstaasista tuskaan… Kaikki hienovivahteinen taitavan näyttelijän taiteellisuus kuuluu Aimeelle.[6]

Aimee perusti suuren kirkkokunnan, jolla on tänään miljoonia jäseniä, hänen esimerkkinsä vapautti lukemattomat naiset hengelliseen palvelutyöhön ja meidän pitää olla osittain kiitollisia Aimeelle viisipäiväisestä työviikosta, joten hänen perintönsä on monessa mielessä positiivinen.

On vähän tiedetty tosiasia, että Gray Rochester, Rochester Can Companyn omistaja, otti ensimmäisenä käyttöön lyhyemmän viisipäiväisen työviikon, josta nautimme suuressa osassa teollistuneista maista, koska Aimeen saarna oli koskettanut ja lämmittänyt hänen sydäntään.[7]

Pian tämän jälkeen Henry Ford vieraili hänen tehtaassaan, sillä se oli Amerikan tuottavin tehdas. Ford otti myös käyttöön lyhyemmän työviikon, ja viisipäiväinen työviikko alkoi levitä maailmalle.

Mutta Aimee toi myös parantumiskokoukset lavalle. Aimeen jumalallisissa parantumiskokouksissa esiintymislavalle asetettiin seitsemän tuolia. Tuolien edessä oli pieni pöytä, jonka päällä oli hopeainen uurna täynnä voiteluöljyä. Rukoilujärjestys seurasi

numeroita, jotka oli painettu rukouspyyntökortteihin. Kortit oli jaettu useita päiviä aikaisemmin.
Ne oli numeroitu siinä järjestyksessä, missä ne oli jaettu.
Korteissa kysyttiin sairaan nimeä, seurakuntaa, uskonsuuntaa ja sairauden luonnetta.[8]
Toimittaja Don Ryan kirjoitti *Los Angeles Record* -lehdessä 2. tammikuuta 1923 Angelus Templen avaamisesta:

> Mikäli Aimee Semple McPherson ei olisi valinnut tulla herättäjäksi, hän olisi ollut musiikillisen komedian kuningatar. Hän omaa magneettisuuden, jonka vain muutama nainen sitten Kleopatran on omistanut... Seisoen kupolin alapuolella herättäjä selitti innoitustaan temppelille. "Halusin sen näyttävän kuin Jumalan oman luonnon", hän sanoi. "Jotta romanit ja senkaltaiset ihmiset tuntisivat olonsa kotoiseksi. Kirkot ovat menettäneet sen läheisyydentunteen, jonka koemme teattereissa. Yritin saada sen läheisyydentunteen tänne... Teatterin hauska läheisyydentunne on saavutettu. Rakennus on kuin teatteri. Siinä on monta aulaa. Istuimet ovat oopperatuoleja. Se ainoa kirkolta näyttävä osa on ikkunat."[9]

Vuonna 1978 Aimeen tytär Roberta sanoi haastattelussa:

> Se kaikki, mitä hänellä oli, olivat yläkoulun draamatunnit. Niinpä hän luki Raamattua kuin näyttelijä. Hän palautti draaman sinne, jossa se jo oli.[10]

Aimee oli hyvin tietoinen siitä, että viihde oli hänen pahin kilpailijansa. Hän opetti nuoria saarnaajia:

> Muistakaa, että teillä on kilpailijoita. Ne ovat elokuvat, nyrkkeilysalit ja keilahallit. Oppilaat, kukistakaa se vanha paholainen hänen omassa pelissään. Saapukaa hyvin rukoiltuna Jumalan voima yllänne ja käyttäkää kaikkia mahdollisia keinoja välittääksenne sanoma.[11]

Aimeen elämä muistutti monin tavoin Hollywoodin elokuvatähden elämää. Hän erosi kahdesti, kerran ennen kuin hänestä tuli kuuluisa ja kerran kun hän oli Angelus Templen johtava pastori. Hän kuoli unilääkkeiden yliannostukseen. Hän eli viihdetähden elämän ja kuoli viihdetähden kuoleman.

Angelus Temple oli ensimmäinen *megaseurakunta*, ja tuhansia megaseurakuntia on rakennettu sen jälkeen Aimeen rakennuspiirrustuksia mukaillen. Aimee rakensi teatterin, ja nyt meillä on tuhansia kirkkorakennuksia, jotka on rakennettu kuin teatterit.

Ja *teatterissa* se ainoa tärkeä asia on illuusion ylläpitäminen. Uri Geller, israelilainen silmänkääntäjä, sanoo:

> Viihteeseen kuuluu jonkinlainen pettämisen salliminen. On kuin seinällä olisi kaksi Picasso-taulua. Yksi niistä on aito. Toinen on väärennetty. Mutta sillä ei ole mitään väliä. Tästä ei ole mitään haittaa.[12]

Mediatutkija Simone Natalen mukaan spiritismin yleistyminen viktoriaanisena aikana kytkeytyi läheisesti media- ja viihdeteollisuuden kehittymiseen. Spiritismin opettajat ja meediot käyttivät niitä samoja mainostamisen strategioita, esityskeinoja ja vaikuttavia tekniikoita, joita viihdeteollisuus kehitti. Meedioiden esityksillä oli usein teatraalinen luonne. Spiritistiset sessiot pidettiin usein teattereissa ja julkissa halleissa, tilanteissa, joissa meedio omaksui esiintyjän ja istuvat yleisön roolin.[13]

Esiintyjät, kuten P.T. Barnum, ymmärsivät, että epäilyt heidän vaikuttavien saavutustensa aitoudesta vain lisäsivät mielenkiintoa, ja he yllyttivät avoimesti kiistoja osana mainostamisstrategiaa. Vieläkin tärkeämmin spiritismi hyötyi julkkiskulttuuriin liittyvistä tehokkaista julkaisumekanismeista. Monesti tunnetuista meedioista kirjoittaminen sensaatiolehdissä herätti suuren yleisön huomion.[14]

Spiritismi ja magiikka toivat illuusion viihdeteollisuuden ytimeen, ja ne ovat pysyneet siellä nykypäivään asti. Tarkoituksenani ei ole demonisoida viihdettä, mutta kuten Uri Geller sanoo, viihdeteollisuus on aina perustunut silmänkääntötemppuun.

Yksi spiritismiin liittyvistä muoti-ilmiöistä oli henkivalokuvaus – kuvien ottaminen erilaisissa ympäristössä ja "henkien" ilmestyminen kuviin. Henkivalokuvaus on vaikuttanut spiritismiin vuosikymmeniä, ja sen suosio alkoi hiipua vasta viime vuosisadan puolivälissä.[15] Tämä edelsi elokuvatrikkejä ja erikoistehosteita ja voi olla osasyynä siihen, että elokuva ja kirjallisuus ovat yhä täynnä haamuja ja yliluonnollista fantasiaa.

William Branham, jonka palvelutoimesta keskustellaan seuraavassa luvussa, oli kuuluisa oudosta tulipilarista, joka näkyi hänen päänsä yllä yhdessä valokuvassa. Monet ovat nähneet tämän merkkinä Jumalalta, mutta tälläiset valokuvat ovat aina olleet spiritistien oppikirjassa. Tämän salaperäisen tulipilarin on kuitenkin todistettu olleen tavallinen lavalamppu.

Viihdemalli on vaikuttanut yhteiskuntaamme niin läpitunkevasti, että se on jopa vääristänyt ymmärryksemme kristinuskon luonteesta niin pahasti, että me tarvitsemme uskonpuhdistusta yhtä paljon kuin keskiajan kirkko. Kun keskiaikainen kirkko myi pelastusta helvettiä pelkääville, me myymme tunne-elämyksiä sukupolvelle, jota viihde on muovannut niin syvästi, etteivät he enää osaa erottaa aidon ja väärennetyn eroa pelkästään sen tähden, että esiintymislavalla niiden erolla ei ole mitään merkitystä.

2

VÄÄRÄ PALVELUTYÖN MALLI

Aimee vain aloitti lavaesiintymismallin kehittämisen; parantamisherätys täydellisti sen. Ja laaja seurakuntahistorioitsijoiden, karismaattisten kirjoittajien ja pastorien joukko käsittää William Branhamin miehenä, joka aloitti parantamisherätyksen.

Paul Keith Davis kirjoittaa maaliskuussa 2009 Branhamista "The Elijah List" -nettisivuilla, jotka keskittyvät profetointiin:

> Uskon, että hän oli enne tai prototyyppi koko joukolle ihmisiä, jotka tulevat ilmestymään Jeesuksen morsiusseurueena. Oman tunnustuksensa mukaan Branham oli ennusmerkki jostain uudesta ja tuoreesta, jota Herra on suunnitellut viimeisille päiville. Tämä yliluonnollinen ulottuvuus tulee olemaan yleistä lopunajan elämässä ja palvelutyössä... Taivaalliselle totuudelle on rakennettu koroke, ja meidän pitää ymmärtää tämänkaltaisen palvelutyön merkittävyys sukupolvellemme. Nämä tapahtumat olivat paljon merkityksekkäämpiä kuin herätys; ne olivat lopunaikojen palvelutyön alku; ne osoittavat kirjoituksissa ennustettuun kohtalon sukupolveen.[1]

Paul Cain, toinen amerikkalaisen profeetallisen liikeen johtohahmo, kutsui Branhamia "merkittävimmäksi profeetaksi, joka on koskaan elänyt."

Kuka olikaan sitten tämä huomattava mies, jota niin monet tuntuvat kunnioittavan?

Branham oli todellakin parantumisherätyksen ensimmäinen herättäjä. Hän oli kuuluisa parantumisista ja väitetyn tarkoista tiedon sanoista.

Kris Valloton, profeetallinen johtaja Reddingin Bethel-seurakunnassa Kaliforniassa, kertoo eräässä YouTube-videossa, että hän kysyi kerran Jumalalta: "Antaisitko minulle William Branhamin manttelin?" Hän sanoo, että Jumala vastasi Branhamin manttelin tuhoavan hänet, ja että se olisi yhdelle miehelle liian raskas kantaa.[2]

Ja totisesti Branhamin mantteli tuhoaisi kenet tahansa.

Branhamin itsensä mukaan yli 15 000 ihmistä parantui hänen rukoustensa kautta yksistään vuonna 1946, jolloin parantumisherätys alkoi.

C. Douglas Weaver, uskonnon professori ja kandidaattiopintojen johtaja Baylorin yliopistossa, kirjoittaa:

> William Branhamin vaikutus ei päättynyt hänen kuolemaansa. Hänen palvelutyöllään on ollut merkittävä vaikutus koko tämän päivän helluntailiikkeeseen. Herätyksen tahdinantajana Branham oli inspiraation päälähde muiden vapauttamisen palvelutyöhön keskittyvien kehittymisessä.[3]

Weaverin mukaan Branhamin palvelutyö pitää nähdä ainakin osittain Uskon Sana -liikeen edeltäjänä.[4]

Joten monien mielestä William Branham oli lopunajan palvelutyön prototyypi, ja meidän tulisi seurata häntä. Bill Johnson, Reddingin Bethel-seurakunnan johtava pastori, kirjoittaa Branhamista:

> On hyvinkin mahdollista, että Jeesuksen itsensä jälkeen kukaan ei ole kantanut tämänsuuruista voitelua. Mutta hänellä oli omat puutteensa. Hänen oppiensa outous myöhemmin elämässä on saanut monet "heittämään vauvan ulos pesuveden kanssa". On helpompaa hylätä joku heidän virheensä takia kuin oppia syömään liha ja heittää pois luut. Yksi reaktio vaatii vain mielipiteen, toinen vaatii kypsyyttä.[5]

VÄÄRÄ PALVELUTYÖN MALLI

Bill Johnson viittaa Branhamin "puutteisiin", mutta hän ei tunnu ajattelevan niiden olevan erityisen tärkeitä. Tämän näkökulman mukaan Branhamin oppi "myöhemmin elämässä" on ongelmallinen, mutta hänen palvelutyömallinsa käsitetään yhä olevan paras mahdollinen malli karismaattiseeen palvelutyöhön.

Derek Prince tarkasteli Branhamin palvelutyötä paljon kriittisemmin sen jälkeen kun hän oli ollut samalla lavalla Branhamin kanssa useaan otteeseen:

> Ikävä kyllä, sen jälkeen kun hän oli käyttänyt lahjaansa kaksi tai kolme kertaa, hän vain lysähti, ja hänen apurinsa tulivat, nostivat hänet ja kantoivat hänet pois. Hän selitti kaiken Jeesuksen sanoilla: "Minä tunsin, että voimaa lähti minusta." Mutta Jeesus ei lysähtänyt. En usko, että tämä oli Pyhä Henki. Uskon, että tämä oli demonista.[6]

Derek Princen mielestä Branham toimi demonisen hengen vaikutuksesta ainakin osan aikaa. Ja kuitenkin monet odottavat, että meidän pitäisi hyväksyä Branhamin palvelutyö kritiikittä.

Branhamin opetukset ja elämänhistoria osoittavat, että toisin kuin hän väitti, Jumala ei ehkä koskaan kutsunut häntä palvelutyöhön.

Branham opetti monia oppeja, jotka olivat selvästi vääriä. Esim. hän vahvisti Vanhan testamentin lain, jonka mukaan miehellä oli oikeus ottaa avioero, jos hänen vaimonsa leikkasi hiuksensa lyhyeksi.[7]

Mutta Branhamin surullisenkuuluisin opetus oli oppi käärmeen siemenestä. Branhamin mukaan Eeva synnytti Kainin sen jälkeen kun hän oli ollut seksuaalisessa yhteydessä käärmeen kanssa; tämän jälkeen jokainen nainen potentiaalisesti kantoi käärmeen siementä.[8] Hän myös väitti, että kirkkokunnat olivat pedon merkki.

Huolestuttavimmin, Branham sanoi: "Kolminaisuusoppi on paholaisesta. Sanon: 'Näin sanoo Herra.'"[9]

Tässä meillä on uskonnollinen johtaja, monien kunnioittama, joka kieltää yhden perustavimpaa laatua olevan opetuksen Jumalan luonteesta.

Branhamin opetusten perusteella hänen palvelutyönsä tulee hylätä *teologisin* perustein. Jos hän olisi todella tuntenut Jumalan, hän ei olisi tehnyt tällaisia väitteitä.

Minulla ei ole tilaa kirjoittaa Branhamin monista vääristä profetioista, mutta niiden pikainenkin lukeminen – ne ovat kaikki saatavana vapaasti netissä – paljastaa nopeasti, että tarkkuuden sijasta suurin osa hänen profetioistaan osui harhaan.

Mutta mihin kaikki nämä karismaattiset johtajat viittaavat ovat Branhamin näennäisen tarkat tiedon sanat, ja he ovat valmiita sulkemaan silmänsä miltä tahansa virheeltä niiden takia. Tämän takia meidän pitää tarkastella näitä tiedon sanoja yksityiskohtaisemmin.

VALHEELLISEN NÄKIJÄ-PARANTAJAN METODOLOGIA

Jos katsot Branhamin lavaesiintymisvideoita, voit tulla helposti siihen johtopäätökseen, että Branhamilla oli valtava tiedon sanojen armolahja. Mutta on mahdollista, että Branham oli yksi parhaista seurakunnassa koskaan toimineista silmänkääntäjistä, tai kuten Derek Prince sanoi, Branham saattoi kanavoida demonista henkeä.

Mutta mikä tahansa onkaan johtopäätöksesi, kun tarkastelet Branhamin metodologiaa, kohtaat niin paljon manipulointia, että hänen palvelutyönsä tulee hylätä *eettisistä* syistä.

Jos katsot Branham-videon, joita on paljon saatavilla netissä, mitä *näyttää* tapahtuvan on, että hän kutsuu ihmisiä lavalle sattumanvaraisesti, kertoo intiimejä faktoja heidän elämästään ja parantaa heidät. Ja kuten kuka tahansa ammattinsa arvoinen silmänkääntäjä, Branham laskettiin hautaan ennen kuin hän paljasti sen täsmällisen tavan, jolla hän suoritti silmänkääntötemppunsa. Mutta sitä edelsi äärimmäinen yleisön manipulointi, joka sai ihmiset näkemään, mitä Branham tahtoi heidän näkevän.

Ensin Branham suojasi itsensä niitä vastaan, jotka eivät tulisi parantumaan, väittämällä, että epäonnistuminen ei ollut koskaan hänen syynsä. F.F. Bosworth, parantajaevankelista, joka avusti Branhamia, sanoi:

> Mikäli sairas ei parantunut, syynä oli joko tunnustamaton synti tai demonin läsnäolo.[10]

VÄÄRÄ PALVELUTYÖN MALLI   35

Branham käytti pelkoa ja uhkailua manipuloimaan yleisöä. Hän väitti, että ulosajetut demonit etsivät uusia asumuksia ja sanoi, että demonit valitsisivat epäilevät majapaikakseen, pyytäen heitä poistumaan ennen kuin kokouksen parantamisosa alkoi. Hän oli vakuuttunut siitä, että epäusko esti ihmisiä parantumasta. Hän kehotti yleisöä kestämään uskossa ja sanoi, että monet parantumisista olivat asteittaisia. Branhamin vastaus väliaikaisiin parantumisiin oli, että parantumisen voi menettää. Parantuminen kesti vain niin kauan kuin horjumaton usko.[11]

Et varmaan haluaisi tulla riivatuksi vain sen tähden, että epäilit ihmeen tapahtuneen.

Toiset pastorit johtivat useimmiten aamukokouksia. Näiden kokousten tarkoituksena oli "kasvattaa uskoa" iltakokouksiin.

Rukousjonon käyttö oli Branhamin pääasiallinen metodi sairaiden puolesta rukoilemiseksi. Vuonna 1949, jolloin Branham lisäsi "erottelukyvyn" metodologiaansa, "nopea linja" suljettiin. Hitaassa linjassa oli ollut pyörätuolipotilaita, mutta nyt käytössä oli vain yksi jono. Ihmisiä ohjattiin jonottamaan Branhamin oikealla puolella, sillä "enkeli" seisoi hänen oikealla puolellaan, ja Branham tarvitsi "enkelin" läsnäolon parantumisiin.

Branham väitti, että parantumisnäytös osoitti Jumalan läsnäolon kokouksessa. Kun yleisössä istuvat todistivat parantumisen lavalla, tapahtuisi lisää parantumisia, sillä "uskon taso" nousisi. Tämä oikeutti sen, että lavalla rukoiltiin vain pienen joukon puolesta. Kun Branham aloitti palvelutyönsä, kaikkien annettiin tulla jonoon. Mutta pian Branham oli rättiväsynyt. Tämän jälkeen vain sata korttia annettiin täytettäväksi yhteen kokoukseen. En ole aivan varma, milloin tarkalleen Branham aloitti rukouskorttien käyttämisen, mutta veikkaisin, että ajoituksella oli paljon tekemistä hänen uuden "erottelukyvyn" lahjansa käyttöönoton kanssa.

Ihmisiä pyydettiin kirjoittamaan sairauden luonne ja henkilökohtaisia tietoja korttiin. Kun rukoiltava eteni jonossa, Branhamin tiimin jäsen keräsi kortin.[12] Bosworth sanoo:

> Branham ei aloita rukoilemaan ruumiillisesti vaivatun puolesta minään iltana ennen kuin hän on tietoinen Enkelin

läsnäolosta lavalla. Ilman tätä tietoisuutta hän vaikuttaa täysin avuttomalta... Kun hän on tietoinen Enkelin läsnäolosta, hän näyttää pystyvän tunkeutumaan lihan verhon läpi hengen maailmaan ja tulemaan läpikotaisen vaikutetuksi tietoisuudella näkymättömästä.[13]

Aluksi Branham väitti, että "enkeli" oli se, joka paransi. Mutta myöhemmin Branham puhui "enkelistä" vain harvoin. "Enkelin" läsnäolo auttoi Branhamia hoitamaan oman osansa parantamisprosessissa. On suurelta osin Branhamin ansiota, että niin monen parantajaevankelistan toiminta riippuu väitetysti enkeleistä.

Branham väitti hyödyntävänsä kahta merkkiä: sairauden tunnistamista vasemman käden värinän avulla ja rukoiltavan sydämen salaisuuksien erottamista. Lahja toimi silloin kun enkeli "voiteli" Branhamin. Mikä on merkillepantavaa on, että se ei ollut Pyhä Henki vaan "enkeli", joka paransi. Mutta tämä poikkeaa täysin raamatullisesta ymmärryksestä Jumalasta parantajana. Tämän lisäksi rukoiltavan piti uskoa *Branhamiin* profeettana ja parantajana, jotta parantuminen tapahtuisi. Parantuakseen rukoiltavan piti tunnustaa, että Jumala oli antanut Branhamille erityisen parantamisen lahjan. Branham kysyi rukousjonossa odottavilta:

> Uskotko minuun? Hyväksytkö minut Jumalan palvelijana? Uskotko, että olen Hänen profeettansa, joka on lähetetty tänne sen tähden, että sinä parantuisit, ja totteletko kun kerron sinulle mitä tehdä?... Sinulla on nivelreuma... Hyppää ylös lavalla näin. Olet parantunut, veljeni.[14]

Branhamin metodologiassa on niin monta manipuloinnin tapaa, että on vaikea uskoa, että hänen sallittiin toimia parantajaevankelistana.

Usein Branham "paransi" ihmisiä sairauksista, joista he eivät edes tienneet kärsivänsä. Mutta kovan manipuloinnin ja hienovaraisen pelottelun takia monikaan ei vastustellut, ja useimmat uskoivat jälkeenpäin, että heillä itse asiassa oli ollut kyseinen sairaus. Kuten tämänpäivän parantajaevankelistoja, Branhamia arvosteltiin sen tähden, että parantumiset eivät kestäneet. Mutta Raamatussa kukaan ei menettänyt parantumistaan.

VÄÄRÄ PALVELUTYÖN MALLI

Mutta miten Branham sai ne näennäisesti tarkat tiedon sanat? Ne oli helppo saada rukouskorteista, ja suurin osa Branhamin tiedon sanoista viittasikin ihmisten sairauksiin ja kotiosoitteisiin.

Branham tarvitsi hyvän muistin tiedon sanojen toimimiseen. Hän joko luki tai rukoili korttien puolesta ennen kokousta, tai hän oli kokouksen aikana säännöllisessä yhteydessä apulaisiinsa, jotka keräsivät kortit ennen kokousta tai sen aikana. Sitten Branham kutsui rukoiltavat lavalle numerojärjestyksessä.

Jos tiedon sanojen informaatio oli sama kuin rukouskorteissa, mikä oli tiedon sanojen todennäköisin lähde?

Toisin sanoen, minkä tähden Jumala olisi antanut Branhamille tiedon sanat sairaudesta, jos tämä informaatio oli jo saatavilla korteista?

Branham vaati, että sairaat järjestettiin jonoon kortissa olevan numeron mukaan. Jos kortit olivat väärässä järjestyksessä tai jos joku kortin saanut ei itse asiassa ollutkaan jonossa, lahja lakkasi usein toimimasta – siihen asti kunnes jono oli uudelleenjärjestetty Branhamin toiveiden mukaisesti.

Tässä on nykypäivän parantumiskokouksien malli, mutta koska suurin osa parantajaevankelistoista ei ole tietoinen Branhamin metodologiasta, he usein yrittävät luoda saman vaikutuksen tietämättä, että on todennäköistä, että Branhamin toiminta oli aina perustunut *silmänkääntötemppuun*.

Meidän tulee myös kyseenalaistaa Branhamin tiedon lähde ja kutsumus. Branhamin oman kertomuksen mukaan hän ei ollut vielä uskovainen, kun hän oli nuorena miehenä karnevaalissa.

Yksi ennustajista lähestyi häntä ja sanoi:

> Sano, tiedätkö, että olet syntynyt ennusmerkin alla, ja sinua seuraa tähti. Kun synnyit, sinulla oli lahja.[15]

William Branhamin itsensä mukaan hän sai kutsunsa ennustajalta. Branham ei suuremmin taistellut okkultismia vastaan palvelutyönsä alkupäivinä. Vuonna 1933, jolloin hän sai profetian seitsemästä suuresta maailman tapahtumasta, jotka tulisivat tapahtumaan ennen Jeesuksen paluuta – tämän on todistettu olleen väärä profetia jo vuosikymmeniä sitten – hän piti kokouksiaan vanhassa vapaamuurarien temppelissä Meggs Avenue -kadulla Jeffersonvillessä.[16]

On selvää, että jo palvelutyönsä alkupäivinä Branham jakoi vääriä profetioita ja että teoria siitä, että hän aloitti hyvin mutta lopetti huonosti on väärä. Hän sekä aloitti että lopetti huonosti.

Profeetallisen palvelutyön tekijänä minua häiritsee se, että Branhamilla ei ollut vaikeuksia profetoida vapaamuurarien temppelissä. Noin yksi kymmenestä amerikkalaisesta oli vapaamuurari noina aikoina, ja temppelit olivat hyödyllisiä, jos halusit kerätä kansaa kaikista kirkkokunnista, mikä selittää kokouspaikan valinnan, mutta ei vaikuta siltä, että Branham olisi varustautunut millään tavalla toimimaan tällaisessä hengellisesti vihamielisessä ympäristössä.

Branham ei koskaan tehnyt pesäeroa vapaamuurariuteen, ja jopa hänen hautakivensä on pyramidi, vapaamuurarien symboli.

Branham näytti antavan selviä vihjeitä voimanlähteestään kaikissa tilanteissa, mutta jostain syystä monet karismaattiset julistajat jättävät ne huomiotta.

Branhamin palvelutyön parantajaevankelistana aloitti enkelin ilmestyminen hänelle vuonna 1946. Branhamin mukaan enkeli kertoi hänelle:

> Älä pelkää. Minut on lähetetty Kaikkivaltiaan Jumalan läsnäolosta kertomaan sinulle, että sinun eriskummalliset ja väärinymmärretyt tiesi ilmentävät, että Jumala on lähettänyt sinut viemään jumalallisen parantumisen lahjan maailman ihmisille. Jos olet vilpitön, ja saat ihmiset uskomaan sinuun, mikään ei kestä rukouksesi edessä, ei edes syöpä.[17]

Tämä "enkeli" rohkaisi Branhamia uskomaan *itseensä* – ei Jumalaan. Apostoli Paavali kirjoittaa Kirjeessä galatalaisille 1:8:

> Mutta vaikka me, tai vaikka enkeli taivaasta julistaisi teille evankeliumia, joka on vastoin sitä, minkä me olemme teille julistaneet, hän olkoon kirottu.

VÄÄRÄ PALVELUTYÖN MALLI

Mikä tahansa ilmoitus, joka on ristiriidassa Raamatun kanssa, tulee hylätä heti. En ole varma, ilmestyikö enkeli todella koskaan Branhamille, vai keksikö hän tämän tarinan, mutta jos se oli todella enkeli, se ei voinut olla Herran enkeli.

Tämän kaikkien yliluonnollisten ilmiöiden hyväksymisen karismaattisuuden piirissä voi ymmärtää ainoastaan historiallisessa kontekstissa, jossa yliluonnollisia lahjoja on puolustettu armolahjojen lakkauttamisnäkemystä vastaan. Mutta kun teologiamme muovautuu argumenttina toisia uskovia vastaan, johtaa tämä automaattisesti epätasapapainoon. Silloin me lakkaamme etsimästä totuutta, sillä ainoa päämäärämme on väittelyn voittaminen.

> Jeesus vastasi ja sanoi heille: "Te eksytte, koska te ette tunne kirjoituksia ettekä Jumalan voimaa." (Matt. 22:29)

Jotkut uskonpuhdistajista loivat osittain harhaanjohtavaa teologiaa, sillä he kielsivät Jumalan voiman armolahjojen lakkauttamisnäkemyksen opin mukaan. Heidän päämääränään ei kuitenkaan ollut Jumalan voiman kieltäminen vaan Sanan puolustaminen. Samalla tavalla monien karismaatikkojen tarkoituksena ei ole kieltää Raamattua vaan puolustaa yliluonnollista. Ikävä kyllä se tapa, jolla me teemme sen, perustuu siihen, ettemme välitä suuresta osasta Raamatun sisältöä, kuten kehotuksesta arvostelukyvyn käyttämiseen.

Meidän pitää tuntea Raamattu mutta myös Jumalan voima. Mutta meidän pitää myös tuntea Raamattu eikä ainoastaan Jumalan voima.

Mutta koska emme välitä totuudesta, ei ole ihme, että aito henkien erottamisen armolahja puuttuu lähes kokonaan karismaattisista seurakunnista tai ainakin julkisesta keskustelustamme.

Bill Johnsonin mukaan meidän ei tulisi kuitenkaan arvostella Branhamin kaltaista miestä:

> Esimerkiksi minulle on kerrottu, että William Branham näki yli kymmenen tuhatta avointa näkyä, ja että hänellä oli sadan prosentin tarkkuus ihmeiden palvelutyössään. Tämän takia minun pitää antaa suuri arvo sydämessäni tällaiselle palvelutyölle, mikäli haluan kokea sen itse. Tämä alkaa

useimmiten sillä, että arvostamme Jumalan voitelua toisissa, jotka käyttävät tiedon sanoja, ja erityisesti niissä, jotka näkevät avoimia näkyjä. Meidän pitää vastustaa kiusausta verrata ja kritisoida. Meidän pitää mieluummin ylistää. Sillä mitä me ylistämme, siihen me pystymme todennäköisemmin ottamaan osaa.[18]

Mielestäni meidän ei tulisi ottaa osaa mihinkään, mitä Branham teki.

MUU PARANTAMISHERÄTYS

Mutta ehkäpä meidän ei tule hylätä koko parantamisherätystä yhden miehen takia. Miten meidän tulisi suhtautua muihin parantajaevankelistoihin? Loppujen lopuksi he saattoivat hyödyntää samankaltaisia metodeja, mutta heidän oppinsa oli paljon terveempi. Oliko ongelma sittenkin vain miehessä eikä metodissa?

Branhamin rinnalla Oral Robertsin ajateltiin olevan parantamisherätyksen pääasiallinen johtohahmo. Mitä hänen elämänsä ja palvelutyönsä kertoo parantamisen "kulta-ajasta"?

Vuonna 1959, jolloin parantamisherätys oli jo hiipunut, Oral kertoi toimittajalle:

> En voi todistaa, että kukaan joka tuli luokseni, parantui, mitä tarkoitan on, että en voi vakuuttaa kaikkia.[19]

Vuonna 1956 Oral sanoi: "En yritä vakuuttaa ketään, sanon vain: 'Tuolla on se ihminen. Anna hänen kertoa.'"[20] Oralin sanat leikkaavat parantamisherätyksen ja sitä seuraavien samanlaisten herätysten perusongelman ytimeen.

Parantumisten varmentaminen ei ole koskaan ollut tärkeää lavaesitysmallissa.

Tommy Tyson, Oralia 1960-luvulla avustanut evankelista arvioi, että kaksi tai kolme prosenttia niistä, joiden puolesta Roberts rukoili, parantuivat silmänräpäyksessä ihmeenomaisesti ja muita autettiin asteittain.[21] Tämä on pieni määrä. Mutta tämäkin arvio perustuu vain siihen, mitä näyttää tapahtuneen lavalla eikä myöhempään lääketieteelliseen varmentamiseen. On todennäköistä, että ne

VÄÄRÄ PALVELUTYÖN MALLI

oikeat määrät olivat paljon pienempiä. Katolinen kirkko varmentaa väitetyt parantumiset huolellisesti lääkärien avulla ja kertoo paljon vähemmistä parantumisista, mutta ne on kaikki varmennettu. Lavaesitysmalli paisuttaa parantumisten ja ihmeiden määrän sillä, ettei niitä tutkita ollenkaan.

Mutta parantumiset voi joko varmentaa tai sitten ne eivät olekaan parantumisia. Voidaan väitellä siitä, minkä takia joku voi paremmin, mutta hän voi joko paremmin tai ei. Syy voi jäädä mysteeriksi, mutta itse parantuminen on tosiasia.

Karismaattinen liike on luonut kulttuurin, jossa pelkästään hengellisten lahjojen käytön vaikutelma riittää. Sillä, ovatko ne aitoja vai ei, ei näytä olevan paljonkaan merkitystä. Itse asiassa monissa seurakunnissa illuusio lahjoista on helpompi hallita ja siedettävämpää kuin aito Jumala ilmestyminen. Tämä on pitkälti lavaesitysmallin aikaansaannosta.

Mutta tämä kaikki jättää uskovat tyhjiksi, heikoiksi ja ilman henkilökohtaista, läheistä suhdetta Jumalaan.

Monin tavoin seurakuntamme muistuttavat maallista mediaympäristöä. Viihdeala on täynnä lavasteita, joita pidetään koossa vahvalla teipillä. On täysin hyväksyttävää, jos ne pysyvät koossa siihen asti kun kamera laitetaan pois päältä. Mutta ei riitä, että pappien hurskas esiintyminen saadaan pidettyä yllä vain siihen asti, kun he poistuvat lavalta.

Mutta lavaesityksen kannalta ei ole merkitystä, onko ihme aito vai ei, kunhan se vaikuttaa aidolta, sillä sen tunnevaikutus on sama.

Parantajaevankelistojen liiketoimintamalli oli kiertävä sirkus. Se mainosti ihmeitä tai profeetallisia ilmestyksiä luvaten niitä ennen niiden tapahtumista. Sitten se yritti luoda niiden todellisuuden tai harhakuvan ennen siirtymistä toiseen kaupunkiin. Sirkukseen verrattuna ero oli se, että sisäänpääsy oli ilmaista – mutta jos menit sisään, sinut alistettiin lomaosakkeen myynnin kaltaiseen painostukseen rahan lahjoittamisesta.

Voit vastustaa analyysiäni sen tähden, että jossain mielesi takaontelossa on vaikutelma Jeesuksesta ja apostoleista tekemässä ihmeitä. Eikö meidän tulisi seurata heidän esimerkkiään? Mutta Jeesuksen ja apostolien toiminnassa tapahtumien järjestys oli toisenlainen. He eivät koskaan mainostaneet ihmeitä ja merkkejä. Evankeliumin sanoma oli se myyntivaltti, ja ihmeet ja merkit seurasivat heitä. Mutta ihmeisiin ja merkkeihin keskittyvät evankelistat julistavat, että he tulevat järjestämään ihmeiden ja merkkien esityksen, ja sen jälkeen heillä on paine tuottaa ne luvatut ihmeet.

He saattavat mainostaa tapahtumaa ulospäinsuuntautuvana kokouksena, mutta koko tapahtuma on itse asiassa rakennettu uskoville. Tämä tulee selväksi viimeistään uhripuheen aikana.

Mutta Jeesus ei koskaan toiminut tällä tavalla. Otetaan esimerkiksi kertomus Kaanaan häistä (Joh. 2:1-11), jossa vesi muutettiin viiniksi. On huomionarvoista, miten huomaamaton tämä ihme oli, sillä ainoastaan palvelijat, jotka kantoivat veden, *todistivat* veden muuttumisen viiniksi. Kertomuksesta käy selvästi ilmi, että jopa juhlien edeskäypä, joka maistoi viiniä ensin, ei ymmärtänyt, että ihme oli tapahtunut. Sama pätee niihin viiteen tuhanteen ihmiseen, jotka aterioivat ihmeellisesti viidellä leivällä ja kahdella kalalla (Matt. 14:13-21). Ainoastaan opetuslapset ja eväänsä Jeesukselle tarjonnut pieni poika olivat heti tietoisia ihmeestä.

En tietenkään väitä, ettei julkisia ihmeitä tapahdu – totta kai niitä tapahtuu – mutta monet menestyvät pastorit ovat vain lavalla esiintyviä näyttelijöitä. Näyttelijä "uskoo" rooliinsa niin kauan kuin hän on näyttämöllä, jos ei muuten niin rahapalkkion tähden.

Vaikuttaa siltä, että olemme ottaneet armolahjat, jotka on tarkoitettu rakkauden työvälineeksi levittämään hyvää sanomaa osana lähetyskäskyn tottelemista, ja yrittäneet käyttää niitä viihteenä, minkä tähden ne ovat menettäneet voimansa, mutta sen sijaan, että tunnustaisimme, että näin on tapahtunut, me teeskentelemme, että kaikki on hyvin. Mutta seurakunta tarvitsee enemmän. Me tarvitsemme enemmän kuin hyvän esityksen, joka maksetaan kierrättämällä uhrikoppaa ikään kuin kyseessä olisi katutaitelija. Seurakunta tarvitsee armolahjojen todellisuuden.

Ehkä suurin lavaesitysmallin puute armolahjojen käyttöön liittyen on se, että se tuo välimiehen Jumalan ja ihmisen välille, ja siunausten saaminen alkaa riippumaan esittäjästä.

VÄÄRÄ PALVELUTYÖN MALLI

Paavali kirjoittaa Timoteukselle:

> Sillä yksi on Jumala, yksi myös välimies Jumalan ja ihmisten välillä, ihminen Kristus Jeesus, joka antoi itsensä lunnaiksi kaikkien edestä (1. Tim. 2:5-6)

Seurakuntiemme lavaesityskulttuuri tuo mukanaan epäsuoran vaikkakin tahattoman epäjumalanpalveluksen aspektin. Monesti on vain mitätön ero julkkisten ja menestyvien pastorien ylellisyysvaatimuksissa ja elämäntyylissä, ja me oikeutamme tämän jonkinlaisella julkkislogiikalla.

On hyväksyttävää, että näillä ihmisillä on supertähtien ylettömyydet, sillä he *ovat* supertähtiä, me väitämme – mutta tämä paljastaa, että olemme hyväksyneet epäjumalanpalveluksemme niin syvällä tasolla, että käytämme sitä argumenttina Raamattua vastaan.

Jos et ole vielä huomannut niin tulet näkemään pian, että karismaattinen liike on hengellisessä vararikossa jahdaten katsojalukuja, suurempia seurakuntia ja menestyksen ulkoisia merkkejä – keinolla millä hyvänsä.

Mutta tätä mallia tuhoaa hiljalleen uusi mediaympäristö, missä on yhä vaikeampaa peittää, mitä tapahtuu lavan takana, sillä meillä ei ole enää median portinvartijoita. Monet seurakunnat tulevat kuolemaan, kun niiden tekopyhyyteen väsyneet jäsenet julkistavat kaikki salaisuudet. Joskus vain yksi twiitti riittää.

Tämän päivän sielunpaimenet eivät ole valmiita siihen ankaraan syynäykseen, joka meitä kohtaa uudessa mediamaailmassa. Pian on mahdotonta kätkeä mikään likapyykki.

Mutta seurakunta tulee heijastamaan vain sitä, mikä on jo tapahtunut maailmassa. Esim. Bill Clinton oli naistenmiehenä "pätemättömämpi" kuin monet aikaisemmat Yhdysvaltojen presidentit. Mutta viestintäteknologian ja median muutos sai hänet kiinni.

Matt Bai kirjoittaa valaisevassa kirjassaan *All the Truth Is Out: The Week Politics Went Tabloid* "hetkestä, jolloin julkisen viran ja iltapäivälehtien maailmat, jotka olivat kiertäneet lähempänä toisiaan jo jonkin aikaa, viimeinkin törmäsivät toisiinsa."[22] Tämä hetki oli, kun Gary Hartin presidentinvaalikampanja loppui vuoden 1987 toukokuussa uskottomuusväitteiden takia. Bai sanoo:

> Syynä on paljolti se, että alkaen Watergatesta ja huipentuen Gary Hartin tuhoon, poliittisen journalismin päätarkoitus muuttui päiväjärjestyksestä kapeaan luonteenlaadun painottamiseen keskittyen maailmankuvan sijasta valheiden paljastamiseen.[23]

Ennen Gary Hartia joukkotiedotusvälineet pitivät henkilökohtaiset ongelmat, kuten mahdolliset seksiskandaalit, poissa uutisotsikoista, silloin kun ne liittyivät poliitikkoihin. Kyseessä oli jonkinlainen herrasmiessopimus keskittyä siihen, minkä ajateltiin olevan oikeaa eikä imagopolitiikkaa.

Tämän päivän mediamaailmassa toimittajat, kaikista ammattikunnista tekopyhin, paljastavat kaikkien muiden tekopyhyyden ja kaksinaismoraalin mutteivät itsensä. Jeesuksen sanat eivät ole koskaan kuulostaneet todemmilta:

> Sentähden, kaikki, mitä te pimeässä sanotte, joutuu päivänvalossa kuultavaksi, ja mitä korvaan puhutte kammioissa, se katoilta julistetaan. (Luuk. 12:3)

Tekopyhyyden paljastamiseen liittyvät isoimmat järkytykset ovat vielä seurakunnan tulevaisuudessa. Ja häpeäksemme se tulee olemaan useimmiten sekulaarimedia eikä seurakunta, joka tulee paljastamaan, mikä on väärennettyä.

3

MITÄ YLILUONNOLLINEN RAKKAUS ON?

Mediakeskeisessä kulttuurissamme olemme asettaneet väärennetyn tai ainakin pinnallisen jalustalle. Mediateoreetikko Shani Orgad kirjoittaa:

> Siten suuri osa median esittämistyöstä keskittyy luomaan ja ylläpitämään kiillotettua selitystä maailmasta, jonne katsojat kutsutaan ja josta heille annetaan vaikutelma, että he voivat elää siinä saumattomasti.[1]

Seurakunnallisessa ympäristössä tämä kiillotettu maailmanselittäminen johtaa usein tekopyhyyteen. Kun yritämme esittää ja kommunikoida hyvin, päädymme usein valheelliseen asioiden selittämiseen. Itsessään tämä ei ole mitään uutta, sillä apostoli Paaavali kirjoittaa:

> Niinpä, kun minä tulin teidän tykönne, veljet, en tullut puheen tai viisauden loistolla teille Jumalan todistusta julistamaan.
> Sillä minä olin päättänyt olla teidän tykönänne tuntematta mitään muuta paitsi Jeesuksen Kristuksen, ja hänet ristiinnaulittuna.
> Ja ollessani teidän tykönänne minä olin heikkouden vallassa ja pelossa ja suuressa vavistuksessa, ja minun puheeni ja saarnani ei ollut kiehtovia viisauden sanoja, vaan Hengen ja voiman osoittamista, ettei teidän uskonne perustuisi ihmisten viisauteen, vaan Jumalan voimaan. (1. Kor. 2: 1-5)

Vaikka Paavali on varmasti kaikkien aikojen valtavin teologi ja loistava kommunikoija, toisin kuten korinttilaiset, hän ei ollut kiinnostunut esityksensä kiillottamisesta tai mistään sanallisesta akrobatiasta. Sen sijaan hän keskittyi saarnaamaan evankeliumia Pyhän Hengen voimassa.

Apostoli Paavali kulki aivan erilaista tietä kuin karismaattinen liike, kun kyseessä on armolahjojen käyttö. Kuitenkin suurin osa siitä, mitä me oikeasti voimme tietää armolahjoista on Paavalilta opittua. Hän opetti Korintin uskovia käyttämään niitä terveellä tavalla. Korinttilaiset vaikuttivat rakastuneen lahjojen ekstaattiseen puoleen, ja heidän suosikkilahjansa oli kielilläpuhuminen. Ja näyttää siltä, että he pitivät siitä, että kielillä puhuttiin mahdollisimman kovaa ja julkisesti.

Kuten aikamme lavaesitysmallin muovaamat uskovat, korinttilaiset olivat ympäristönsä tuotteita ja sokeita oman käyttäytymisensä varjopuolelle, jonka he liittivät uskoonsa, mutta jolla oli tosiasiallisesti pakanalliset juuret.

Korintin uskoviin olivat vaikuttaneet kreikkalainen viisauden korostus mutta myös mysteeriuskonnot. Mysteeriuskontojen ja pakanallisen profetiakäsityksen näkökulmasta kielilläpuhuminen oli jännittävää, ja kristinusko näytti houkuttelevammalta uuteen mysteerikulttiin pukeutuneena. Kielilläpuhuminen, jonka jopa monet helluntailaiset näkevät tänään hävettävänä, ei ollut ollenkaan hävettävää korinttilaisille. Se hävettävä asia oli kristillinen usko ristiinnaulittuun Jumalaan. Apostoli Paavali kirjoittaa:

> Koskapa juutalaiset vaativat tunnustekoja ja kreikkalaiset etsivät viisautta, me taas saarnaamme ristiinnaulittua Kristusta, joka on juutalaisille pahennus ja pakanoille hullutus, mutta joka niille, jotka ovat kutsutut, olkootpa juutalaisia tai kreikkalaisia, on Kristus, Jumalan voima ja Jumalan viisaus. (1. Kor. 1:22-24)

Paavalin kirjeet korinttilaisille ovat äärimmäisen ajankohtaisia tänäänkin. Paavalin piti taistella pakanallista kulttuuria vastaan, ja tämä kulttuuri palvoi ihmisviisautta, seksiä ja lihallisia iloja yrittäen salakuljettaa ne seurakuntaan. Vaikuttaa siltä, että korinttilaiset

MITÄ YLILUONNOLLINEN RAKKAUS ON?

olivat kuulleet Paavalin sanoman armosta, mutta he eivät olleet ymmärtäneet sitä. He sietivät seksuaalista käyttäytymistä, joka oli iljettävää jopa pakanoille. Kun Korintin seurakunnan piti oppia auttamaan esikristillisestä kulttuurista tulleita ihmisiä, meidän pitää nyt oppia auttamaan jälkikristillisestä kulttuurista tulleita ihmisiä, emmekä voi enää olettaa uusien uskovien tietävän edes uskomme perusasioista.

Korintin uskovat näyttivät kunnostautuvan uskonnollisissa hurmostiloissa. Tämä heijasti sitä, mitä Korintissa arvostettiin. He näyttivät omaksuneen armolahjat enemmän kuin mikään muu seurakunta, ja tämän tähden meillä on Raamatun pisin hengellisten lahjojen lista.

Vaikuttaa siltä, että Korintin uskovat ajattelivat, että koska heillä oli armolahjat, heillä meni hyvin Jumalan kanssa ja että kristillisen opetuksen moraalinen puoli oli tarpeeton.

Koska Ensimmäinen kirje korinttilaisille on yleissävyltään negatiivinen, monet lukijat ymmärtävät kirjeen sanoman väärin ja ajattelevat, että Paavalilla oli huono käsitys armolahjoista, mutta itse asiassa Paavalin ymmärrys armolahjoista oli hyvin positiivinen. Hän oikaisi käsitystä siitä, miten armolahjoja käytettiin, mutta hän ei koskaan halunnut sammuttaa niiden käyttöä.

Ensimmäinen kirje korinttilaisille 12 päättyy Paavalin kirjoittamalla, että hän opettaa seurakunnalle "verrattoman tien", sen jälkeen kun hän on opettanut armolahjoista, ja tämän tähden monet lukijat olettavat, että verraton tie on *rakkaus*, sillä Paavali siirtyy heti kirjoittamaan rakkaudesta. Näille lukijoille on ilmeistä, että Paavali sanoo hengellisillä lahjoilla olevan vain vähän arvoa rakkauteen verrattuna.

Ensimmäinen kirje korinttilaisille 13 sanoo:

> Vaikka minä puhuisin ihmisten ja enkelien kielillä, mutta minulla ei olisi rakkautta, olisin minä vain helisevä vaski tai kilisevä kulkunen.
>
> Ja vaikka minulla olisi profetoimisen lahja ja minä tietäisin kaikki salaisuudet ja kaiken tiedon, ja vaikka minulla olisi kaikki usko, niin että voisin vuoria siirtää, mutta minulla ei olisi rakkautta, en minä mitään olisi.

Ja vaikka minä jakelisin kaiken omaisuuteni köyhäin ravinnoksi, ja vaikka antaisin ruumiini poltettavaksi, mutta minulla ei olisi rakkautta, ei se minua mitään hyödyttäisi.

Rakkaus on pitkämielinen, rakkaus on lempeä; rakkaus ei kadehdi, ei kerskaa, ei pöyhkeile, ei käyttäydy sopimattomasti, ei etsi omaansa, ei katkeroidu, ei muistele kärsimäänsä pahaa, ei iloitse vääryydestä, vaan iloitsee yhdessä totuuden kanssa; kaikki se peittää, kaikki se uskoo, kaikki se toivoo, kaikki se kärsii.

Rakkaus ei koskaan häviä; mutta profetoiminen, se katoaa, ja kielillä puhuminen lakkaa, ja tieto katoaa.

Sillä tietomme on vajavaista, ja profetoimisemme on vajavaista.

Mutta kun tulee se, mikä täydellistä on, katoaa se, mikä on vajavaista.

Kun minä olin lapsi, niin minä puhuin kuin lapsi, minulla oli lapsen mieli, ja minä ajattelin kuin lapsi; kun tulin mieheksi, hylkäsin minä sen, mikä lapsen on.

Sillä nyt me näemme kuin kuvastimessa, arvoituksen tavoin, mutta silloin kasvoista kasvoihin; nyt minä tunnen vajavaisesti, mutta silloin minä olen tunteva täydellisesti, niinkuin minut itsenikin täydellisesti tunnetaan.

Niin pysyvät nyt usko, toivo, rakkaus, nämä kolme; mutta suurin niistä on rakkaus.

Paavali ei kuitenkaan vähättele armolahjoja. Suuri osa Ensimmäisestä kirjeestä korinttilaisille käsittelee armolahjoja; se on se asiaan liittyvä Raamatun pääteksti. Mutta rakkauden tulee edeltää niiden käyttöä. Mitä monet lukijoista jättävät huomiotta on se, että Paavali opettaa edelleen armolahjoista, kun hän kirjoittaa rakkaudesta.

Ikävä kyllä myöhemmin lisätty luku- ja jaerakenne onnistuu piilottamaan tämän tosiasian. Monien lukijoiden mielenkiinto loppuu 13. luvun lopussa, jolloin se osa, jonka luemme enimmäkseen häissä, päättyy, ja he eivät löydä verratonta tietä ollenkaan. Ja he jäävät paitsi Paavalin opetuksesta, joka ei ole pääasiallisesti tarkoitettu vastavihityille vaan niille, jotka käyttävät armolahjoja.

MITÄ YLILUONNOLLINEN RAKKAUS ON?

Heti rakkautta käsittelevän kappaleen jälkeen Paavali kirjoittaa:

Tavoitelkaa rakkautta ja pyrkikää saamaan hengellisiä lahjoja, mutta varsinkin profetoimisen lahjaa. (1. Kor. 14:1)

Verraton tie ei ole pelkästään rakkaus vaan rakkaus *ja* armolahjat.

Ilman rakkautta armolahjat eivät kykene kehittymään alkua pidemmälle, ja tämä on yksi niistä pääsyistä, minkä takia yli sata vuotta helluntailiikkeen syntymisen jälkeen emme vieläkään tiedä paljoakaan armolahjoista.

Rakkaus on kulunut sana. Meillä kaikilla on sille omat määritelmänsä, ja nämä määritelmät ovat usein ristiriidassa keskenään. Rakkaus vaikuttaa jotenkin pehmeältä sanalta, jolla ei ole mitään terävyyttä, eikä minkään alkupisteeltä, ja kuitenkin sen pitää olla alkupiste matkallamme armolahjoihin, sillä mikäli armolahjamme eivät ole rakkauden ohjaamia, niillä ei ole mitään arvoa.

Rakkauteen viitatessaan Paavali käyttää kreikan kielen sanaa *agape,* jota käytetään kaikissa muodoissaan 320 kertaa Uudessa testamentissa, mutta joka on löydetty vain kerran muualla. Se oli yksi ainakin neljästä rakkaudesta käytetyistä sanoista, mutta ilmeisesti se oli aika harvinainen. On todennäköistä, että Paavali valitsi harvoin käytetyn sanan, jolla ei ollut vahvoja pakanallisia viiteyhteyksiä, ja antoi sille uuden merkityksen.

Agape merkitsi yksinkertaisesti toisten kunnioittamista ja hyväksymistä, ja painotus oli antamisessa eikä saamisessa. Paavali antoi *agape*-sanalle uuden sisällön ja tarkoituksen Jumalan rakkaudesta käytettävänä sanana.

Yritin vuosien ajan auttaa ihmisiä erilaisissa tilanteissa vain kuuliaisuudesta Raamattuun. Mutta tällainen rakastaminen kulutti tahdonvoimaani rakastaa, ja usein se poltti minut loppuun.

Mutta *agape* tuo mukanaan oman voimanlähteensä, Pyhän Hengen. *Agape* on Jumalan toimimista maailmassa Pyhän Hengen kautta.

Agapessa eläminen merkitsee Jumalassa elämistä, sillä Jumala on rakkaus.

Johannes kirjoittaa:

> Joka ei rakasta, se ei tunne Jumalaa, sillä Jumala on rakkaus.

Jumala on *agape*, ja jos joku ei ole täynnä *agapea*, hän ei tunne Jumalaa kovinkaan hyvin. Rakkauden määritteet, jotka apostoli Paavali luettelee Ensimmäisen kirjeen korinttilaisille 13. luvussa, ovat *Jumalan* luonteenpiirteitä.

Perimmiltään Paavali tarkoittaa, että korinttilaisten ei pitäisi käyttää armolahjoja sillä tavalla kuin he niitä käyttivät – ilman rakkauden ilmentämistä. Sen sijaan heidän tulisi käyttää niitä *täynnä Jumalaa* – rakkaudellisesti.

Jos haluat kasvaa armolahjojen käytössä, sinun pitää oppia, mitä *agape* merkitsee käytännössä.

Viime vuosikymmenten aikana olemme kokeneet monia herätyksiä läntisissä seurakunnissa, mutta vaikuttaa siltä, että olemme oppineet vain vähän armolahjoista.

Osaltaan tämä johtuu siitä, että ne seurakunnan haarat, jotka ovat olleet innoissaan armolahjoista, eivät ole ne samat osat, jotka halajavat käytännöllistä rakkautta. Tämän takia rakkaus ja armolahjat eivät koskaan kohtaa, eikä niillä ole koskaan mahdollisuutta vahvistaa toinen toistaan.

Mutta osa ongelmaa on se, että vie aikaa ymmärtää armolahjojen dynamiikka, ja useimmat luopuvat niiden käytöstä paljon ennen tämän ymmärryksen lisääntymistä.

Näyttää siltä, että Jumala antaa nämä lahjat *ilmaiseksi*, mutta ne annetaan siemenen muodossa, ja rakkaus, toivo ja usko alkavat kasvattamaan niitä. Ilman rakkautta armolahjat vain paisuttavat meitä, ja ylpeys tulee aikaansaamaan tuhomme.

Helluntailiike, joka toi armolahjat laajemmin takaisin maailmaan, syntyi pyhitysliikkeestä. Ikävä kyllä usein ne kristityt, jotka puhuvat eniten pyhittymisestä, ovat myös vähiten kiinnostuneita rakkaudesta.

Pelkästään henkilökohtaiseen pyhittymiseen keskittyminen on narsistista käyttäytymistä, ja se johtaa helposti itseen keskittyvään pakkomielteisyyteen. Tämä näkyy joka uskonnossa. Pyhitykseen

MITÄ YLILUONNOLLINEN RAKKAUS ON?

keskittyvillä ihmisillä on usein se kovin sydän. He näkevät kaikkien muiden puutteet. Pyhitys on tärkeää, mutta ilman rakkautta siitä tulee kauhistus. Se johtaa meidät ajattelemaan harhaisesti, että me olemme parempia kuin kaikki muut, mikä tekee mahdottomaksi antaa aitoja lahjoja muille. Toisaalta rakkaus johtaa muiden ihmisten arvostamiseen ja kykyyn siunata muita todellisesti.

Vain Jeesus on onnistunut sovittamaan rakkauden ja pyhyyden toisiinsa. Ehdoton rakkaus ja ansaitsematon armo ovat kristinuskon kaksi radikaalia ajatusta. Mutta jos korvaat fariseuksen evankeelisella ja saddukeuksen liberaalikristityllä evankeliumin kertomuksissa ja et kerro, että luet Raamatusta, suuri osa kuulijoista ei hämmästyisi; evankeeliset kristityt kuulostavat usein samalta kuin fariseukset ja liberaalikristityt samalta kuin saddukeukset.

Se ainut sokkikokemus tulisi Jeesuksen sanojen kuulemisesta. On hävettävää, miten vähän Jeesuksen opetuksesta sisältyy karismaattisten seurakuntien opetukseen ja saarnaamiseen.

Kaikenlainen hengellinen harjoitus, rukous, paasto ja "pyhä" elämäntyyli kasvattavat hengellistä ylpeyttä, ellei meillä ole lujaa halua rakastaa muita. Mutta meidän ohikiitävät yrityksemme rakastaa paljastavat itsekkäät halumme ja sen, että meistä ei tule koskaan täydellisiä maan päällä. On merkillepantavaa, että aaterakennelmat, jotka opettavat olevan mahdollista saavuttaa synnitön olotila maan päällä, keskittyvät aina pyhyyteen mutta eivät koskaan rakkauteen. Nämä ovat fariseusten rakennelmia.

Mutta pyhyyden todellinen raamatullinen mitta on se, miten hyvin kykenemme rakastamaan muita ihmisiä.

Armolahjojen tarkoitus on tehostaa rakkauttamme, jotta yhdessä hetkessä Jumala voi saavuttaa toisten ihmisten elämässsä enemmän kuin koko elämän kestävissä opetuslapseusohjelmissa.

Sekä armolahjat että Hengen hedelmä ovat Jumalan läsnäolon sivuvaikutuksia elämässämme. Tämän takia meidän ei pitäisi etsiä armolahjoja yhtä paljon kuin elämää Jumalan läsnäolossa.

Rakkaus pitää meidät Jumalan läsnäolossa. Yliluonnollinen rakkaus on *Jumalan rakkautta*, ja kun pyrimme rakastamaan lähimmäistämme, armolahjat ovat sopusoinnussa Jumalan luonteen ja tahdon kanssa.

4

ENSIMMÄINEN KIRJE KORINTTILAISILLE JA ARMOLAHJAT

Monet protestanttiteologit uskovat oppiin armolahjojen toimimisen loppumisesta. Heidän keskeinen argumenttinsa on se, että armolahjat tarvittiin alkuperäisten apostolien opetuksen todentamiseksi, mutta että ne kuolivat apostolien mukana, sillä niitä ei enää tarvittu Uuden testamentin valmiiksikirjoittamisen jälkeen.

Olet ehkä kuullut tämän argumentin ja saatat ajatella, että sillä on joitakin teologisia ansioita, kun sitä levittävät usein henkilöt, joilla on Uuden testamentin teologian professuuri. Mutta tässä argumentissa ei ole mitään järkeä, sillä jos ihmeitä ja armolahjoja tarvittiin todentamaan evankeliumi alkukirkon aikoina, niitä tullaan aina tarvitsemaan todentamaan evankeliumi.

Mikään ei ole muuttunut Jeesuksen ajoista, sillä ihmiset eivät ole muuttuneet, ja tänään kohtaamme samat evankeliumin autenttisuuteen liittyvät kysymykset. Armolahjojen käytön loppumiseen liittyvä järkeily vaikutti rationaaliselta vain silloin kun oli valtionkirkko, jonne kaikki pakotettiin jumalanpalveluksiin. Oppi armolahjojen lakkaamisesta syntyi uskonpuhdistuksen aikana, ja sen aikaisessa Euroopassa lähes jokainen juutalaisia lukuunottamatta oli ainakin nimellisesti kristitty.

Tämä väite armolahjojen lakkaamisesta jättää myös huomiotta Raamatun tosiasiallisen sanoman ja sisällön, joka todistaa muuttumattomasta ja ihmeitätekevästä Jumalasta.

On selvää, että apostoli Paavali ei koskaan odottanut armolahjojen toimimisen lakkaamista, vaan niiden pysyvän välttämättömänä

YLILUONNOLLINEN RAKKAUS

osana seurakunnan arkielämää. Ja hän ei rajoittanut niiden käyttöä apostoleihin. Paavali kirjoittaa:

> Mutta kullekin annetaan Hengen ilmoitus yhteiseksi hyödyksi. (1. Kor. 12:7)

Armolahjat ovat hyödyllisiä *sekä* yksilöihmisille *että* koko seurakunnalliselle yhteisölle. Raamatussa ei ole yhtään jaetta, jossa lahjojen lakkaamisesta maan päällä ennustetaan. Paavali sanoo, että armolahjat lakkaavat, kun näemme Jeesuksen "kasvoista kasvoihin" (1. Kor. 13:12). Armolahjoja ei enää tarvita taivaassa.

Paavali lisää jakeessa 17:

> Jos koko ruumis olisi silmänä, missä sitten olisi kuulo?

Kristuksen ruumis tarvitsee monia muita asioita, mutta se tarvitsee myös armolahjoja. Opetukseen armolahjojen lakkaamisesta ei löydy raamatullista perustetta. Se voi vastata monen kristityn kokemusmaailmaa, mutta tämä ei tee siitä raamatullista.

Mistä oppi armolahjojen lakkaamisesta sitten tulee?

Se on väärä oppi, joka syntyi uskonpuhdistuksen aikana protestanttien ja katolisten välisissä erimielisyyksissä. Niin monta väärää oppia on syntynyt kristittyjen välisissä kiistoissa, kun erilaiset kristilliset ryhmät ovat puolustaneet omaa tonttiaan raamatulliseen totuuteen keskittymisen sijasta.

Kun uskonpuhdistus alkoi, roomalaiskatolinen kirkko vaati uskonpuhdistajia tuottamaan ihmeitä sen todisteeksi, että Jumala hyväksyi heidän oppinsa. Martti Luther ja Jean Calvin vastasivat, että he eivät tarvinneet ihmeitä, sillä heidän oppinsa ei ollut mikään uusi oppi vaan yksinkertaisesti kristinuskon evankeliumi. Luther vastasi:

> Nyt kun apostolit ovat saarnaneet Sanaa ja antaneet meille kirjoituksensa, ja kun mitään muuta kuin se, minkä he ovat jo kirjoittaneet pitää ilmestyä, uusi ja erityinen ilmestys tai ihme on tarpeeton.[1]

Puolustakseen ihmeiden puuttumista Calvin kehitti opin armolahjojen lakkaamisesta väittäen, että ne lakkasivat toimimasta raamatullisen aikakauden loppuessa, sillä niitä ei enää tarvittu vahvistamaan evankeliumia.[2]

Uskonpuhdistajat jättivät huomiotta sen, että se sama Raamattu, jota he puolustivat, todisti myös ihmeistä. He myös epäilivät kaikkia ihmekertomuksia alkuseurakunnan ajoista uskonpuhdistukseen hyläten kirkkohistorian todistuksen taikauskona. Tietenkään kaikkia ihmekertomuksia ei pidä uskoa, mutta kirkkohistoriasta löytyy tarpeeksi todisteita hylkäämään oppi armolahjojen lakkaamisesta.

Mutta tämän väittelyn seurauksena syntyneen opin takia monet protestantit ovat tarkastelleet armolahjoja epäilevästi aina uskonpuhdistuksen ajoista lähtien. Armolahjat ovat kuitenkin palanneet protestanttisiin kirkkoihin epäsäännöllisesti, mutta ne on usein tukahdutettu nopeasti.

Usko ihmeitätekevään Jumalaan oli osa alkuperäistä metodismia. Gloucesterin piispa nuhteli John Wesleytä, metodismin isää, siitä, että hän väitti omaavansa "lähes jokaisen apostolisen lahjan, yhtä täydesti ja runsaasti kuin vanhojen omaamina."[3]

Tämä oli sarkasmia eikä ylistystä.

Päiväkirjamerkinnässään 15. joulukuuta 1741 John Wesley kertoo rukoilleensa kuoleman kanssa kamppailevan matkakumppaninsa puolesta. Mies toipui. On selvää, että Wesley uskoi terveeksitekemisten lahjoihin. Mutta Wesley epäröi armolahjoista opettamista, sillä hän ymmärsi niiden väärinkäytön potentiaalin.

Paljon siitä, mitä tiedämme armolahjoista, on kirjoitettu vastauksena niiden väärinkäyttöön Korintissa. Haluaisin nähdä sen kirjeen, jonka Paavali olisi kirjoittanut, jos korinttilaiset olisivat käyttäneet armolahjoja vastuullisesti!

Brittiläisen Uuden testamentin tutkijan James D. G. Dunnin mukaan Paavalin vastustajat Korintissa olivat voimakkaasti vaikuttuneita ajatussuunnasta, joka tuli myöhemmin leimaamaan gnostilaisuutta. Paavali haastoi ne, jotka kutsuivat itseään pneumaatikoiksi eli hengellisiksi (*pneumatikoi*). Tähän ylpeään itsensä arvioimiseen liittyi, mitä pneumaatikot kutsuivat viisaudeksi (*sophia*). He halveksivat Paavalin opetuksen yksinkertaisuutta ja uskoivat, että he olivat jo saavuttaneet kristillisen "täydellisyyden".[4]

Gnostilaisuuden pääpiirre oli, että sen seuraajat uskoivat täydellisyyden olevan saavutettavissa salaisen tiedon avulla. Monet gnostilaisuuden piirteet, kuten ruumiin halveksunta, olivat jo näkyvillä Korintissa.

Ehkä Paavali suosi *charismata*-sanan (armolahjat, suosion lahjat) käyttämistä hengellisistä lahjoista osoittaakseen vääräksi *pneuma*-sanaan (henki) liittyvän esignostilaisen tulkinnan ja ylimielisyyden. Sanavalinnallaan hän kertoi pneumaatikoille, että he eivät ymmärtäneet edes armolahjojen perusteita.

Paavalin mukaan hengelliset lahjat annettiin ilmaiseksi Jumalan armosta, eikä niiden vastaanottaja voi tehdä mitään ansaitakseen ne. Eikä mitään *gnosista* – salatietoa – tarvita niiden vastaanottamiseksi.

Paavalin armolahjamääritelmä on edelleen ajankohtainen, sillä karismaattinen liike on täynnä opettajia, jotka väittävät saaneensa salatietoa ollessaan temmattuna taivaaseen, keskusteluissa enkelien kanssa tai jonkun muun mystisen kokemuksen kautta.

Paavali kirjoittaa:

> Älköön teiltä riistäkö voittopalkintoanne kukaan, joka on mieltynyt nöyryyteen ja enkelien palvelemiseen ja pöyhkeilee näyistään ja on lihallisen mielensä turhaan paisuttama. (Kol. 2:18)

Toisin kuin tämän päivän karismaatikot, jotka varoittavat "Herran voideltuun koskemisesta", Paavali ei epäröinyt väärien profeettojen ja näkyjen arvostelua. Eikä hän arvostanut näkykokemuksia itsessään. Mutta kaikesta huolimatta Paavali piti lahjoja korkeassa arvossa. Hän kirjoittaa:

> Minä kiitän Jumalaani aina teidän tähtenne siitä Jumalan armosta, joka on annettu teille Kristuksessa Jeesuksessa, että kaikessa olette rikastuneet hänessä, kaikessa puheessa ja kaikessa tiedossa, sen mukaan kuin todistus Kristuksesta on teissä vahvistettu, niin ettei teiltä mitään puutu missään armolahjassa, teidän odottaessanne meidän Herramme

ENSIMMÄINEN KIRJE KORINTTILAISILLE JA ARMOLAHJAT

Jeesuksen Kristuksen ilmestystä.
Hän on myös vahvistava teitä loppuun asti, niin että te olette nuhteettomat meidän Herramme Jeesuksen Kristuksen päivänä.
Jumala on uskollinen, hän, jonka kautta te olette kutsutut hänen Poikansa Jeesuksen Kristuksen, meidän Herramme, yhteyteen. (1. Kor. 1:4-9)

Paavali ei koskaan kritisoinut korinttilaisia armolahjojen käytöstä vaan hän ylisti heitä tästä. Hän kirjoittaa:

> Kuitenkin me puhumme viisautta täydellisten seurassa, mutta emme tämän maailman viisautta emmekä tämän maailman valtiasten, jotka kukistuvat, vaan me puhumme salattua Jumalan viisautta, sitä kätkettyä, jonka Jumala on edeltämäärännyt ennen maailmanaikoja meidän kirkkaudeksemme, sitä, jota ei kukaan tämän maailman valtiaista ole tuntenut – sillä jos he olisivat sen tunteneet, eivät he olisi kirkkauden Herraa ristiinnaulinneet – vaan, niinkuin kirjoitettu on: "mitä silmä ei ole nähnyt eikä korva kuullut, mikä ei ole ihmisen sydämeen noussut ja minkä Jumala on valmistanut niille, jotka häntä rakastavat".
> Mutta meille Jumala on sen ilmoittanut Henkensä kautta, sillä Henki tutkii kaikki, Jumalan syvyydetkin.
> Sillä kuka ihminen tietää, mitä ihmisessä on, paitsi ihmisen henki, joka hänessä on? Samoin ei myös kukaan tiedä, mitä Jumalassa on, paitsi Jumalan Henki.
> Mutta me emme ole saaneet maailman henkeä, vaan sen Hengen, joka on Jumalasta, että tietäisimme, mitä Jumala on meille lahjoittanut; ja siitä me myös puhumme, emme inhimillisen viisauden opettamilla sanoilla, vaan Hengen opettamilla, selittäen hengelliset hengellisesti.
> Mutta luonnollinen ihminen ei ota vastaan sitä, mikä Jumalan Hengen on; sillä se on hänelle hullutus, eikä hän voi sitä ymmärtää, koska se on tutkisteltava hengellisesti.
> Hengellinen ihminen sitä vastoin tutkistelee kaiken, mutta häntä itseään ei kukaan kykene tutkistelemaan. (1. Kor. 2:6-15)

Paavali hylkäsi kreikkalaisen viisauskäsityksen ja väitti, että se viisaus, jota meidän tulisi arvostaa, on saatavissa ainoastaan Kirjoituksista ja Pyhän Hengen äänen kuulemisen avulla.

Jo kirjeen alkuvaiheessa Paavali on rakentamassa argumenttia armolahjojen puolesta kertoen, että todellinen viisaus voi tulla vain Jumalalta.

Mutta sitten hän kirjoittaa, että hän ei voi puhua korinttilaisille ikään kuin he olisivat hengellisiä vaan ainoastaan lihallisina heidän erimielisyyksiensä tähden:

> Niinpä, veljet, minun ei käynyt puhuminen teille niinkuin hengellisille, vaan niinkuin lihallisille, niinkuin pienille lapsille Kristuksessa.
> Maitoa minä juotin teille, en antanut ruokaa, sillä sitä ette silloin sietäneet, ettekä vielä nytkään siedä; olettehan vielä lihallisia. Sillä kun keskuudessanne on kateutta ja riitaa, ettekö silloin ole lihallisia ja vaella ihmisten tavoin?
> Kun toinen sanoo: "Minä olen Paavalin puolta", ja toinen: "Minä olen Apolloksen", ettekö silloin ole niinkuin ihmiset ainakin? (1. Kor. 3:1-4)

Epäyhteys ilmentää rakkauden puutetta, ja myöhemmin Paavali piirtää yksityiskohtaisen vision siitä, miten Korintin uskovien tulisi elää – osoittamalla rakkautta. Paavali jatkaa:

> Ettekö tiedä, että te olette Jumalan temppeli ja että Jumalan Henki asuu teissä?
> Jos joku turmelee Jumalan temppelin, on Jumala turmeleva hänet; sillä Jumalan temppeli on pyhä, ja sellaisia te olette. (1. Kor. 3:16-17)

Me voimme *kaikki* omistaa Hengen lahjat, sillä me *olemme* kaikki Pyhän Hengen temppeleitä. Ja jos me olemme Pyhän Hengen temppeleitä, opissa armolahjojen lakkaamisesta ei ole mitään järkeä, sillä Pyhän Hengen läsnäolo meissä ei ole lakannut.

Mutta vasta Ensimmäisen kirjeen korinttilaisille 12. luvussa Paavali alkaa käsittelemään armolahjoja – sen jälkeen kun hän

ENSIMMÄINEN KIRJE KORINTTILAISILLE JA ARMOLAHJAT

on käsitellyt Korintin seurakuntaa vitsaavia seksuaalisyntejä, erimielisyyttä ja itsekkyyttä.

Tänään monet karismaatikot ovat valmiita sulkemaan silmänsä synnille armolahjojen takia, mutta Paavali ei koskaan tehnyt näin. Hän ei koskaan kunnioittanut ihmisiä vain sen tähden, että he käyttivät armolahjoja.

Paavali kirjoittaa:

> Mutta mitä hengellisiin lahjoihin tulee, niin en tahdo, veljet, pitää teitä niistä tietämättöminä.
> Te tiedätte, että kun olitte pakanoita, teitä vietiin mykkien epäjumalien luo, miten vain tahdottiin.
> Sentähden minä teen teille tiettäväksi, ettei kukaan, joka puhuu Jumalan Hengessä, sano: "Jeesus olkoon kirottu", ja ettei kukaan voi sanoa: "Jeesus olkoon Herra", paitsi Pyhässä Hengessä.
> Armolahjat ovat moninaiset, mutta Henki on sama; ja seurakuntavirat ovat moninaiset, mutta Herra on sama; ja voimavaikutukset ovat moninaiset, mutta Jumala, joka kaikki kaikissa vaikuttaa, on sama.
> Mutta kullekin annetaan Hengen ilmoitus yhteiseksi hyödyksi.
> Niinpä saa Hengen kautta toinen viisauden sanat, toinen tiedon sanat saman Hengen vaikutuksesta; toinen saa uskon samassa Hengessä, toinen taas terveeksitekemisen lahjat siinä yhdessä Hengessä; toinen lahjan tehdä voimallisia tekoja; toinen profetoimisen lahjan, toinen lahjan arvostella henkiä; toinen eri kielillä puhumisen lahjan, toinen taas lahjan selittää kieliä.
> Mutta kaiken tämän vaikuttaa yksi ja sama Henki, jakaen kullekin erikseen, niinkuin tahtoo. (1. Kor. 12:1-11)

Monessa mielessä tämä on mielenkiintoinen lista. Mutta mikä on erityisen mielenkiintoista on se, että eri kielillä puhumisen ja kielien selittämisen lahjoja lukuunottamatta kaikki nämä armolahjat toimivat jo selvästi Vanhan testamentin profeettojen elämässä. Armolahjat itsessään eivät ole mitään uutta. Mikä on uutta on se, kuinka laajasti ja vapaasti ne ovat saatavilla. Jumala ei enää anna lahjoja pelkästään Samuelin ja Elisan kaltaisille profeetoille vaan jokaiselle uskovalle.

Sitten Paavali lisää:

> Eivät suinkaan kaikki ole apostoleja? Eivät kaikki profeettoja? Eivät kaikki opettajia? Eiväthän kaikki tee voimallisia tekoja? Eihän kaikilla ole parantamisen armolahjoja? Eiväthän kaikki puhu kielillä? Eiväthän kaikki kykene niitä selittämään? (1. Kor. 12:29-30)

Paavali ei puhu itsestään vaan Korintin seurakunnasta. Vaikuttaa selvältä, että Paavalilla oli profetoimisen armolahja, henkien erottamisen armolahja, kielilläpuhumisen armolahja, uskon lahja, lahja tehdä voimallisia tekoja ja terveeksitekemisten lahjat. Raamattu ei kerro selvästi, oliko hänellä kielien selittämisen lahja, mutta hänellä saattoi olla sekin.

Paavali ei väitä, että yksi ihminen ei voisi käyttää kaikkia armolahjoja vaan ainoastaan, että kaikilla uskovilla ei näytä olevan kaikkia lahjoja. Jeesus opetti että joillakin on yksi talentti, toisilla viisi tai kymmenen. Samalla tavalla jollakin uskovalla on useampia armolahjoja kuin toisilla. Paavali lisää:

> Pyrkikää osallisiksi parhaimmista armolahjoista. Ja vielä minä osoitan teille tien, verrattoman tien. (1. Kor. 12:31)

Paavalin mukaan meidän tulisi halajata armolahjoja. Ja meidän ei tulisi otaksua minkään armolahjan olevan tavoittamattomissamme.

Lahjalista Ensimmäisen kirjeen korinttilaisille 12. luvussa ei ole Raamatun ainoa hengellisten lahjojen lista. Myöhemmin samassa luvussa Paavali antaa toisen listan, joka alkaa apostolien ja profeettojen viroilla, sisältää hallinnoimisen ja auttamisen ja päättyy kielilläpuhumisen lahjaan. Tämä muistuttaa meitä siitä, että nämä yhdeksän armolahjaa eivät ole tyhjiössä vaan ainoastaan osa Pyhän Hengen laajempaa työtä seurakunnassa ja seurakunnan kautta. Kuitenkin vaikuttaa oikeutetulta tarkastella näitä yhdeksää armolahjaa yhdessä, sillä niillä on kaikilla samantyylinen dynamiikka. Ne kaikki liittyvät *Jumalan läsnäolon ilmentymiseen* elämässämme.

ENSIMMÄINEN KIRJE KORINTTILAISILLE JA ARMOLAHJAT

Ja vaikka nämä yhdeksän armolahjaa luetellaan yhdessä ainoastaan Ensimmäisen kirjeen korinttilaisille 12. luvussa, tämä ei tarkoita sitä, että ne olisivat toimineet vain Korintissa. Näemme niiden toimivan kaikkialla Uudessa testamentissa. Paavali ei keksinyt näitä armolahjoja, mutta hän kuvaili ne tarkemmin kuin kukaan muu Uuden testamentin kirjoittaja.

Jeesus kävelee veden päällä Evankeliumissa Matteuksen mukaan:

Ja kohta hän vaati opetuslapsiansa astumaan veneeseen ja kulkemaan edeltä toiselle rannalle, sillä aikaa kuin hän laski kansan luotansa.

Ja laskettuaan kansan hän nousi vuorelle yksinäisyyteen, rukoilemaan. Ja kun ilta tuli, oli hän siellä yksinänsä.

Mutta venhe oli jo monen vakomitan päässä maasta, aaltojen ahdistamana, sillä tuuli oli vastainen.

Ja neljännellä yövartiolla Jeesus tuli heidän tykönsä kävellen järven päällä.

Kun opetuslapset näkivät hänen kävelevän järven päällä, peljästyivät he ja sanoivat: "Se on aave", ja huusivat pelosta.

Mutta Jeesus puhutteli heitä kohta ja sanoi: "Olkaa turvallisella mielellä, minä se olen; älkää peljätkö".

Pietari vastasi hänelle ja sanoi: "Jos se olet sinä, Herra, niin käske minun tulla tykösi vettä myöten".

Hän sanoi: "Tule". Ja Pietari astui ulos venheestä ja käveli vetten päällä mennäkseen Jeesuksen tykö.

Mutta nähdessään, kuinka tuuli, hän peljästyi ja rupesi vajoamaan ja huusi sanoen: "Herra, auta minua".

Niin Jeesus kohta ojensi kätensä, tarttui häneen ja sanoi hänelle: "Sinä vähäuskoinen, miksi epäilit?"

Ja kun he olivat astuneet venheeseen, asettui tuuli.

Niin venheessä-olijat kumarsivat häntä ja sanoivat: "Totisesti sinä olet Jumalan Poika". (Matt. 14:22-33)

Tässä kappaleessa näemme monien lahjojen toiminnan ja myös sen, miten lahjat virtaavat Jumalan persoonasta.

Ensiksi Jeesuksen käveleminen veden päällä on selvästi ihme. Jeesus oli Pyhän Hengen voiman voitelema, ja myöhemmin Hän vapautti Pyhän Hengen voiman seurakunnan päälle. Hän teki ihmeitä Pyhän Hengen voiman kautta maailmassa. Pojan täysi jumaluus tullaan näyttämään, kun Hän palaa, mutta yksi syy, minkä takia Jeesus toimi Pyhän Hengen eikä Pojan voimassa, oli näyttää meille, miten Pyhä Henki toimii maailmassa.

Jeesus sanoi:

> Totisesti, totisesti minä sanon teille: joka uskoo minuun, myös hän on tekevä niitä tekoja, joita minä teen, ja suurempiakin, kuin ne ovat, hän on tekevä; sillä minä menen Isän tykö. (Joh. 14:12)

Jotkut väittävät, että tämän takia meistä voi tulla jonkinlaisia mini-Jeesuksia, kykeneviä tekemään samoja tekoja kuin Jeesus, ja vielä suurempia, mutta Raamattu ei opeta tätä. Jeesus oli täysin jumalallinen heti alusta alkaen, kun Hän tuli maan päälle. Hän ei ollut ihminen, josta vain tuli jotenkin Jumala:

> Joka ei, vaikka hänellä olikin Jumalan muoto, katsonut saaliiksensa olla Jumalan kaltainen, vaan tyhjensi itsensä ja otti orjan muodon, tuli ihmisten kaltaiseksi, ja hänet havaittiin olennaltaan sellaiseksi kuin ihminen. (Fil. 2:6-7)

Jeesus palveli pääasiassa Pyhän Hengen eikä Pojan voimassa – opetuslapset näkivät vain välähdyksiä Hänen jumaluudestaan ennen Hänen ylösnousemustaan – sillä Hänen tehtävänään oli tulla yksi meistä niin täysin, että Hän voisi kantaa rangaistuksemme synneistämme yhtenä meistä ja kuitenkin viattomana.

Mutta Jeesuksen ei tarvinnut koskaan huolehtia omista synneistään; Hän tuli ihmisen muodossa vapauttamaan meidät synnistä ja kuoleman vallasta. Mutta vaikka me olemme voideltuja, me kamppailemme silti syntistä luontoamme vastaan, ja Pyhän Hengen voitelu ei koskaan toimi yhtä puhtaasti meidän kuin Jeesuksen elämässä.

Jeesus kehotti Pietaria kävelemään luokseen veden päällä osoittaen profeetallisen lupauksen voiman äärimmillään. Jeesus lupasi, että jos Pietari astuisi veteen, hän kykenisi tulemaan Jeesuksen luo.

Jeesus antoi myös uskon lahjan. Pietari ymmärsi hyvin, että usko on lahja, ja hän pyysi Jeesusta käskemään häntä tulemaan. Hän ymmärsi, että usko on riippuvainen Jeesuksen sanasta. Mutta syvimmältään tämä on tarina Jumalan lupausten ja uskollisuuden särkymättömästä voimasta. Kun Pietarin usko horjui, Jeesus kurkotti ja tarttui Pietariin. Näin Jumalan lupaukset toimivat.

Kun otamme yksinkertaisen ja pienen uskon askeleen, Hän lupaa kurkottaa ja pitää meistä kiinni vaikka uskomme horjuisi.

Kun luet Raamattua huomaat pian, että alusta loppuun se on täynnä kertomuksia ihmeistä, parantumisista, profetioista, tiedon ja viisauden sanoista ja hengellisestä erottelukyvystä. Meillä on yliluonnollinen Jumala, ja Hän toimii yliluonnollisella tavalla.

LAHJOJEN ANTAJA TUO LAHJAT

On tärkeää, että ymmärrämme olevamme Pyhän Hengen temppeleitä ennen kuin alamme tarkastelemaan armolahjoja yksityiskohtaisemmin. Ennen kuin etsimme lahjoja, meidän pitää omaksua ymmärrys siitä, että Pyhä Henki käyttää armolahjoja meissä ja meidän kauttamme yhteistyössä meidän kanssamme. Me olemme Hänen temppelinsä, mikä tarkoittaa sitä, että Hän on temppelin Herra, ja yhteistyön tekeminen Hänen kanssaan merkitsee Hänen tahtoonsa alistumista.

Me olemme Hänen temppeleitään *yksilöinä*, mutta me olemme Hänen temppelinsä myös *yhdessä*, yhtenä Kristuksen ruumiina.

John G. Lake oli helluntailaisuuden alkuaikojen saarnaaja, joka teorisoi, että *pneumatologia* oli "Hengen tiedettä", jonka avulla voisi löytää Hengen lait. Lake kuvasi rukouksen dynamona, joka vetää Pyhää Henkeä puoleensa. Lake ymmärsi Pyhän Hengen "käsinkosketeltavana aineena", kuin sähkövirtana, joka oli riittävän voimakas kontrolloimaan kaikkia "materiaalisuuden muotoja". Pyhä Henki kykeni "kyllästämään" kaiken "materiaalisen aineen", mikä selitti nenäliinojen parantavat ominaisuudet.[5]

Mutta tällainen ajattelu erottaa lahjat niiden Antajasta, ja tekee niistä jonkinlaisia persoonattomia voimia, joita me voimme kontrolloida ja manipuloida. Ikävä kyllä tämänkaltainen maaginen ajattelu armolahjoista on yleistä helluntailaisuudessa ja karismaattisessa liikkeessä. Tässä armolahjojen käytön maagisessa mallissa ihminen kontrolloi Pyhän Hengen voimaa eikä alistu Hänen tahtoonsa.

Paavali opettaa, että kun Lahjojen Antaja saapuu, Hän tuo lahjat, eikä niitä voi koskaan erottaa niiden Antajasta. Silloinkin kun koet Pyhän Hengen toiminnan fyysisenä voimana, Pyhän Hengen persoona on *aina* tämän voiman takana.

LAHJAT VIRTAAVAT SISÄLTÄMME

Paradoksaalisesti Apostolien tekojen 2. luvun helluntaisymboliikka on yksi pääsyistä siihen, että monet uskovat eivät koskaan löydä elämää Jumalan läsnäolossa:

> Ja kun helluntaipäivä oli tullut, olivat he kaikki yhdessä koolla. Ja tuli yhtäkkiä humaus taivaasta, niinkuin olisi käynyt väkevä tuulispää, ja täytti koko huoneen, jossa he istuivat. Ja he näkivät ikäänkuin tulisia kieliä, jotka jakaantuivat ja asettuivat heidän itsekunkin päälle. Ja he tulivat kaikki Pyhällä Hengellä täytetyiksi ja alkoivat puhua muilla kielillä, sen mukaan mitä Henki heille puhuttavaksi antoi. (Ap. t. 2:1-4)

Jos tarkastelet tulen symboliikkaa, voi vaikuttaa siltä, että Pyhän Hengen voitelu ja siihen liittyvät lahjat tulivat taivaasta ulkoisena tapahtumana. Tämän tähden monet herätysten odottamiset ovat perustuneet ylhäältä tulevaan Jumalan liikkeeseen. Kuinka usein olet rukoillut, että Jumala lähettää sateensa, uskoen, että sinun virkistymisesi olisi jotenkin riippuvainen ulkoisesta herätyksen aikakaudesta? Miten usein olet laulanut laulun Pyhän Hengen lähettämästä elpymisestä?

Lukemattomat helluntaisaarnaajat ovat julistaneet Pyhän Hengen olevan herkkä lintu – jos teet syntiä, Hän pakenee. Mutta mikään ei voi olla kauempana totuudesta!

Paavalin mukaan meistä tulee Pyhän Hengen temppeleitä siinä hetkessä kun hyväksymme Kristuksen. Sielussamme ei ole vielä tehty mitään uudistustyötä, ja se on yhtä pimeä paikka kun muutamaa hetkeä ennen kuin annoimme elämämme Jeesukselle.

Mutta tämä on se hetki, jolloin Pyhä Henki astuu sisällemme. Pyhä Henki tekee sen kaiken uudistustyön, emme me, poistaen synnin ja lian elämästämme. Hän on Pyhyys, joka alkaa virrata ulos elämästämme.

Evankeliumissa Johanneksen mukaan on vaihtoehtoinen versio ensimmäisestä Pyhän Hengen antamisesta:

> Samana päivänä, viikon ensimmäisenä, myöhään illalla, kun opetuslapset olivat koolla lukittujen ovien takana, juutalaisten pelosta, tuli Jeesus ja seisoi heidän keskellään ja sanoi heille: "Rauha teille!"
> Ja sen sanottuaan hän näytti heille kätensä ja kylkensä. Niin opetuslapset iloitsivat nähdessään Herran.
> Niin Jeesus sanoi heille jälleen: "Rauha teille! Niinkuin Isä on lähettänyt minut, niin lähetän minäkin teidät."
> Ja tämän sanottuaan hän puhalsi heidän päällensä ja sanoi heille: "Ottakaa Pyhä Henki." (Joh. 20:19-23)

Helluntaiteologia on valinnut helluntaihin keskittymisen sinä hetkenä, jolloin Pyhä Henki saapui seurakuntaan. Tämä on luultavasti sen tähden. että hetki oli vaikuttava. Mutta tämän takia emme huomaa, että Johanneksen mukaan Jeesus itse asiassa antoi Pyhän Hengen seurakunnalle Hänen ylösnousemuksensa ja taivaaseenastumisensa välillä.

Johannes kirjoittaa:

> Mutta juhlan viimeisenä, suurena päivänä Jeesus seisoi ja huusi ja sanoi: "Jos joku janoaa, niin tulkoon minun tyköni ja juokoon. Joka uskoo minuun, hänen sisimmästään on, niinkuin Raamattu sanoo, juokseva elävän veden virrat."
> Mutta sen hän sanoi Hengestä, joka niiden piti saaman, jotka uskoivat häneen; sillä Henki ei ollut vielä tullut, koska Jeesus ei vielä ollut kirkastettu. (Joh. 7:37-31)

Koska Johannes ei mainitse taivaaseenastumista eikä helluntaita evankeliumissaan, jää epäselväksi, minne hän sijoittaa kirkastumisen kertomuksessaan. Mutta Johanneksen mukaan Pyhä Henki annettiin opetuslapsille pian Hänen ylösnousemuksensa jälkeen ja ennen Hänen taivaaseenastumistaan. Tämä tapahtuma ei ollut yhtä dramaattinen kuin ensimmäinen helluntai mutta sen edeltäjä. Evankeliumissa Johanneksen mukaan Jeesus sanoo, että Pyhän Hengen täyteys virtaa ulos sisältämme, joten ainakin jotkut opetuslapsista – ne joiden päälle Jeesus puhalsi – täyttyivät sisältäpäin helluntaina.

Sisältä täyttyminen – eikä ulkoa täyttyminen – on Pyhällä Hengellä täytetyn elämän perustavaa laatua oleva *dynamiikka*. Helluntailiike on suurelta osin jättänyt huomiotta tämän raamatullisen totuuden ja siihen liittyvän ymmärryksen meistä Pyhän Hengen temppeleinä ja painottanut Pyhän Hengen ulkoista ilmentymistä.

Sama periaate pätee armolahjoihin. Ne virtaavat aina sisältämme. Moni eksytys vältettäisiin, jos uskovat ymmärtäisivät tämän periaatteen eivätkä odottaisi Jumalan toimivan ulkoa sisimpään uskovien elämässä.

Mikäli joku ympärillä tapahtuva ilmeisen yliluonnollinen tapahtuma ei saa vastakaikua sen läheisyyden kautta, joka sinulla on Pyhän Hengen kanssa, pysy siitä kaukana. Ja jos sinulla ei ole läheistä suhdetta Pyhän Hengen kanssa, panosta siihen. Se on paljon tärkeämpi kuin armolahjat.

Paavali kirjoittaa korinttilaisille:

> Profeetoista saakoon kaksi tai kolme puhua, ja muut arvostelkoot. (1. Kor. 14:29)

Ei ole selvää, arvostelevatko toiset profeetat vai arvosteleeko koko seurakunta, mutta me kykenemme arvostelemaan, sillä meillä on sama Henki. Voi olla tilanteita, jolloin toinen profeetta tarvitaan arvostelemaan. Mutta kykenemme arvostelemaan, sillä meissä asuva Jumalan Henki todistaa, onko profetia Jumalasta. Tietysti tämä vaatii Pyhän Hengen äänen kuulemisen herkkyyttä. Mikäli sinulla ei ole läheistä suhdetta Pyhän Hengen kanssa, on epätodennäköistä että kykenet arvostelemaan profetiaa muuten kuin teologisella, eettisellä tai moraalisella tasolla.

YHDEN LAHJAN VIITEKEHYKSET LIIAN YLEISIÄ

Monia vääriä oppeja on synnytetty soveltamalla yksittäistä armolahjaa väärin ja venyttämällä sen käyttöä. Esim. monet ovat yrittäneet parantaa ihmisiä pelkästään uskon lahjan kautta. Ja vaikka uskon lahjaa voi ehkä käyttää parantamiseen, se ei ole kuitenkaan se pääasiallinen terveeksitekemisten lahja. Toiset yrittävät "profetoida" uskon kautta. Tarvitset uskoa Jumalaan profetoidaksesi, mutta jos yrität profetoida uskon lahjan kautta, päädyt helposti harhaan.

Usein uskovat yrittävät profetoida tiedon sanat, kun taas toiset yrittävät profetoida, mitä he kokevat alullaan olevan henkien erottamisen armolahjan kautta. Mutta jos profetoit mitä erotat, voit helposti profetoida kirouksia ihmisten elämään. Armolahjojen väärinkäyttäminen on vaarallista ja tuhoisaa, ja johtaa usein tiedostettuun tai tiedostamattomaan ihmisten manipulointiin.

APOSTOLISTEN JA PROFEETALLISTEN LAHJOJEN JATKUMO

Armolahjat voi ryhmittää monilla eri tavoilla. Jotkut jakavat ne kolmeen ryhmään: ilmestyslahjat, kommunikoivat tai inspiroivat lahjat ja voimalahjat. Tässä ryhmittelyssä voimalahjat ovat uskon ja terveeksitekemisten lahjat ja lahja tehdä voimallisia tekoja, ilmestyslahjat ovat henkien erottamisen ja tiedon ja viisauden sanojen armolahjat, ja profetia ja kielilläpuhuminen sekä kielten selittäminen ovat kommunikoivia tai inspiroivia lahjoja.

Mutta nämä kategoriat eivät löydy Raamatusta, ja minusta ne ovat harhaanjohtavia. Profetian luokitteleminen kommunikoivaksi tai inspiroivaksi lahjaksi perustuu profetian alhaiseen arvostamiseen, eikä se huomioi profetian armolahjan pääkäyttöä – Jumalan äänen kuulemista.

Profetian päätarkoitus ei ole julistaminen vaan kuuleminen. Mutta tämä ryhmitys olettaa, että jokainen profetia pitää julistaa julkisesti, kun monessa tapauksessa profetia on tarkoitettu pelkästään auttamaan esirukouksessa. Tämä väärinymmärrys on johtanut siihen, että monet profetian lahjan omaavat jakavat profeetallisia sanoja liian aikaisin.

Profetian armolahja on pääasiasssa ilmestyslahja ja vain toissijaisesti kommunikaatiolahja. Tämä selittää sen, minkä tähden Paavali pitää profetian armolahjaa suurimmassa arvossa. Se auttaa käyttämään muita armolahjoja terveellä tavalla ja synnyttää henkien erottamisen armolahjan.

On harhaanjohtavaa jakaa armolahjat näihin kolmeen ryhmään, sillä kaikki armolahjat vaativat yhteistyötä Pyhän Hengen kanssa, ja tämän takia ne kaikki vaativat jonkinasteista ilmestystä Jumalalta ja läheistä suhdetta Hänen kanssaan.

Koska armolahjoista opettaminen on perustunut paljolti omiin kokemuksiin siitä, miten niitä käytetään ja miten ne saadaan, Jumalan käsinkosketeltavan voiman tunteminen on johtanut ajatteluamme harhaan. "Voimalahjat" koetaan usein konkreettisesti voimana, mutta ne ovat silti Pyhän Hengen persoonan voimaannuttamia – ja Hänellä on tahto – joten armolahjoja voi käyttää terveellä tavalla vain Hänen johdattamanaan ja kontrolloimanaan.

Mutta jos poistamme Pyhän Hengen persoonan armolahjojen käyttämisestä, Hänen voimastaan tulee jotain, jota kykenemme kontrolloimaan – kun painopisteen tulisi olla Hänen tahtoonsa alistuminen. Pahimmiltaan tämä johtaa *maagiseen* käsitykseen armolahjojen käytöstä.

Kielilläpuhuminen on ilmestyslahja, mutta me emme ymmärrä ilmestystä ilman kielien selittämisen armolahjaa. Tiedon ja viisauden sanat sekä profetia ovat etusijassa ilmestyslahjoja, mutta ne vapauttavat myös voimaa. Voimallisten tekojen, uskon ja terveeksitekemisten armolahjat ovat voimallisia lahjoja, mutta niiden toiminta perustuu kuitenkin ilmestykseen.

Evankeliumi Johanneksen mukaan 5:19-20 sanoo:

> Niin Jeesus vastasi ja sanoi heille: "Totisesti, totisesti minä sanon teille: Poika ei voi itsestänsä mitään tehdä, vaan ainoastaan sen, minkä hän näkee Isän tekevän; sillä mitä Isä tekee, sitä myös Poika samoin tekee. Sillä Isä rakastaa Poikaa ja näyttää hänelle kaikki, mitä hän itse tekee; ja hän on näyttävä hänelle suurempia tekoja kuin nämä, niin että te ihmettelette."

ENSIMMÄINEN KIRJE KORINTTILAISILLE JA ARMOLAHJAT

Armolahjojen käytön ytimessä pitäisi olla syvä, todellinen ja läheinen suhde Jumalan kanssa ja elämä Hänen läsnäolossaan. Jos Jeesus sanoi, että Hän voi tehdä ainoastaan mitä Hän näki Isän tekevän, pitäisi olla selvää, että voimallisten tekojen elämässämme tulee myös perustua läheiseen suhteeseen Pyhän Hengen kanssa.

On paljon parempi käsittää lahjat apostolisen ja profeetallisen jatkumon näkökulmasta, eikä jakaa niitä mielivaltaisesti joihinkin nykyajan kategorioihin. Paavali kirjoittaa:

> Niin ette siis enää ole vieraita ettekä muukalaisia, vaan te olette pyhien kansalaisia ja Jumalan perhettä, apostolien ja profeettain perustukselle rakennettuja, kulmakivenä itse Kristus Jeesus (Ef. 2:19-20)

Paavalin mukaan apostolit ja profeetat rakentavat seurakunnan perustan. Paavali kirjoittaa:

> Niinpä Jumala asetti seurakuntaan ensiksi muutamia apostoleiksi, toisia profeetoiksi, kolmansia opettajiksi, sitten hän antoi voimallisia tekoja, sitten armolahjoja parantaa tauteja, avustaa, hallita, puhua eri kielillä. (1. Kor. 12:28)

Paavali kirjoittaa:

> Onhan apostolin tunnusteot teidän keskuudessanne tehty kaikella kestävyydellä, tunnusmerkeillä ja ihmeillä ja voimateoilla. (2. Kor. 12:12)

Paavali viittaa tunnusmerkkeihin, ihmeisiin ja voimatekoihin "apostolin tunnustekoina", mutta hän luettelee voimateot myös erillisenä lahjana. Vaikka ihmeet voivat olla merkki siitä, että joku on apostoli ja apostolin tulisi tehdä voimatekoja, apostoliuteen liittyy kuitenkin paljon enemmän kuin voimateot. Ja voimateot eivät tarkoita automaattisesti, että joku on apostoli.

Mutta terveeksitekemisten lahjat ja voimateot ovat jatkumon apostolisessa päässä, sillä niiden painopiste on Jumalan voiman valloilleen päästäminen *nyt*.

Profetian, henkien erottamisen, tiedon ja viisauden sanojen ja kielten ja niiden tulkitsemisen armolahjoilla on selkeästi profeetallinen luonne. Mutta tämä ei tarkoita sitä, etteikö niillä olisi valtavaa voimaa. Itse asiassa niillä on mahtava voima, ja niiden vaikutus voi usein olla suurempi ja pitkäkestoisempi kuin niiden armolahjojen, joiden käyttö ilmentää välittömiä tuloksia.

Jesajan kirjan 53. luvun profetia kärsivästä palvelijasta ennustaa Jeesuksen ristinkuoleman syntiemme tähden. Se ennustettiin noin seitsemänsataa vuotta ennen sen itseasiallista tapahtumista. Tämä oli avoin haaste paholaiselle. Jesajan kirjan 53. luvussa Jumala kertoo tarkalleen, miten Hän suunnittelee ihmiskunnan vapauttamisen ja antaa paholaiselle aikaa satoja vuosia juonitella tätä suunnitelmaa vastaan.

Miksi ajattelet kuningas Herodeksen määränneen kaikkien Betlehemin esikoisten tappamisen? Paljon suuremmat voimat kuin vainoharha ja kateus ajoivat tätä päätöstä.

Ja kuitenkin kaikki tapahtui *tarkalleen* kuten Jesaja ennusti.

Miten paljon hengellistä voimaa kuluu antamaan paholaiselle seitsemänsatavuotinen haaste ja täyttää lupaus täsmällisesti profetian mukaan? Näemme, että apostolinen voima päästetään valloilleen heti, kun taas profetallisen voiman päästäminen valloille vie *aikaa* – mutta tämä ei tee profeetallisesta lahjasta yhtään heikompaa.

Uskon lahja on jossain apostolisen ja profeetallisen jatkumon puolivälissä. Kuten tulemme näkemään, se perustuu lähes yhtä paljon ilmestykseen kuin voimaan. Ja usein vie jonkin verran aikaa ennen kuin usko taistelee työnsä esteiden läpi. Mutta on tärkeää ymmärtää, että Jumalan valtakunnassa ei ole voimaa ilman ilmestystä tai ilmestystä ilman voimaa. Tämän takia todistamme profeettojen tekevän voimatekoja Vanhassa testamentissa ja nykypäivän profeettojen myös tekevän voimatekoja.

UUDEN TESTAMENTIN MUUT LAHJALISTAT

Paavali kirjoittaa Kirjeessä roomalaisille:

> Sillä niinkuin meillä yhdessä ruumiissa on monta jäsentä, mutta kaikilla jäsenillä ei ole sama tehtävä, niin me, vaikka

ENSIMMÄINEN KIRJE KORINTTILAISILLE JA ARMOLAHJAT

meitä on monta, olemme yksi ruumis Kristuksessa, mutta itsekukin olemme toistemme jäseniä; ja meillä on erilaisia armolahjoja sen armon mukaan, mikä meille on annettu; jos jollakin on profetoimisen lahja, käyttäköön sitä sen mukaan, kuin hänellä uskoa on; jos virka, pitäköön virastaan vaarin; jos joku opettaa, olkoon uskollinen opettamisessaan; jos kehoittaa, niin kehoittamisessaan; joka antaa, antakoon vakaasta sydämestä; joka on johtaja, johtakoon toimellisesti; joka laupeutta harjoittaa, tehköön sen iloiten. (Room. 12:4-8)

Tässä lahjalistassa Paavali esittää profetian, opettamisen, johtamisen ja antamisen kaikki lahjoina Jumalalta. Hän luettelee seurakunnan rakentamisen lahjat – viisi palveluvirkaa – Kirjeessä efesolaisille:

Ja hän antoi muutamat apostoleiksi, toiset profeetoiksi, toiset evankelistoiksi, toiset paimeniksi ja opettajiksi, tehdäkseen pyhät täysin valmiiksi palveluksen työhön, Kristuksen ruumiin rakentamiseen, kunnes me kaikki pääsemme yhteyteen uskossa ja Jumalan Pojan tuntemisessa, täyteen miehuuteen, Kristuksen täyteyden täyden iän määrään, ettemme enää olisi alaikäisiä, jotka ajelehtivat ja joita viskellään kaikissa opintuulissa ja ihmisten arpapelissä ja eksytyksen kavalissa juonissa; vaan että me, totuutta noudattaen rakkaudessa, kaikin tavoin kasvaisimme häneen, joka on pää, Kristus, josta koko ruumis, yhteen liitettynä ja koossa pysyen jokaisen jänteensä avulla, kasvaa rakentuakseen rakkaudessa sen voiman määrän mukaan, mikä kullakin osalla on. (Ef. 4:11-16)

Usein nämä lahjat nähdään palveluvirkoina, mutta Paavali keskittyy niiden tarkoitukseen – pyhien *valmentamiseen*. Mutta armolahjat eivät ole osa ainoastaan Paavalin teologiaa, sillä myös Pietari kirjoittaa niistä:

Palvelkaa toisianne, kukin sillä armolahjalla, minkä on saanut, Jumalan moninaisen armon hyvinä huoneenhaltijoina.
 Jos joku puhuu, puhukoon niinkuin Jumalan sanoja; jos joku palvelee, palvelkoon sen voiman mukaan, minkä

Jumala antaa, että Jumala tulisi kaikessa kirkastetuksi Jeesuksen Kristuksen kautta. Hänen on kunnia ja valta aina ja iankaikkisesti. Amen. (1. Piet. 4:10-11)

LAHJOJEN TUKAHDUTTAMINEN NIITÄ KONTROLLOIMALLA

Vierailin kerran seurakunnassa, jossa kaikki työntekijöille tavarantoimittajilta ja yhteistyökumppaneilta annetut joululahjat takavarikoitiin johtajien toimesta sillä tekosyyllä, että ne pitäisi jakaa muiden organisaatioissa toimivien kanssa.

Käytännön päämääränä oli näyttää, että lahjat piti jakaa kaikkien kanssa. Mutta todellinen motivaatio oli se, että johtajat halusivat kontrolloida sitä, kuka saisi minkäkin lahjan. Heidän mielestään oli heidän eikä yhteistyökumppanien vallassa, kuka kontrolloi lahjojen virtaa heidän organisaatiossaan

Mielessään nämä johtajat olivat suosion vartijoita, ja oli heidän vallassaan antaa tai pidättää suosio. He olivat yrittäneet rakentaa suljetun systeemin, jossa kaikki suosio organisaatiossa riippuisi heistä, ja ilmaiset, ulkopuolelta tulevat lahjat häiritsivät tätä kontrollia. He näkivät lahjat uhkana, ja heidän reaktionaan oli yrittää tuoda lahjat omaan kontrolliinsa.

Miten usein teemme näin seurakunnissa, kun kyseessä ovat armolahjat? Kuinka usein "aistimme", että Jumala antanut armolahjat – Hänen suosionsa – "väärille" henkilöille seurakunnassa? Ja yritämmekö tukahduttaa ne, kun ne toimivat sellaisen ihmisen kautta, josta me emme pidä?

Armolahjat tuovat mukanaan ennustamattomuuden monien seurakuntien hienosti hallittuihin suoritus- ja manipulaatiojärjestelmiin. Tämän johdosta armolahjojen käytöstä tulee tarkoin koreografioitua, ja esim. ainoastaan profetiat, jotka selvästi pönkittävät johtajien asemaa, hyväksytään.

Paavali kirjoittaa näille uskoville Kirjeessä galatalaisille:

> Niinkö älyttömiä olette? Te alotitte Hengessä, lihassako nyt lopetatte? Niin paljonko olette turhaan kärsineet? – jos se on turhaa ollut. (Gal. 3:3-4)

ENSIMMÄINEN KIRJE KORINTTILAISILLE JA ARMOLAHJAT

Näiden jakeiden viitekehyksenä on vapaus. Paavali jatkaa:

> Vapauteen Kristus vapautti meidät. Pysykää siis lujina, älkääkä antako uudestaan sitoa itseänne orjuuden ikeeseen. (Gal. 5:1)

Armolahjojen toimimiseen tarvitaan vapauden eikä kontrollin ilmapiiri. Tämä ei poissulje koulutusta tai korjausta, eikä tämä tarkoita sitä, että kuka tahansa voi käyttää niitä julkisesti. Mutta meille pitää olla selvää, että Jumala on se Herra, jolla on valta yli armolahjojen, eikä seurakunnan johto.

Tällaisen vapauden kulttuurin kehittäminen ja suojakeinojen ylläpitäminen samanaikaisesti ei ole helppoa. Mutta monessa seurakunnassa armolahjat lojuvat käyttämättömänä johtajan pöydällä. Ne on tarjottu seurakunnan johtajille mutta hylätty.

Tietysti armolahjoihin liittyy arvaamattomuus, ja tietysti jotkut uskovista pyrkivät käyttämään armolahjoja vain sen tähden, että heille ei ole annettu aikaa saarnata. On ihmeellistä, kuinka monet uskovista, jotka väittävät omaavansa "profetian sanan" osoittautuvat turhautuneiksi saarnaajiksi!

Mutta armolahjojen tukahduttamisen sijasta uskovat tulisi kouluttaa käyttämään niitä. Armolahjat ovat Jumalan antamia, eikä johtajisto voi kontrolloida niitä.

Jumala on järjestyksen Jumala, mutta Hän antoi meille armolahjat, mikä tarkoittaa sitä, että ne ovat osa sitä, miten Hän tuo *Hänen* järjestyksensä.

5

SOTA KAHDEN VALTAKUNNAN VÄLILLÄ

Armolahjojen käyttäminen johtaa väistämättä taisteluun sielunvihollisen valtakunnan kanssa, ja tämän takia ne eivät kuulu jahkaileville tai pelkureille. Jeesus sanoo:

> Ei kukaan, joka laskee kätensä auraan ja katsoo taaksensa, ole sovelias Jumalan valtakuntaan. (Luuk. 9:62)

Jumalan valtakunnalla on vakava puoli, mikä puuttuu usein karismaattisen liikkeen opetuksesta, joka esittää armolahjat usein vain viihteenä. Jos "lavaesitysherättäjät" kertovat sodasta kahden valtakunnan välillä, se kutistetaan tarinaksi, jossa "herättäjä" on se sankari, mutta tarina antaa yleisölle mahdollisuuden liittyä mukaan sankarin matkalle voittoon.

Niinpä jotkut kertovat villejä tarinoita enkeleistä, jotka ilmestyvät kaikkialle minne he menevät, toiset kerskuvat vallastaan demonisten voimien yli, mutta minusta paljon tästä kuulostaa enemmän videopelin pelaamiselta kuin oikeaan sotaan osallistumiselta, mihin liittyy todellisen hinnan maksaminen. Todellisuudessa tämä sota on vakavaa ja tuo todellista vahinkoa elämäämme.

Raamatun mukaan on olemassa neljänlaisia hengellisiä olentoja: Jumala, enkelit, langenneet enkelit ja ihmiset.

Jotkut kutsuvat näiden hengellisten olentojen välistä vuorovaikutusta – sekä positiivista että negatiivista – hengelliseksi valtapiiriksi tai ulottuvuudeksi.

Emme voi tietää, onko hengellinen ulottuvuus todellinen ulottuvuus vai vain yksinkertaisesti kykymme olla yhteydessä muihin hengellisiin olentoihin, mutta tällä ei ole meidän kannaltamme väliä.

Monessa mielessä hengellisen ulottuvuuden käsite on ongelmallinen, sillä se viittaa jonkinlaiseen persoonattomaan, tilalliseen piiriin, joka saattaa olla olemassa tai sitten ei, mutta ei samalla tavalla kuin me useimmiten käsitämme ulottuvuudet.

Meidän kannaltamme on riittävää rajoittaa keskustelumme erilaisten hengellisten olentojen väliseen kanssakäymiseen ja suhteisiin ja käyttää hengellisen valtapiirin, maailman tai ulottuvuuden käsitteitä metaforisesti, sillä tämä voi auttaa hengellisen sodan luonteen selittämisesssä.

Ihmiset ovat keskellä sotaa kahden valtakunnan välillä – Jumalan ja Saatanan. Ja olemassa ei ole ei-kenenkään-maata. Armolahjojen kautta me alamme osallistua tähän sotaan ehkä aktiivisemmalla tavalla kuin mitenkään muuten vaikuttaen tähän sotaan syvällä tavalla. Se yksinkertainen syy tähän on se, että kun käytämme hengellisiä lahjoja, me toimimme Jumalan Hengessä. Ja tämä koskee kaikkia hengellisiä lahjoja eikä vain näitä yhdeksää armolahjaa.

Jumala voisi voittaa tämän sodan hetkessä, mutta tämä johtaisi suureen ihmisuhrien määrään ikuisuudessa. Apostoli Pietari kirjoittaa:

> Ei Herra viivytä lupauksensa täyttämistä, niinkuin muutamat pitävät sitä viivyttelemisenä, vaan hän on pitkämielinen teitä kohtaan, sillä hän ei tahdo, että kukaan hukkuu, vaan että kaikki tulevat parannukseen. (2. Piet.3:9)

On tärkeä ymmärtää, että on olemassa vain kaksi hengellistä valtakuntaa. Ensimmäinen on puhdas, tuhoamaton ja pyhä Jumalan valtakunta. Toinen on Saatanan vääristynyt valtakunta; Saatana ei ole koskaan luonut muuta kuin kaaosta ja tuhoa. Saatanalla on pimeää hengellistä voimaa, ja tämä voima on turmeltunut versio siitä voimasta, jonka Jumala antoi kerran enkeleille, hengellisille olennoille, jotka Hän loi ennen kuin Hän loi meidät.

Jeesus sanoo:

> Kun saastainen henki lähtee ihmisestä, kuljeksii se autioita paikkoja ja etsii lepoa; ja kun ei löydä, sanoo se: "Minä palaan huoneeseeni, josta lähdin". Ja kun se tulee, tapaa se sen lakaistuna ja kaunistettuna. Silloin se menee ja ottaa mukaansa seitsemän muuta henkeä, pahempaa kuin se itse, ja ne tulevat sisään ja asuvat siellä. Ja sen ihmisen viimeiset tulevat pahemmiksi kuin ensimmäiset. (Luuk. 11:24-26)

Kuten Jeesus sanoo, elämässämme ei ole hengellistä tyhjiötä. Tietenkään tämä ei tarkoita sitä, että ihmiset kristittyjen ympärillä olisivat demonien riivaamia vaan ainoastaan sitä, että meidän elämässämme on näkymättömien hengellisten voimien vaikutuksia. Mutta suuri osa ihmiskunnasta elää sielun alueella ja sokeina niille hengellisille voimille, jotka vaikuttavat heidän elämäänsä syvästi.

Kirje Heprealaisille 1:14 opettaa, että enkelit ovat palvelevia henkiä, lähetetty palvelemaan meitä. Tästä seuraa se, että demonit, langenneet enkelit, ovat myös henkiä.

Pyhä Henki on henki, mutta toisin kuin demoniset henget ja enkelit, Hän on läsnä kaikkialla ja kaikkitietävä. Mutta miten mahtava Hän onkaan, emme kuitenkaan kykene näkemään Häntä. Hän täyttää meidät, mutta me olemme kykenemättömiä näkemään Hänet. Voimme kuitenkin kokea Hänen läsnäolonsa ja täyteytensä sisäisessä olemuksessamme.

Enkelit ja demonit ovat myös suurimman osan ajasta näkymättömiä meille, mutta joskus ne voivat ilmestyä ihmisille, kuten näemme Raamatussa, ja uskovat, joilla on henkien erottamisen armolahja, voivat usein erottaa niiden toiminnan ja läsnäolon.

Ihmisillä, jotka harjoittavat okkultismia, on myös jonkinasteinen hengellinen erottelukyky, mutta tämä liittyy pääasiassa hengellisen voiman suuruuden erottamiseen. Tämä ei ole Jumalan antama erottelukyky vaan väärä tieto hengellisistä voimista, ja se tulee taistelun väärällä puolella olemisesta.

Kun opiskelin yliopistossa maisteriksi, minulla oli ystävä, joka oli satanisti. Hän oli aito, hyvin koulutettu nuori mies, joka ei uskonut Saatanan olevan todellinen olento, mutta uskoi elämänvoimiin, joilla hän halusi täyttyä. Hän käsitti satanismin positiivisena uskontunnustuksena, joka vahvistaa ihmiselämän arvon vastalauseena kristinuskolle, jonka hän käsitti negatiivisena, rajoittavana ja tuomitsevana uskontona.

Hengelliset olennot, joihin hän ei uskonut, olivat pettäneet hänet niin pahasti, että hän kielsi niiden olemassaolon.

Meillä oli useita aitoja ja merkittäviä keskusteluja uskosta. Muistan kerran istuneeni Suomen suurimman päivälehden vastaanottoaulassa professorin ja muiden opiskelijoiden kanssa keskustelemassa yksityiskohtaisesti Johanneksen ilmestyksen tulkitsemisesta ja kuinka kaikki muut yrittivät seurata keskusteluamme.

Yhtenä päivänä menin tapaamaan häntä hänen kotiinsa, ja olin yllättynyt nähdessäni hänen suurehkon gospelmusiikkikokoelmansa.

Kysyin häneltä: "Miksi kuuntelet gospelmusiikkia, jos et usko Jumalaan?"

"Tunnen tämän musiikin energian", hän vastasi.

Tämä satanisti kykeni erottamaan Jumalan voiteleman musiikin "korkean energiatason", mutta hän ei kyennyt erottamaan kahden erilaisen hengellisen energialähteen eroja – pimeyden ja valon. Tämä vaatii Pyhän Hengen antamaa erottelukykyä, ja sitä hänellä ei ollut.

Apostolien tekojen 8. luvussa Simon, joka oli harjoittanut noituutta ennen kääntymistään kristinuskoon, näki apostolien rukoilevan ihmisten puolesta, ja kuinka he saivat Pyhän Hengen:

> Mutta kun Simon näki, että Henki annettiin sille, jonka päälle apostolit panivat kätensä, toi hän heille rahaa ja sanoi: "Antakaa minullekin se valta, että kenen päälle minä käteni panen, se saa Pyhän Hengen". (Ap. t. 8:18-19)

Pietari nuhteli Simonia, ja hän teki parannuksen, mutta mikä johti tähän tilanteeseen oli se, että vaikka Simonista oli tullut uskova, hän käsitti Pyhän Hengen pelkästään voimana, joka oli suurempi kuin ne okkultiset voimat, jotka olivat ennen eksyttäneet häntä.

SOTA KAHDEN VALTAKUNNAN VÄLILLÄ 79

Simonilla oli edelleen maaginen ymmärrys Pyhästä Hengestä, ja hän käsitti Pyhän Hengen voiman sellaisena, että hän kykeni kontrolloimaan sitä, eikä hän käsittänyt Pyhää Henkeä Herrana, jonka tahtoon hänen tulisi alistua.

Mutta kuinka monet karismaattiset ja helluntailaiset julistajat myisivät tänään tyytyväisinä Simonille ohjelman, joka toisi Pyhän Hengen "auktoriteetin" Simonin elämään? Tyypillinen karismaattinen konferenssimainos takaa Pyhän Hengen välittämisen jokaisen osallistujan elämään.

Mutta yhden asian Simon näki selvästi: Pyhällä Hengellä on enemmän voimaa kuin demoneilla. Tässä asiassa hän oli oikeassa. Sekä Jumalan enkeleillä että demoneilla on vain rajallista hengellistä voimaa eikä yhtään luovaa voimaa. Jumalan enkelit käyttävät hengellistä voimaansa täydellisessä kuuliaisuudessa Jumalalle, mutta demonit käyttävät voimaansa kapinaan.

En tiedä, oletko koskaan nähnyt demonisen olennon manifestoivan, mutta jos olet, niin tiedät, mihin kapina Jumalaa vastaan johtaa – pimeään paikkaan, jossa saattaa olla runsaasti hengellistä voimaa mutta ei Jumalaa. Ja tiedät jotain siitä, miltä helvetti tulee tuntumaan.

Enkelit eivät ole elämän lähde. Jumala on. On tärkeää painottaa tätä, sillä osa karismaattisesta enkelien kunnioituksesta lähentelee enkelien palvontaa. Ainoastaan Jumalan hengellinen voima on rajaton.

Demoniset henget kykenevät tuottamaan yliluonnollisia ilmentymiä, mutta niillä ei ole luovaa vaan ainoastaan tuhoavaa voimaa. Niiden voima on raivon voimaa ja halu tuhota kaikki, minkä Jumala on luonut – mutta niiden suosikkityökalu on pettäminen. Sielunvihollinen iloitsee jopa omien seuraajiensa pettämisestä!

Mutta Jumala on täynnä rakkautta, ja kun Hän täyttää meidät, Hän uudistaa voimamme.

Enkelit ja demoniset olennot ympäröivät meitä kaiken aikaa. Kun joku näkee niitä, tämä ei tarkoita sitä, että nämä henkiolennot olisivat yhtäkkiä ruumiillistuneet vaan sitä, että he voivat hetkellisesti nähdä ympärillämme olevaan hengelliseen todellisuuteen. Mutta mitä me näemme voi olla pettävää, joten meidän pitää olla varovaisia, ennen kuin hyväksymme mitään näkemäämme. Demonit eivät kunnioita enkeleitä vaan taistelevat niitä vastaan. Ne eivät kunnioita Jumalaakaan vaan taistelevat Hänen suunnitelmiaan ja päämääriään vastaan. Mutta ne eivät voi pysäyttää tai edes hidastaa Jumalaa.

Tässä sodassa tulee olemaan vain yksi voittaja: Jumala. Mutta Jumala rajoittaa voimaansa, sillä Hänellä on tärkeämpiä tavoitteita kuin Hänen vihollistensa kukistaminen heti. Hän on kasvattamassa itselleen poikia ja tyttäriä, ja vihollinen hyökkää juuri tätä prosessia ja suunnitelmaa vastaan.

Jumalan strategiana ei ole käyttää vielä kaikkea voimaansa maan päällä. Hän on ensisijaisesti kasvattamassa lapsiaan, ja Hän antaa sekä voimaa että käyttää kuria kasvatuksessa.

Mutta paholainen ja hänen demoninen armeijansa eivät rajoita voimankäyttöä, sillä heidän ainoa päämääränsä on tuhoaminen.

Johanneksen ilmestys 12:12 sanoo:

> Voi maata ja merta, sillä perkele on astunut alas teidän luoksenne pitäen suurta vihaa, koska hän tietää, että hänellä on vähän aikaa!

Paholainen on täynnä raivoa, ja hänen raivonsa päämaali ovat ne ihmiset, jotka ovat aidosti etsimässä Jumalan valtakunnan tulemista. Hän tähtää raivonsa myös ihmisiin, jotka yrittävät rakastaa ja alkavat käyttämään armolahjoja, sillä he voivat edistää Jumalan valtakunnan etenemistä suurella tavalla, mikäli he oppivat käyttämään armolahjoja täysikasvuisesti.

Vältä opettajia, jotka opettavat armolahjoista ainoastaan voitonriemuisesti viittaamatta ollenkaan pimeyden vastaiseen taisteluun.

Jeesus varoittaa voitonriemusta Evankeliumissa Luukkaan mukaan 10:17-20:

> Niin ne seitsemänkymmentä palasivat iloiten ja sanoivat: "Herra, riivaajatkin ovat meille alamaiset sinun nimesi tähden".
> Silloin hän sanoi heille: "Minä näin saatanan lankeavan taivaasta niinkuin salaman. Katso, minä olen antanut

SOTA KAHDEN VALTAKUNNAN VÄLILLÄ 81

teille vallan tallata käärmeitä ja skorpioneja ja kaikkea vihollisen voimaa, eikä mikään ole teitä vahingoittava. Älkää kuitenkaan siitä iloitko, että henget ovat teille alamaiset, vaan iloitkaa siitä, että teidän nimenne ovat kirjoitettuina taivaissa."

Jeesuksen nimessä on paljon enemmän voimaa kuin millään demonilla, Saatana mukaanluettuna, mutta meidät voi pettää niin helposti! Nämä demoniset voimat ja vallat voivat vaikuttaa meihin monilla eri tavoilla, jopa rakentaen ansoja elämäämme nyt ja laukaisten ne vasta vuosikymmenten jälkeen, pitkään sen jälkeen kun me olemme jo unohtaneet näiden ansojen olemassaolon. Demonit alistuvat meille Jeesuksen nimessä, mutta tämä ei tarkoita sitä, että taistelu on ohi. Taistelu on ohi vasta taivaassa.

Tahdot tai et, olet mukana tässä taistelussa. Ja Kirjeessä galatalaisille Paavali antaa meillä väläyksen tärkeästä periaatteesta, joka paljastaa asemamme tässä sodassa:

> Mutta minä sanon: niin kauan kuin perillinen on alaikäinen, ei hän missään kohden eroa orjasta, vaikka hän onkin kaiken herra; vaan hän on holhoojain ja huoneenhaltijain alainen isän määräämään aikaan asti.
> Samoin mekin; kun olimme alaikäisiä, olimme orjuutetut maailman alkeisvoimien alle.
> Mutta kun aika oli täytetty, lähetti Jumala Poikansa, vaimosta syntyneen, lain alaiseksi syntyneen, lunastamaan lain alaiset, että me pääsisimme lapsen asemaan.
> Ja koska te olette lapsia, on Jumala lähettänyt meidän sydämeemme Poikansa Hengen, joka huutaa: "Abba! Isä!"
> Niinpä sinä et siis enää ole orja, vaan lapsi; mutta jos olet lapsi, olet myös perillinen Jumalan kautta. (Gal. 4:1-7)

Tämä on hämmästyttävää! Olemme sodassa, mutta Jumala itse on asettanut meidät näiden voimien alle. Ja me voimme alkaa vapautua näiden "maailman alkeisvoimien" – kreikan sanat *ta stoicheia tou kosmou* käännetään myös *hengellisiksi voimiksi* – vallasta Pyhän Hengen kautta. Mutta näiden hengellisten voimien vihamielisyys pakottaa meidät kasvamaan täysikasvuisuuteen, jotta me voimme alkaa elämään Hänen poikinaan ja tyttärinään – Hänen valtakuntansa prinsseinä ja prinsessoina.

On myös merkillepantavaa, että Paavalin mukaan lain alla eläminen vie meidät takaisin näiden hengellisten voimien orjuuteen.

Paavali jatkaa:

> Mutta silloin, kun ette tunteneet Jumalaa, te palvelitte jumalia, jotka luonnostaan eivät jumalia ole.
> Nyt sitävastoin, kun olette tulleet tuntemaan Jumalan ja, mikä enemmän on, kun Jumala tuntee teidät, kuinka te jälleen käännytte noiden heikkojen ja köyhien alkeisvoimien puoleen, joiden orjiksi taas uudestaan tahdotte tulla?
> Te otatte vaarin päivistä ja kuukausista ja juhla-ajoista ja vuosista.
> Minä pelkään teidän tähtenne, että olen ehkä turhaan teistä vaivaa nähnyt. (Gal. 4:8-10)

Ainoa tapa vastustaa pahoja hengellisiä voimia ja voittaa on Hengessä eläminen. Mutta tämä vie meidät automaattisesti törmäyskurssille vihollista vastaan – aina uudestaan.

Kun alamme kasvaa lahjoissamme ja kutsumuksessamme, tämä tarkoittaa automaattisesti sitä, että me joudumme tekemisiin vihollisen valtakunnan kanssa siitä yksinkertaisesta syystä, että maailmassa ei ole hengellistä tyhjiötä. Ei ole ei-kenenkään-maata.

Kun rukoilen ihmisten puolesta, tunnen usein, kuinka energiaa virtaa minusta ulos. Tämä on Pyhän Hengen voimaa. Tällä energialla on voima muuttaa ihmisten elämä sekunnin murto-osassa.

Mutta se ei ole vain energiaa. Se on Jumalan tiivistettyä *rakkautta*. Se on Hänen *läsnäoloaan*. Sillä on *muoto* ja *suunta*.

Mutta pitää painottaa, että puhumme pelkästään Jumalan Hengestä. Millään muulla hengellä ei ole samanlaista voimaa.

Kun käytät hengellisiä lahjoja, toimit Jumalan voimassa ja Hänen auktoriteetissaan. Tällä on aina vaikutus paholaisen valtakuntaan.

Evankeliumissa Matteuksen mukaan 12:22-29 Jeesus viittaa Saatanan valtakuntaan ja siihen, miten Jumala hyökkää sitä vastaan väkivaltaisesti:

SOTA KAHDEN VALTAKUNNAN VÄLILLÄ 83

Silloin tuotiin hänen tykönsä riivattu mies, joka oli sokea ja mykkä, ja hän paransi hänet, niin että mykkä puhui ja näki.

Ja kaikki kansa hämmästyi ja sanoi: "Eiköhän tämä ole Daavidin poika?"

Mutta kun fariseukset sen kuulivat, sanoivat he: "Tämä ei aja riivaajia ulos kenenkään muun kuin Beelsebulin, riivaajain päämiehen, voimalla".

Mutta hän tiesi heidän ajatuksensa ja sanoi heille: "Jokainen valtakunta, joka riitautuu itsensä kanssa, joutuu autioksi, eikä mikään kaupunki tai talo, joka riitautuu itsensä kanssa, pysy pystyssä. Jos nyt saatana ajaa ulos saatanan, niin hän on riitautunut itsensä kanssa; kuinka siis hänen valtakuntansa pysyy pystyssä? Ja jos minä Beelsebulin voimalla ajan ulos riivaajia, kenenkä voimalla sitten teidän lapsenne ajavat niitä ulos? Niinpä he tulevat olemaan teidän tuomarinne. Mutta jos minä Jumalan Hengen voimalla ajan ulos riivaajia, niin on Jumalan valtakunta tullut teidän tykönne. Taikka kuinka voi kukaan tunkeutua väkevän taloon ja ryöstää hänen tavaroitansa, ellei hän ensin sido sitä väkevää? Vasta sitten hän ryöstää tyhjäksi hänen talonsa."

Jos haluat käyttää armolahjoja, on tärkeää, että otat vakavasti kaiken sen, mitä Jeesus kertoi Jumalan valtakunnasta. Ja suuri osa siitä, mitä Hän kertoi Jumalan valtakunnasta, koskettaa sisäistä olemustamme.

Jumala haluaa varmistaa, että sisäinen olemuksesi voi olla asumus Hänen Hengelleen – Pyhän Hengen temppeli – jotta Hän voi virrata sisäisestä olemuksestasi, ja tämän takia Hän on keskittynyt sen uudistamiseen. Me välitämme uskonnon ulkoisista ilmauksista, mutta Jumala välittää sisäisestä olemuksestamme, sillä Hän tietää, että ellei Pyhä Henki asusta sisäisessä olemuksessame ja vartioi sitä, olemme helppo saalis viholliselle. Jeesus sanoo:

> Ja hän sanoi heille: "Ottakaa vaari siitä, mitä kuulette; millä mitalla te mittaatte, sillä teille mitataan, vieläpä teille lisätäänkin. Sillä sille jolla on, sille annetaan; mutta siltä, jolla ei ole, otetaan pois sekin, mikä hänellä on." (Mark. 4:24-25)

Lisäämisen periaate pätee armolahjoihin. Jos sinulla on niitä, ja käytät niitä rakkaudessa, Jumala antaa sinulle *enemmän*. Mutta jos et ole valmis rakastamaan ja antamaan muille, jopa ne lahjat jotka sinulla ovat, kuihtuvat.

Monet vastustavat tätä ajatusta viitaten Kirjeeseen roomalaisille:

> Sillä ei Jumala armolahjojansa ja kutsumistansa kadu. (Room. 11:29)

Tässä Paavali kirjoittaa Israelista ja sanoo, että Israelin tottelemattomuudesta huolimatta Jumala on aina valmis oksastamaan Israelin jälleen viinipuuhun, mikäli Israel tekee parannuksen. Monet ajattelevat tämän tarkoittavan, että et voi koskaan menettää yhtään lahjaa, jonka Jumala on antanut sinulle, mutta jos sovellamme Paavalin logiikkaa korrektisti, tämä tarkoittaisi sitä, että Jumala on aina valmis antamaan sinulle armolahjat takaisin, jos alat seuraamaan uudelleen Jeesusta.

Sillä Jumala kutsuu meitä aina, mutta Jeesuksen seuraaminen tapahtuu Hänen ehdoillaan eikä meidän ehdoillamme.

Tunnen monia pastoreita, jotka ovat ennen toimineet Jumalan valtakunnan voimassa, mutta kun heidän kykynsä rakastaa ei ole kasvanut, monet heidän armolahjoistaan on vähitellen otettu pois heiltä.

Annoin kerran profeetallisen sanan pastorille, joka oli hyljännyt rakkauden täysin palvelutyössään. Kerroin hänelle: "Jumala ei ota pois parantamisen armolahjaasi." Ja vähitellen hän menetti kaikki armolahjansa, joita hänellä oli runsaasti, kunnes hänellä oli jäljellä ainoastaan terveeksitekemisten lahjat, jotka toimivat epäsäännöllisesti, kun hän matkusti kansainvälisesti.

Mutta kun hän silloin tällöin palvelee osoittaen välittämistä, jotkut muista armolahjoista palaavat.

Monet pastoreista toimivat kuin kuningas Saul. Jumalan tahdossa ja voitelun alla he saavuttivat monia voittoja vaivatta, mutta nyt nämä voitot on mahdotonta saavuttaa. He pelaavat alati vähentyvien tulosten peliä.

SOTA KAHDEN VALTAKUNNAN VÄLILLÄ

Tunnen jonkun, joka rukoili tuntikausia ja teki vähemmän töitä. Nyt hän tekee 16-18-tuntisia päiviä yrittäen turhaan ylläpitää sen, minkä hän saavutti ennen vaivatta armolahjojen avulla.

Mutta armolahjojen käyttö ei suojele meitä tuomiopäivänä. Jeesus sanoi:

> Ei jokainen, joka sanoo minulle: "Herra, Herra!", pääse taivasten valtakuntaan, vaan se, joka tekee minun taivaallisen Isäni tahdon.
>
> Moni sanoo minulle sinä päivänä: "Herra, Herra, emmekö me sinun nimesi kautta ennustaneet ja sinun nimesi kautta ajaneet ulos riivaajia ja sinun nimesi kautta tehneet monta voimallista tekoa?"
>
> Ja silloin minä lausun heille julki: "Minä en ole koskaan teitä tuntenut; menkää pois minun tyköäni, te laittomuuden tekijät". (Matt. 7:21-23)

Jeesus ei kiellä sitä, että nämä ihmiset toimivat Hänen voimassaan, mutta Hän sanoo, ettei Hän koskaan tuntenut heitä.

En tiedä, voisiko löytää selvempää varoitusta tekosyiden keksimisestä niille johtajille, jotka käyttävät armolahjoja mutta elävät räikeää syntielämää.

Armolahjojen dynamiikka heijastaa rakkauden kaksoiskäskyä tarkasti. Jumalan rakastaminen kaikesta sydämestä, mielestä ja olemuksesta johtaa Pyhän Hengen täyteydessä elämiseen. Jumalan rakastamisen lopputuloksena on Häntä täynnä oleminen. Mutta armolahjat virtaavat muita kohden. Jos et rakasta lähimmäisiä etkä ole halukas siunaamaan heitä, Jumalan rakkauden virta elämäsi läpi estyy, ja Pyhän Hengen läsnäolo ja toiminta elämässäsi alkaa tyrehtyä.

Armolahjojen käyttöön liittyy monia vaaroja, ja vihollinen yrittää käyttää jokaista heikkouttamme – ja vahvuuttamme – meitä vastaan. Armolahjojen säännöllinen käyttö lisää hengellistä auktoriteettiamme ja korottaa toisten ihmisten käsitystä meistä. Tämä tyydyttää tunne-elämäämme ja ruokkii egoamme.

Tämän johdosta monet alkavat tuottaa lahjojen sädekehää, projisoiden lahjojaan joka tilaisuuteen. Esim. profeetallisella lahjalla varustetut eivät tee selväksi, milloin he eivät toimi profeetallisen voitelun alla, vaan he käyttävät armolahjojen tuomaa sädekehävaikutusta manipuloimaan ihmisiä saavuttaakseen itsekkäitä ja lihallisia päämääriä.

Psykologisesta näkökulmasta katsottuna Pyhän Hengen työn ja heidän oman mielensä raja-aidat hämärtyvät, ja pian nämä työntekijät eivät enää erota itsekään sitä, käyttävätkö he armolahjaa vai ei. He eivät enää osaa erottaa egoaan ja adrenaliinivirtaa Pyhän Hengen työstä.

On neljä pääkeinoa, jolla voimme taistella tätä psykologista rajaviivojen hämärtymistä vastaan:

1. Päivittäinen Raamatun opiskelu omaa hengellistä kasvua eikä saarnoja varten.
2. Rukouselämä, joka ei ole tyytyväinen vähempään kuin Jumalan läsnäolon kokemiseen päivittäin.
3. Uskonnollisten ja karismaattisten totunnaistapojen tietoinen välttäminen.
4. Hengen hedelmään eikä armolahjoihin keskittyminen.

KESKITY HENGEN HEDELMÄÄN

Paavali kirjoittaa Kirjeessä galatalaisille 5:22-23:

> Mutta Hengen hedelmä on rakkaus, ilo, rauha, pitkämielisyys, ystävällisyys, hyvyys, uskollisuus, sävyisyys, itsensähillitseminen. Sellaista vastaan ei ole laki.

Hän kirjoittaa myös Kirjeessä filippiläisille 1:9-11:

> Ja sitä minä rukoilen, että teidän rakkautenne tulisi yhä runsaammaksi tiedossa ja kaikessa käsittämisessä, voidaksenne tutkia, mikä paras on, että te Kristuksen päivään saakka olisitte puhtaat ettekä kenellekään loukkaukseksi, täynnä vanhurskauden hedelmää, jonka Jeesus Kristus saa aikaan, Jumalan kunniaksi ja ylistykseksi.

SOTA KAHDEN VALTAKUNNAN VÄLILLÄ

Meillä on karismaattisessa liikkeessä hirvittävä tapa jättää huomiotta Raamatun tulkitsemisen terveet periaatteet ja saada Raamattu kertomaan, mitä me tahdomme sen kertoa. Esimerkiksi Randy Clark selittää, mitä hän uskoo Kirjeen filippiläisille 1:9-11 tarkoittavan:

> Tämä hedelmä on sekä Kirjeen galatalaisille 5. luvun moraalinen hedelmä ja Jumalan voiman hedelmä merkkeineen, ihmeineen, voimatekoineen, parantumisineen, profetioineen, tiedon sanoineen, viisauden sanoineen, henkien erottamineen, uskon lahjoineen, kielineen ja kielien selittämisineen.[1]

Hän jatkaa:

> "Vanhurskauden hedelmä" ei viittaa vanhurskauteen tai lahjavanhurskauteen. Se ei viittaa myöskään siihen, mitä meille tapahtui pelastuksessa. Toinen tapa nähdä, mistä vanhurskauden hedelmä- ja kunniajae puhuu, on nähdä, että kunnia on sama kuin voima, ja että hedelmä sisältää sekä yliluonnollisten tekojen hedelmän, jotka Jeesus mainitsee Evankeliumin Johanneksen mukaan 15. luvussa, ja ne moraaliset hedelmät, jotka Paavali luettelee Kirjeessä galatalaisille 5:22-23.[2]

Hän lisää:

> Meidän tulee myös ajatella hedelmää voimalahjoina ja tekoina.[3]

Mutta kontekstiin perustuen tälle tulkinnalle ei löydy minkäänlaista oikeutusta, sillä Jeesus sanoo Evankeliumissa Johanneksen mukaan 15:1-17:

> Minä olen totinen viinipuu, ja minun Isäni on viinitarhuri.
> Jokaisen oksan minussa, joka ei kanna hedelmää, hän karsii pois; ja jokaisen, joka kantaa hedelmää, hän puhdistaa, että se kantaisi runsaamman hedelmän.
> Te olette jo puhtaat sen sanan tähden, jonka minä olen

teille puhunut.

Pysykää minussa, niin minä pysyn teissä. Niinkuin oksa ei voi kantaa hedelmää itsestään, ellei se pysy viinipuussa, niin ette tekään, ellette pysy minussa.

Minä olen viinipuu, te olette oksat. Joka pysyy minussa ja jossa minä pysyn, se kantaa paljon hedelmää; sillä ilman minua te ette voi mitään tehdä.

Jos joku ei pysy minussa, niin hänet heitetään pois niinkuin oksa, ja hän kuivettuu; ja ne kootaan yhteen ja heitetään tuleen, ja ne palavat.

Jos te pysytte minussa ja minun sanani pysyvät teissä, niin anokaa, mitä ikinä tahdotte, ja te saatte sen.

Siinä minun Isäni kirkastetaan, että te kannatte paljon hedelmää ja tulette minun opetuslapsikseni.

Niinkuin Isä on minua rakastanut, niin minäkin olen rakastanut teitä; pysykää minun rakkaudessani.

Jos te pidätte minun käskyni, niin te pysytte minun rakkaudessani, niinkuin minä olen pitänyt Isäni käskyt ja pysyn hänen rakkaudessaan.

Tämän minä olen teille puhunut, että minun iloni olisi teissä ja teidän ilonne tulisi täydelliseksi.

Tämä on minun käskyni, että te rakastatte toisianne, niinkuin minä olen teitä rakastanut.

Sen suurempaa rakkautta ei ole kenelläkään, kuin että hän antaa henkensä ystäväinsä edestä.

Te olette minun ystäväni, jos teette, mitä minä käsken teidän tehdä.

En minä enää sano teitä palvelijoiksi, sillä palvelija ei tiedä, mitä hänen herransa tekee; vaan ystäviksi minä sanon teitä, sillä minä olen ilmoittanut teille kaikki, mitä minä olen kuullut Isältäni.

Te ette valinneet minua, vaan minä valitsin teidät ja asetin teidät, että te menisitte ja kantaisitte hedelmää ja että teidän hedelmänne pysyisi: että mitä ikinä te anotte Isältä minun nimessäni, hän sen teille antaisi.

Sen käskyn minä teille annan, että rakastatte toisianne.

Tekstissä ei ole yhtään viittausta ihmeisiin ja merkkeihin lukuunottamatta lupausta, että Isä antaa meille mitä me pyydämme.

SOTA KAHDEN VALTAKUNNAN VÄLILLÄ

Koko luvun painopiste on hedelmän kantamisessa toinen toistamme rakastamalla.

Johanneksen mukaan päämääränämme on rakastaa toinen toistamme, ja tämä tuo hedelmää. Paavalin mukaan meidän tulisi tavoitella rakkautta, kun käytämme armolahjoja. Paavali ja Johannes ovat huomattavan yksimielisiä: toisten rakastaminen tuo monia muita lahjoja ja siunauksia.

Olen tullut ymmärtämään, että kykymme jättää huomiotta ja uudelleenmäärittää se kaikkein käytännöllisin käsky, jonka Jeesus antoi meille – toinen toistemme rakastaminen – on lähes ääretön. Jatkamme sen poisselittämistä ja välttämistä monilla eri tavoilla.

Randy Clarkin mukaan me emme ole julistaneet täyttä evankeliumia, jolleivät ihmeet ja merkit ole olleet mukana saarnaamisessa.

Teen ylitöitä tämän yksityiskohdan kanssa painimisessa yksinkertaisesta syystä. Tämä malli johtaa eri päätepisteeseen kuin minne Jeesus ohjasi meitä ja lopulta pettymykseen. Tämä hedelmän esittäminen ihmeinä ja merkkeinä on osa laajempaa dominionistisen teologian viitekehystä. Bill Johnsonin mukaan Jumalan ykkössuunnitelma oli valta:

> Jeesus antoi sitten auktoriteetin niille, jotka tulisivat seuraamaan Häntä. Pohjimmiltaan Hän ilmoitti, että me olemme takaisin ykkössuunnitelmassa, takaisin planeetan valtaamisessa, nyt vapautettuna ihmiskuntana.[4]

Tehdäkseen tämän vielä selvemmäksi, hän sanoo: "Pelastajamme Jeesus tuli valta mielessään."[5] Hänen mukaansa:

> Vaikka Jeesus on ikuisesti Jumala, Hän tyhjensi itsensä jumaluudestaan ja tuli ihmiseksi (Katso Fil. 2:7). On tärkeää mainita, että Hän teki kaikki ihmeensä ihmisenä eikä Jumalana.[6]

Tämän ajattelutavan mukaan meidän pitää tehdä yhtä suuria ihmetekoja kuin Jeesus, sillä Hän teki niitä ihmisenä.

Bill Johnsonin ja Randy Clarkin ehdottamassa mallissa hedelmien uudelleenmäärittely ihmeinä johtaa uskovia etsimään saavuttamatonta päämäärää, ihmeiden ja merkkien tekemistä samalla tasolla kuin Jeesus. Tietenkin Jeesus sanoi, että me tulisimme tekemään suurempia tekoja kuin Hän, mutta Hän puhui meistä kollektiivisesti seurakuntanaan ja läpi kaikkien aikojen. Mutta kaikki tämä uudelleenmäärittely perustuu ymmärrykseen Jumalan valtakunnan tulemisesta seurakunnan kautta, jotta meillä tulee olemaan näkyvä valta maailmassa tässä ajassa, ja ilmeisesti me tarvitsemme ihmeitä ja merkkejä tähän.

Uudessa testamentissa ihmeet ja merkit todistivat Jeesuksen herruudesta, jotta mahdollisimman monet ihmiset pelastuisivat; nyt ne ovat muunnettu saavuttamaan seurakunnan valta maailman yli.

Katolinen kirkko saavutti paljon suuremman vallan maailmassa kuin me voimme edes kuvitella tänään, mutta hengellisesti siitä ei ollut paljon hyötyä.

Mutta kuten Jeesus sanoi, me emme riemuitse voiman tähden vaan sen tähden, että nimemme on kirjoitettu taivaan kirjoihin.

LAHJAT TUOVAT KETTERYYTTÄ

Kenraali Stanley McChrystal, joka johti yhdistettyjen joukkojen työryhmää vuodesta 2004 alkaen Irakissa, totesi Yhdysvaltojen armeijan olleen täysyin valmistautumaton al-Qaidan käymään uudenlaiseen sodankäyntiin.

Hän kirjoittaa:

> Se ympäristö, jossa löysimme itsemme, 2000-luvun tekijöiden ja ajattomamman inhimillisen vuorovaikutuksen yhdistyminen, vaati dynaamisen, jatkuvasti sopeutuvan lähestymistavan. Sotilaalle, joka oli koulutettu insinööksi West Pointissa, ajatus, että ongelmalle on erilainen ratkaisu eri päivinä, on perustavaa laatua olevalla tavalla häiritsevä. Muttä näin tapahtui.[7]

SOTA KAHDEN VALTAKUNNAN VÄLILLÄ

Paljon seurakunnan palvelutyöstä seuraa hyvin vakiintuneita ja testattuja metodeja, jotka ovat kuitenkin osoittautumassa yhä tehottomammiksi maailman ja väestöjen kulttuuristen mieltymysten muuttuessa. Jotkut soveltavat metodista lähestymistapaa lahjoihin, mutta kuten Yhdysvaltojen sotilaat Irakissa, ongelmalla on erilainen ratkaisu eri päivinä. Mutta tämän tähden Jumala on antanut meille joukon erilaisia lahjoja, ja hyödyntämällä tätä lahjojen erilaisuutta voimme soveltaa niitä erilaisiin ongelmiin.

Jokaisella ihmisellä, jonka tapaat kadulla, on erilaisia ongelmia, ja armolahjat on tarkoitettu ratkaisemaan ainutlaatuisia ongelmia – ei metodisesti vaan *ainutlaatuisesti* – jokainen kerta.

Kerran rukoilin parinkymmenen puolesta yhdessä kokouksessa. Minulla oli sana jokaiselle. Joillekin se oli profetia, toisille tiedon sanat, jotka avasivat heidän sisäisen olemuksena, mutta muille se oli viisauden sanat. Mutta mukana oli yksilöihminen, jonka ongelma ratkaistiin henkien erottamisen armolahjan avulla.

Useamman kuin yhden armolahjan omaaminen on hyödyllistä, sillä me kykenemme vastaamaan useampien ihmisten tarpeisiin palvelutyömme kautta.

6

TERVEEKSITEKEMISTEN LAHJAT

Aloitamme yksittäisten armolahjojen tutkistelun terveeksitekemisten lahjoista. Tämä ei ole haluamani järjestys, sillä en mielestäni omaa terveeksitekemisten lahjoja, mutta tämä on välttämätöntä, sillä usko parantumiseen yhdistää useimpia kristittyjä, erityisesti helluntailaisia ja karismaattikkoja, ja on se alue, jossa lavaesitysmallin epäonnistuminen on näkyvintä ja mitattavissa.

Vuonna 1996 gallupissa 77% amerikkalaisista vastaajista hyväksyi väittämän, että Jumala joskus parantaa ihmisiä, joilla on vakava sairaus, ja 82% hyväksyi henkilökohtaisen rukouksen parantavan voiman.

Vuonna 2003 72% kysellyistä todisti, että rukous voi parantaa ihmisen – vaikka tiede sanoisi, että tämän ihmisen sairaudella ei ole parantumiskeinoa. Vuoden 2007 tutkimus tuli siihen johtopäätökseen, että 23% amerikkalaisista uskovat todistaneensa ihmeenomaisen, fyysisen parantumisen henkilökohtaisesti.[1]

Usko parantumiseen on yleistä, eikä sinun tarvitse olla amerikkalainen karismaatikko harjoittaaksesi parantavaa rukousta, sillä parantumiseen tähtäävä rukous on yleistä perinteisissä ja liberaaleissa kirkkokunnissakin. Lähes kaikki kristilliset traditiot harjoittavat parantamisrukousta.

Sinun ei tarvitse olla edes kristitty uskoaksesi tähän lahjaan, sillä monet ihmiset, jotka eivät edes usko Jumalaan, haluavat rukouksia parantuakseen.

On merkillepantavaa, että Azusa-kadun herätyksen silminnäkijäkertomusten mukaan parantumiset eikä kielilläpuhuminen olivat herätyksen päähoukutin ulkopuolisille.² Pääasiallisena taustatekijänä oli koko Kalifornian tuleminen terveysturistien ja -asukkaiden päätepysäkiksi osavaltion suotuisan ilmaston takia 1800-luvun loppuun mennessä.

Los Angeles, sekä helluntailaisuuden että Hollywoodin syntymäpaikka, asutti suhteettoman määrän sairaita, jotka olivat matkustaneet länsirannikolle etsimään parantumista paremmassa ilmastossa. Viime vuosisadan alussa vain muutama tuntemistamme lääkkeistä oli keksitty, ja usein lääkärit voivat tehdä vain vähän sairaita auttaakseen. Esimerkiksi aspiriini syntetisoitiin vasta vuonna 1887.

Los Angelesista tuli keskus erityisesti keuhkosairauksista kärsiville. Vuonna 1873 yksi lääkäri kertoi, että hän ei ollut koskaan nähnyt yhtä monta keuhkosairauksista kärsivää muissa osavaltioissa. Tuberkuloosipotilas kuvasi 1800-luvun lopun Los Angelesia:

> Tapaan minunlaisen kähisevän kurjan joka kadunkulmassa. Kuljeksin Plazalle imien siellä itseeni kaikenasteisten särkyneiden keuhkojen yhteisön innostavan vaikutuksen.³

Vuonna 1906 Azusa-kadun herätyksen alkaessa Los Angeles oli maan uskonnollisesti moninaisin paikkakunta. Etnisesti se oli myös maan sekoitetuin paikka. Mutta koska niin monet sairaat asuivat siellä, ei ole ihme, että parantumisesta tuli pääpainote helluntailiikkeessä, joka uskoi ihmeisiin.

Mutta nykykristinuskon mielenkiinto parantumiseen alkoi paljon aikaisemmin. Vuosina 1830-1835 Iso-Britannia koki herätyksen, joka edelsi helluntailiikettä yli seitsemälläkymmenellä vuodella ja synnytti myös katolis-apostolisen kirkon vuonna 1832.

Nuori nainen Mary Campbell makasi kuolemassa tuberkuloosiin Skotlannissa 28. maaliskuuta 1830. Hän oli rukoilemassa siskonsa kanssa, kun hän alkoi puhua vieraalla kielellä. Seuraavana kuukautena Port Glasgowissa James MacDonald koki jotakin, minkä hän käsitti olevan Pyhän Hengen kaste. Hän rukoili kuolevan siskonsa puolesta Jeesuksen nimessä, ja hänen siskonsa parantui. Sen jälkeen hän kirjoitti Mary Campbellille, joka alkoi parantua kirjeen luettuaan. Muutaman päivän kuluttua James ja hänen veljensä puhuivat kielillä ensimmäistä kertaa, ja seuraavana yönä he myös tulkitsivat ne.

Edward Irving, skottilainen Lontoossa asuva pappi, kuuli näistä tapahtumista ja vaikuttui niistä suuresti.

Alburyn konferenssit kerääntyivät vuosina 1826-1830 Henry Drummondin kartanossa Surreyssä opiskelemaan raamatullista profetiaa. Viimeisessä konferenssissa Irving rohkaisi osanottajia rukoilemaan armolahjojen uudistumista. Tämä tapahtui yhdeksän kuukautta ennen kuin armolahjat alkoivat toimia huhtikuussa 1831.

Konferenssi päätti, että "on velvollisuutemme rukoilla herätystä niille alkukirkossa ilmeneville armolahjoille – parantuminen, ihmeet, profetia, erilaiset kielet ja niiden tulkitseminen, ja että vastuullamme on tutkia näiden lahjojen tilaa Länsi-Skotlannissa, jossa niiden väitetään ilmenevän."[4]

On merkillepantavaa, että Edward Irving ja hänen kristityt ystävänsä alkoivat rukoilemaan armolahjojen vastaanottamista yksinkertaisesti Raamatun opiskelun eikä yliluonnollisten kokemusten takia. He uskoivat lujasti, että seurakunta tarvitsi näitä lahjoja, vaikka he eivät nähneet niitä toiminnassa. He saattoivat olla myös ensimmäiset myöhäissadeteologian kannattajat – uskon, että Pyhä Henki tultaisiin vuodattamaan uudestaan lopun aikoina samalla tavalla kuin helluntaina.

Yksi Lontoossa todennetuista parantumisista oli Elizabeth Fancourtin paraneminen. Pierrepoint Greaves vieraili hänen luonaan. Hän oli rampautunut ja kärsinyt kivusta kahdeksan vuoden ajan mutta kykeni kävelemään yli kaksi kilometriä seuraavana sunnuntaina todistaakseen parantuneensa.

Rationalistiset kristityt, jotka uskoivat armolahjojen lakkaamiseen, vastustivat tätä liikettä kovasti. Heidän mukaansa luonnonlakien yhtenäisyys ja universaalisuus oli kumoamaton.[5] Niitä ei voinut rikkoa mitenkään.

Ikävä kyllä monet teologit uskovat yhä armolahjojen lakkaamiseen, vaikka luonnontieteet ovat alkaneet näkemään maailmankaikkeuden vähemmän mekaanisesti kvanttimekaniikan tehdessä tilaa epävarmuudelle ja todennäköisyyksille fyysisten hiukkasten ytimessä luoden näin tarvittavan tieteellisen tilan ihmeille.

Usko armolahjojen lakkaamiseen ei ole koskaan vaikuttanut katolilaisuuteen samalla tavalla kuin protestanttisiin kirkkokuntiin, erityisesti kun kyseessä on parantuminen.

Jumalallisen parantamisen painotus lisääntyi sekä Yhdysvalloissa että Iso-Britanniassa 1880-luvulta lähtien. J.A. Dowie oli yksi jumalallista parantamista näkyvimmin promotoivista hahmoista. Hän saattoi alkaa aidoilla parantumisilla, mutta turmeltui pian kulttijohtajaksi.

Ikävä kyllä J.A. Dowie on antanut merkittävän ja negatiivisen panoksen karismaattiseen teologiaan demonisoimalla lähes kaiken sairauden. Dowien mukaan:

> Kaikki sairaus on sortoa paholaisen toimesta, mutta jotkut sairaudet ovat paholaisen tai paholaisten aiheuttamia riivaustiloja.[6]

Dowie demonisoi sairauden, ja helluntai- sekä karismaattinen liike ovat kärsineet tästä väärästä opista noista ajoista lähtien. Raamatussa on joitakin tapauksia, joissa riivaustilalla oli sivuvaikutuksia, jotka muistuttavat sairautta, esim. kun Jeesus ajoi ulos "mykän hengen" Evankeliumissa Markuksen mukaan 9:14-27, mutta nämä olivat tapauksia, jossa joku oli riivattu eikä sairas; muutamissa tilanteissa riivaustilat oli alunperin diagnisoitu väärin sairauksiksi, mutta sitten osoitettu oikein riivaustiloiksi.

Mutta Dowie yleisti ajatuksen, että sairaus itsessään oli suoranaisesti demoninen ja demonisen vaikutuksen seurausta.

Käsitämme usein hengellisen parantamisen nousun Yhdysvaltojen protestanttisessa kristinuskossa helluntailaisena ilmiönä, mutta näin ei ole tosiasiassa. Esim. episkopaalinen kirkko omaksui jumalallisen parantamisen. Mutta toisin kuin episkopaalinen kirkko, helluntailaiset suhtautuivat lääketieteellisiin instituutioihin välinpitämättömästi tai jopa epäillen. Barfoot kirjoittaa:

> Episkopaalisen komission lääketieteen arvostaminen erotti sen selvästi helluntailaisten yleisestä suhtautumisesta lää-

ketieteelliseen yhteisöön. Helluntailaiset, ollen lähempänä kansanuskontoa, suhtautuivat lääketieteelliseen yhteisöön ja useimpiin korkean oppineisuuden instituutioihin suotuisan välinpitämättömästi. Heidän enemmistölleen parantuminen oli luonteeltaan teologista.[7]

Käsitys erilaisten sairauksien laskemisesta tunnistettavien demonisten voimien ansioksi eteni edelleen suurissa osissa Dowien jälkeisestä helluntailiikkeestä. Charles Parham, yksi helluntailiikkeen perustajista, uskoi, että oli olemassa "demonisia piinoja, jotka syövät ruumista monien sairauksien kautta." Hän väitti yhden demonin asuvan chicagolaisen naisen syövässä ja "syövän tai sulattavan itseensä päivittäin yli puoli kiloa raakaa paistia, jota laitettiin sen päälle."[8]

Tämä sairauden demonisointi on vitsannut helluntailaisuutta ja karismaattista liikettä tähän päivään asti. Mutta se on ollut hyvin hyödyllinen oppi monille parantajaevankelistoille, sillä se toimii hyvin lavaesityksen teatraalisuuden kanssa. Sen tosiasian yhdistäminen, että kaikkien demonisten voimien pitää alistua Jeesuksen nimelle, uskoon, että kaikki sairaus on demonista, merkitsee sitä, että ei ole tarvetta lääkärintodistukselle parantumisten todistamiseksi.

Helluntailaisuus on käsitellyt vain harvoin liikkeen syntymään liittyviä vaikeita asioita, kuten Parhamin uskoon valkoisten ylemmyyteen ja kahdeksan päivän luomisoppiin. Näistä asioista on enimmäkseen vaiettu. Parhamin mukaan Adamin rotu luotiin kahdeksantena päivänä. Hän uskoi, että avioliitto kahden rodun välillä toi ongelmat maan päälle Nooan aikoina, mutta Nooa pelastui, sillä hänellä oli "sukutaulu ilman sekoitettua verta". Sekaavioliitto voi Parhamin mukaan aiheuttaa samanlaisen ahdistuksen Amerikassa tuomalla monia sairauksia ja pyyhkäisten "sekaveriset maan päältä."[9]

Nämä olivat selvästi rasistisia ajatuksia jopa aikakauden mittapuiden mukaan, ja ne nostivat rasistisen ideologian Raamatun ilmoituksen yläpuolelle.

Jumalallinen parantaminen oli aina olennainen osa Azusa-kadun herätystä, mutta sen painottaminen kasvoi vuoden 1918 influenssaepidemian johdosta, mikä antoi sysäyksen laajalle jumalallisen parantamisen hyväksynnälle maailmanlaajuisessa kristinuskossa. Ensimmäinen maailmansota vaati kuusitoista miljoonaa uhria; viisikymmentä miljoonaa ihmistä kuoli influenssaan vuonna 1918. Yksistään vuoden 1918 lokakuussa flunssa vaati kaksisataa tuhatta amerikkalaista elämää.[10]

On selvää, että kun miljoonat ihmiset kuolivat influenssaan, jolla ei ollut silloin hoitokeinoa, monet ihmiset päätyivät etsimään Jumalaa epätoivossaan parantuakseen. On selvästi näkyvissä, miten vuoden 1918 influenssaepidemia on jättänyt jälkensä helluntailaiseen ja karismaattiseen ymmärrykseen parantumisesta. Tämä painotus on jatkanut, vaikka lääketiede on kehittynyt selvästi viimeisen sadan vuoden aikana.

HENKILÖKOHTAISEN PARANTUMISKOKEMUKSEN YLEISTÄMINEN

Näyttää selvältä, että helluntalainen parantumisen ymmärtäminen, joka levisi myöhemmin karismaattiseen liikkeeseen, yhdistää kolme tekijää:

1. Raamatun valikoiva lukeminen myöhäissadeopin näkökulmasta
2. Ajatus, että Jeesuksen evankeliumeissa kuvattu palvelutyö on Pyhällä Hengellä täytetyn yksilön eikä koko Kristuksen ruumiin saavutettavissa
3. Henkilökohtaisen parantumiskokemuksen yleistäminen.

Jos luemme koko Uuden testamentin, ymmärrämme, että vaikka parantaminen oli todellinen osa alkukirkon palvelutyötä, Jeesuksen parantamisen palvelutyö oli täysin ainutlaatuinen, ja tarinat parantumisista harvinaistuvat alkukirkon kasvaessa, mutta parantumistarinat eivät koskaan lakanneet.

Monien parantamiseen keskittyvien palvelutöiden ytimessä on yritys tuottaa uudelleen henkilökohtaisesti koettu parantuminen suuremmassa mittakaavassa; lopputuloksena on palvelutyömallin rakentaminen yhden menestyskokemuksen pohjalle. Esim.

kun Oral Roberts, William Branhamin rinnalla toiminut parantumisherätyksen toinen evankelista, oli teini-ikäinen, hän sairastui tuberkuloosiin. Kun hän oli ollut sairaana neljä kuukautta, hän päätti seurata Jeesusta henkilökohtaisesti. Ennen tätä hänen perheensä oli rukoillut pitkään hänen parantumisekseen. Myöhemmin Oralin veli Elmer vei hänet telttaherätyskokoukseen, jossa mahtaileva "jumalallinen parantaja" ja evankelista George W. Moncey saarnasi. Vuonna 1982 Oral Roberts muisteli nuoruuden parantumiskokemustaan:

> Veli Moncey sanoi sanat, jotka voin varmaan toistaa... Aika tarkasti... Sillä ne olivat niin erilaiset, ja ne olivat niin lävistävät. Hän ei rukoillut: "Oi Herra, paranna tämä poika." Hän puhui toiselle voimalle ja sanoi: "Sinä saastainen, kiduttava, tuskallinen sairaus, käsken sinua Jeesus Nasaretilaisen nimessä, tule ulos tästä pojasta! Päästä hänet vapaaksi!" Kukaan ei silloin rukoillut tämänkaltaisia rukouksia... Tunsin Herran parantavan voiman. Se oli kuin sinun kätesi olisi iskenyt minuun, kuin sähkövirta olisi mennyt lävitseni. Se meni keuhkoihini, kieleeni, ja kykenin heti hengittämään. Kykenin hengittämään koko keuhkoillani. Ennen tätä, kun yritin hengittää koko keuhkoillani, sain verenvuodon.[11]

Monet yleisössä tiesivät Oralin ja ylistivät Jumalaa hänen parantumisestaan, mutta he hiljenivät, kun Oralia pyydettiin puhumaan, sillä hän änkytti kun hän oli paineen alla. Mutta Oral hyppäsi lavalla huutaen: "Olen parantunut! Olen parantunut!" Sitten hän juoksi lavan puolelta toiselle muutaman minuutin ajan.

Vaikka tarinan mukaan parantuminen tapahtui hetkessä, Oralin terveyden tosiasiallinen parantuminen vei kuukausia. Mutta epäilemättä tämä henkilökohtainen kokemus sekä johti häntä eteenpäin että harhaan. Oral muisteli erästä tapahtumaa Jacksonvillessä vuonna 1951:

> Ihme alkoi, ja yhtäkkiä huusin, että oikea käteni oli kuin tulessa. Käteni sattui ikään kuin sitä pistettäisiin tuhansilla

neuloilla... Yhtäkkiä hyppäsin jaloilleni. En sanonut mitään, ja yleisö hyppäsi ylös, ja sieltä ne tulivat ja ympäröivät minut täysin lavalla.[12]

Oral alkoi käyttämään rukousjonoa parantamisen "metodina". Ja kun hän aloitti ensimmäisenä maanlaajuiset televisiolähetykset, Roberts pyysi katsojia koskettamaan kuvaruutua vaatiakseen parantumista. Robertsin mielestä parantamisen salaisuutena oli kosketuksen voima – vaikka Roberts ei väittänyt, että hän pystyi parantamaan ketään, hän uskoi, että hän oli kanava Jumalan voimalle.

Parantumisherätyksen kautta Oral yritti yksinkertaisesti monistaa ainutlaatuisen parantumiskokemuksensa uskoen, että mitä Jumala teki hänelle, Hän pystyisi tekemään muille joukolla.

TOIMIKO PARANTAMISHERÄTYS?

Parantajaevankelistojen tarinat vaikuttavat mahtavilta, mutta meidän pitää tarkastella tosiasiallista näyttöä parantumisista ymmärtääksemme, miten tehokasta heidän työnsä oli todella.

Pastori Shuler oli yksi parantajaevankelistojen ensimmäisistä kriitikoista, ja hän kritisoi Charles Pricen Aimee McPhersonin mallin mukaan järjestettyjä parantamiskokouksia. Price toimi parantumisherätyksiä edeltäneinä vuosikymmeninä.

Hän kirjoittaa:

> Tohtori Pricesta on tullut yhtä suuriluuloinen evankelista kuin naisesta [Mrs. McPherson], joka löysi hänet. Joitakin kuukausia sitten hän järjesti suuren kampanjan Vancouverissa. Kampanjan jälkeen kaupungin kristilliset voimat kerääntyivät ja nimittivät komission tutkimaan tuloksia. Raportti on pöydällämme nyt kirjoittaessa. Komissioon kuului yksitoista pappia, kahdeksan kristittyä lääkäriä, joiden joukkoon kuului Vancouverin huomattavimpia spesialisteja, kolme yliopistoprofessoria ja yksi lakiveljeskunnan huomattavista jäsenistä. Useiden kuukausien tuskallisen ja useiden tutkijoiden jatkuvan tutkimustyön jälkeen meillä on lopulta tosiasiat, ja ne ovat mitä hätkähdyttävimmät.[13]

TERVEEKSITEKEMISTEN LAHJAT 101

Raportin mukaan kokouksissa julistettiin 350 parantumista, mutta 39 sairasta kuolivat kuuden kuukauden sisällä sairauksiin, joista heidän piti olla parannettuja, ja 5 menettivät mielenterveytensä. Yhteensä 301 niistä julistetuista 350 parantumista ei kuuden kuukauden päästä näyttänyt olevan terveydeltään yhtään paremmassa tilassa, ja monet tunnustivat tämän asioiden laidan. Mutta 5 ihmistä näytti parantuneen liikunnallisista vaivoista.

Minkä raportti jätti mainitsematta on, oliko tohtori Pricen palvelutyöllä mitään tekemistä näiden kestävien parantumisten kanssa vai ei.

Parantajaevankelistat harvoin edes mainitsevat mitään parantamiskampanjan jälkeisistä takaiskuista. Tohtori Shulerin mukaan:

> Monet kymmenet ihmisistä, jotka menivät parannettaviksi, osoittivat absoluuttista uskoa, mutta he eivät parantuneet, ja he vastustavat nyt katkerasti kristillistä uskontoa. Tosiasiassa huomattiin, että kampanja järkytti ja kumosi satojen kristittyjen uskon, sillä heidän kurjiin kuoleviin ruumiisiin koskeviin odotuksiinsa ei vastattu.[14]

Pastori Shuler ei ollut varmaankaan puolueeton tarkkailija, sillä hän kampanjoi parantajaevankelistoja vastaan, joten meidän pitää etsiä myötämielisempien tarkkailijoiden todistuksia.

Roberta Salter, Aimeen tytär, kertoi, että yleisesti ymmärrettiin, että kaikki parantumiset eivät olleet pysyviä. Aimee, siteerattuna yhdessä hänen kuolemansa jälkeen kirjoitetuissa elämänkerroissa, väitti, että tähän löytyi yleensä syy ja että oli typerää pyytää Jumalaa parantamaan ja sitten kuitenkin palata "tavallisiin asioihin".[15]

Mutta jos parantumiset eivät ole pysyviä, ovatko ne ollenkaan parantumisia? Aitojen parantumisien pitäisi olla pysyviä, vaikkakin jos jonkun korkea verenpaine on huonon ruokavalion aiheuttama, se nousee todennäköisesti uudelleen, ellei hän paranna ruokavaliotaan. Mutta todellisen parantumisen tulisi olla fyysinen ja todennettavissa oleva reaalinen tapahtuma.

Helluntailainen usko siihen, että kaikki tulevat parantumaan, jos vain on riitävästi uskoa, on perustunut aina todistusaineiston valikoivaan lukemiseen. Ja se ei koskaan toiminut edes niiden helluntaipioneerien elämässä, jotka julistivat sitä kovimmalla äänellä.

Helluntaipioneeri William H. Durham rukoili Aimee McPhersonin murtuneen nilkan puolesta, ja Aimee todisti:

> Tunsin yhtäkkiä ikään kuin sähkösokki olisi iskenyt jalkaani. Se virtasi koko ruumiini läpi, aiheuttaen sen tärisemisen ja vapisemisen Jumalan voiman alla. Jalkani parantui täydellisesti hetkessä.[16]

Mutta jonkin aikaa tämän jälkeen Aimeen ensimmäinen mies Robert J. Semple kuoli Hong Kongissa kahden vuoden avioliiton jälkeen vertavuotavaan punatautiin ja uupumukseen.[17] Ja 7. heinäkuuta 1912 itse William H. Durham, joka oli kärsinyt salaa keuhkotuberkuloosista, kuoli alle nelikymppisenä.[18]

Kun tarkastellaan historiallista todistusaineistoa, on opettavaa ymmärtää, että jumalallisesta parantamisesta saarnanneita on itse harvoin suojeltu sairauksilta. Miksi William H. Durham kuoli tuberkuloosiin? Jos täydellinen parantuminen on yksi Pyhän Hengen työn ilmenemismuodoista, William H. Durhamin olisi varmasti pitänyt olla se täydellisen suojeltu tuberkuloosilta!

Kuten näemme, täydellisen parantumisen ulottaminen kaikille on vastoin ensimmäisten helluntailaisten todellisen elämän todistusta. On välttämätöntä muistuttaa tästä asiasta, sillä monet karismaattisessa liikkeessä osoittavat ensimmäisiin helluntailaisiin ja parantumisherätykseen sinä huipputasona, jota meidän tulisi tavoitella. Mutta heidän kokemuksensa parantumisista eivät olleet yhtään paremmat kuin meidän.

Samanaikaiset kriitikot kuvasivat Oral Robertsin yli-innokkaana vahvistamaan parantumisen julistaen parantumisen perustuen pelkästään rukoiltavan innostuneeseen todistukseen, että hän voi paremmin.[19]

TERVEEKSITEKEMISTEN LAHJAT

Esim. kirjailija John Kobler haastatteli kahta Robertsin itsensä suosittelemaa ihmistä ja raportoi, että vaikka molemmat uskoivat, että he olivat parantuneet, yksi ei ollut koskaan käynyt lääkärissä ja toinen oli myöhemmin läpikäynyt syöpäleikkauksen.[20]

Todellisuudessa parantumisia ei dokumentoitu tarkasti. Vuonna 1981 Evelyn Roberts, Oralin vaimo, tunnusti: "Emme koskaan edes laskeneet niitä, jotka olivat parantuneet. Minulla ei ole aavistustakaan, kuinka monta ihmistä parantui."[21]

On merkillepantavaa, että palvelutyö, joka oli julkisesti keskittynyt parantamiseen, ei käytännössä ollenkaan dokumentoinut tosiasiallisia parantumisia.

Tommy Tyson, Oralia 1960-luvulla avustanut evankelista, arvioi että 2%-3% niistä, joiden puolesta Roberts rukoili, paranivat hetkessä, ja että monta muuta autettiin asteittain.[22] Mutta tämä prosenttiluku perustuu silmämääräiseen arvioon eikä jälkiseurantaan, joten jopa tämä luku on todennäköisesti liian korkea.

Roberts viittasi usein "kosketuspisteeseen" suurimpana löytönään. Alkuvuosina hän uskoi, että kaikki voisivat parantua.[23] Mutta ainakin Oral Roberts oli paljon rehellisempi kuin monet muut parantajaevankelistoista, sillä hän tunnusti myöhemmin mallin epäonnistumisen, vaikka hän uskoikin parantajaevankelistojen aikakauden olleen hyödyllinen.

Parantamisevankeliointimalli perustui suuren julkisen hallin tai tilan vuokraamiseen, sillä se oli hyväksyttävä kokoontumispaikka monikristilliselle yleisölle.

Tällaisessa ympäristössä jätämme seurakunnan, jossa suuri osa ihmisistä tuntee toisensa, ja siirrymme suureen yleisöön, jossa tuskin kukaan tuntee toisensa. Voit tehdä hyvin vähän varmentaaksesi heti parantumisen, jos tapahtuu jotakin parantumiselta näyttävää. Ja monet parantajaevankelistat manipuloivat yleisöä. He eivät edes välitä, onko joku parantunut aidosti vai ei. He välittävät vain siitä, *näyttääkö* siltä, että joku on parantunut.

Jos uskot parantumiseen, sinusta voi tuntua siltä, että suhtaudun parantamiseen keskittyvään palvelutyöhön ylikriittisesti. Mutta tämä on välttämätöntä, sillä suuri osa tämän päivän parantamiseen keskittyvästä palvelutyöstä perustuu parantamisherätyksen esimerkkiin, ja vielä tarkemmin, William Branhamin ja Oral Robertsin palvelutyöhön. Tai paremmin sanottuna, se perustuu heidän legendoihinsa. Mutta kuten olemme nähneet, todellisuus on hyvin erilainen kuin legendat.

NÄYTTÄMÖLLÄ PARANTAMINEN

Yksi karismaattisen parantamisen harjoittamisen pääpiirteistä on julkinen sairaiden puolesta rukoileminen. Tämä malli on syntynyt Jeesuksen julkisen parantamispalvelutyön väärinsoveltamisesta. Jeesus paransi ihmisiä julkisesti, mutta hän ei painottanut voiman osoittamista väkijoukoille vaan yksilön parantumista. Useimmissa tapauksissa vain harva näki tosiasiallisen parantumishetken, mutta koko kylä tai kaupunki näki sen vaikutuksen, sillä parantuneen elämä muuttui täysin.

Evankeliumi Johanneksen mukaan 9:8-11 kuvaa tätä hyvin:

> Silloin naapurit ja ne, jotka ennen olivat nähneet hänet kerjääjänä, sanoivat: "Eikö tämä ole se, joka istui ja kerjäsi?"
>
> Toiset sanoivat: "Hän se on", toiset sanoivat: "Ei ole, vaan hän on hänen näköisensä". Hän itse sanoi: "Minä se olen".
>
> Niin he sanoivat hänelle: "Miten sinun silmäsi ovat auenneet?"
>
> Hän vastasi: "Se mies, jota kutsutaan Jeesukseksi, teki tahtaan ja voiteli minun silmäni ja sanoi minulle: 'Mene ja peseydy Siiloan lammikossa'; niin minä menin ja peseydyin ja sain näköni".

Näemme kuinka Jeesus keskittyi harvoin parantumisen *hetken* osoittamiseen, sillä Hän tiesi, että parantumisen todellisuuden osoitti se, että parantuminen oli *pysyvä*. Mutta kun parantajaevankelistat toivat parantamisen lavalle, he toivat myös tarpeen parantumisen todellisuuden osoittamisesta lavalle. Tämä vaati enemmän teatraalisuutta, mutta koska kaikki tapahtui lavalla, ei ollut aikaa tai "tarvetta" todentaa parantumisen pysyvyyttä.

B.J. Morris, uskonnon opiskelun johtaja Trinity Methodist Church -seurakunnassa Berkeleyssä, kuvasi Aimeen kokousta *Pacific Christian Advocate* -lehdessä vuonna 1923:

Kun potilas lähestyy, rouva McPherson ottaa korin ja lukee kirjoitetun vaivan diagnoosin. Diagnoosi on tavallisesti potilaan antama, eikä se ole lääkärin antama diagnoosi. Sen lukemisen jälkeen rouva McPherson kastaa sormensa öljyä sisältävään hopea-astiaan ja voitelee potilaan. Sitten hän rukoilee käyttäen seuraavaa kaavaa: "Oi Herra Jeesus, Sinun nimessäsi me käskemme tätä halvaantumista (tai kuuroutta, tai sokeutta tai mitä tahansa se saattaa olla) lähtemään. Anna sen pudota veljestämme kuin kulunut ja vanha päällystakki. Vuodata oma elämää antava hyveesi ja voimasi Jeesuksen nimessä! Aamen." Tämänkaltaisen lyhyen rukouksen jälkeen rouva McPherson kysyy, "Onko sinulla uskoa siihen, että Jeesus parantaa sinut nyt?"

Yleensä potilas, joka on käynyt pitkähkön harjoittelun jakson, vastaa: "Minulla on uskoa." "Sitten Jeesuksen nimessä", rouva McPherson sanoo halvaantumisesta kärsivän tapauksessa, "Nosta käsivartesi ylös." Potilas yleensä yrittää tätä, ja sitten rouva McPherson sanoo: "Nosta se nyt uudelleen." Tämä toistuu, kunnes potilas antaa kaikkensa nostaakseen käsivartensa, mikä usein onnistuu kohtuullisen hyvin.[24]

Kaikki tämä tapahtui lavalla. Näimme aikaisemmassa luvussa kuinka William Branham kehitti Aimeen metodologiaa luultavasti painamalla muistiin rukouskorttien sisällön. Tämä mahdollisti rukouskorttien sisällön esittämisen "tiedon sanoina", mikä teki helpommaksi uskoa, että parantuminen oli tapahtunut, kun se julistettiin.

Parantamisen palvelutyö oli näkyvämpää Aimeen toiminnan alkuvuosina, mutta se hiipui sen jälkeen kun hän rakensi Angelus Templen ja alkoi hyödyntää monimutkaisia teatraalisia lavoja, jotka muistuttivat Broadway- ja West End -musikaalien lavasteita.

Parantajaevankelistat tekivät parantumisen puolesta rukoilemisesta teatraalisen lavanäytöksen, jossa sillä, mitä tapahtui lavaesitystä ennen ja sen jälkeen, ei ollut mitään merkitystä. Suuret kokoustilat, joissa yleisön jäsenet eivät tunteneet toinen toistaan, edesauttoivat tätä, sillä suurin osa ihmisistä ei tiennyt mikä sairaan tosiasiallinen tila oli – ennen rukousta ja sen jälkeen.

Yksi dramaattisimmista näytöksistä oli jonkun pyörätuolista nouseminen. Tämä näytti valtavalta ihmeeltä, mutta useimmiten yleisöllä ei ollut mitään tietoa siitä, kuinka vakava pyörätuolissa istuvan sairaan kunto oli. Useimmat yleisössä olettivat hänen olevan täysin halvaantunut, vaikka näin ei olisikaan ollut, sillä monet pyörätuolissa istuvat kykenevät liikkumaan rajoitetusti.

Tämä ei tarkoita sitä, etteikö parantamisherätyksissä olisi koskaan tapahtunut aitoja parantumisia vaan pelkästään sitä, että meidän pitää odottaa vähän aikaa ennen kuin voimme päätellä, onko mitään aitoa parantumista muistuttavaa tapahtunut. Mutta useimmiten parantajaherättäjät julistivat parantumisen ilman minkäänlaista yritystä todentaa sitä.

Jeesuksen ja apostolien kautta tapahtuneet parantumiset olivat pysyviä tosiasioita; monissa nykyajan parantamisherätyksissä herätyksen parantava vaikutus katoaa usein nopeasti osoittaen että aitoa fyysistä parantumista ei ole tapahtunut.

USKOLLA PARANTAMINEN JA DEMONIT

Saarnassaan "Parantamisen lahjat ja ihmeet" Smith Wigglesworth sanoi:

> On aikoja, jolloin rukoilet sairaan puolesta ja olet näennäisen raju. Mutta et käsittele ihmistä vaan saatanallisia voimia, jotka sitovat tätä henkilöä... Kun käsittelet syöpätapausta, ymmärrä että se on elävä paha henki, joka on tuhoamassa ruumista.

Smith Wigglesworth uskoi, että syöpä oli demonien vaikutuksen tai riivauksen aiheuttama. Tämä on selvästi väärin, kuten tiedämme modernin lääketieteen kautta. Mutta tämä oppi teki parantumisen lavalla julistamisesta uskottavaa, sillä suuri osa yleistöstä olisi hyväksynyt automaattisesti, että saarnaaja omasi hengellisen arvovallan ajaa demoni ulos hetkessä.

Myös William Branham uskoi, että saatana oli kaiken sairauden alkusyy. Hänen mielestään sairaudet olivat yksinkertaisesti demonien fyysisiä muotoja. Hänen mukaansa mitä lääkärit kutsuivat "syöväksi, Jumala kutsuu paholaiseksi."[25]

Ja ei ollut koskaan Branhamin syy, jos joku ei parantunut. Jos sairas ei parantunut Branhamin kokouksessa, ongelmana oli joko tunnustamaton synti tai demonin läsnäolo.[26]

Branham käytti monia pelottelutekniikkoja manipuloidakseen yleisön uskomaan, että parantuminen oli tapahtunut. Hän väitti, että kun demoni oli ajettu ulos, se etsi uutta asuntoa, ja pyysi epäilijöitä poistumaan ennen kokouksen parantamiseen liittyvää osaa. Hän sanoi kerran:

> Epilepsia on se asia, joka karkaa minulta. Kaksikymmentäyhdeksän ihmistä yleisössä sai sen yhtenä iltana.[27]

Sairauden demonisointi näkyi kaikkialla Branhamin teologiassa ja palvelutyössä. F.F. Bosworth, joka toimi Branhamin kanssa, sanoi "erottamisen lahjasta", jonka Branham väitetysti omasi:

> Kun vaivaava henki tulee kosketukseen lahjan kanssa, se aloittaa sellaisen fyysisen hälyn, että se tulee näkyville Branhamin kädessä, ja se on niin todellinen, että se pysäyttää hänen rannekellonsa heti. Tämä tuntuu Branhamilta siltä kuin hän ottaisi käteensä jännitteisen johdon, jossa on liian voimakas sähkövirta.[28]

Kuten näemme, Branhamin parantamisen metodologiaa ei voi erottaa hänen parantamisen teologiastaan. Lainatessaan metodologian Branhamilta monet parantajaevankelistat turvautuvat yhä sairauden demonisointiin. Tämän lähestymistavan ongelma on se, että se kieltää täysin Pyhän Hengen voiman meissä ja sen totuuden, että kaikki uskovat ovat Pyhän Hengen temppeleitä. Ja jos tarkastelet Smith Wigglesworthin ja William Branhamin johtamia kokouksia, näyttää siltä, että suuri osa niistä ihmisistä, joiden puolesta he rukoilivat, olivat uskovia. Tämä johtaa epäraamatulliseen teologiaan, jossa Pyhällä Hengellä ei ole voimaa pitää demoneita poissa temppelistään.

USKO JA EPÄUSKO

Parantumiseen keskittyviä herättäjiä kutsutaan usein uskolla parantajiksi ja hyvästä syystä, sillä vallitseva teoria heidän keskuudessaan tuntuu olevan se, että mikä tahansa sairaus voidaan parantaa, jos ihmisillä on vain riittävästi uskoa. Ikävä kyllä tämä johtaa uskon psykologisoimiseen ja sen näkemiseen jonkinlaisena mielen kykynä.

Branhamin mukaan "ainoa asia, joka estää sinua parantumasta on uskon puute."[29] Mutta tämä perustuu Jeesuksen opetuksen uskosta väärinymmärtämiseen ja sen asiayhteydestä irrottamiseen.

Evankeliumissa Markuksen mukaan 5:34 Jeesus sanoo naiselle, joka on kärsinyt verenvuodosta kahdentoista vuoden ajan:

> Tyttäreni, sinun uskosi on tehnyt sinut terveeksi. Mene rauhaan ja ole terve vaivastasi.

Tämä saattaa näyttää siltä, että uskolla on parantava voima, mutta näin ei ole, sillä jae 30 sanoo:

> Ja heti kun Jeesus itsessään tunsi, että voimaa oli hänestä lähtenyt, kääntyi hän väkijoukossa ja sanoi: "Kuka koski minun vaatteisiini?"

Jumalan voima paransi naisen, ei hänen uskonsa, mutta hänen uskonsa antoi hänelle rohkeuden uhmata yhteiskunnallisia ja uskonnollisia sääntöjä ja lähestyä ja koskettaa Jeesusta, sillä Mooseksen lain mukaan hän oli epäpuhdas verenvuodon takia.

Näemme saman tarinassa sokeasta Bartimeuksesta, joka pyysi Jeesusta näyttämään hänelle armoa:

> Ja Jeesus puhutteli häntä sanoen: "Mitä tahdot, että minä sinulle tekisin?" Niin sokea sanoi hänelle: "Rabbuuni, että saisin näköni jälleen".
> Niin Jeesus sanoi hänelle: "Mene, sinun uskosi on sinut pelastanut". Ja kohta hän sai näkönsä ja seurasi häntä tiellä. (Mark. 10:51-52)

Näemme kuinka Bartimeuksen sinnikkyys johdatti hänet tilanteeseen, jossa Jeesus huomasi hänet. Mutta se oli Jumalan voima Jeesuksessa, joka toi parantumisen.

Monet Uskon Sanan opettajat viittaavat Evankeliumin Markuksen mukaan 6:1-6 kertomukseen Jeesuksesta Nasaretissa todisteena siitä, että ihmisten epäusko pysäyttää parantumisten tapahtumisen. Heidän mukaansa ilmapiiri, jossa ihmisillä ei ole uskoa Jumalan parantavaan voimaan, voi pysäyttää Jumalan voiman. Mutta tämä perustuu tekstin täydelliseen väärinlukuun.

On selvää, että Nasaretin asukkailla ei ollut vaikeuksia uskoa Jeesuksen voimaan parantaa ihmisiä. He eivät epäilleet Hänen parantamisen lahjaansa. Mutta heidän oli vaikea uskoa, että Jeesus voisi olla Messias tai profeetta. He eivät uskoneet Hänen sanomaansa ja epäilivät Hänen voimansa lähdettä. Mutta jopa Nasaretissa Jeesus laski kätensä joidenkin ihmisten päälle ja paransi heidät.

Evankeliumissa Matteuksen mukaan 11:23 Jeesus sanoo, että jos ne valtavat teot, jotka oli tehty Kapernaumissa, olisivat tapahtuneet Sodoman kaupungissa, sitä ei olisi koskaan tuhottu. Ihmeet eivät tuottaneet katumusta Nasaretissa ja Kapernaumissa, sillä ihmiset eivät avautuneet sille mahdollisuudelle, että Jumala oli lähettänyt Jeesuksen.

Uskon lahjaa käsittelevässä luvussa näemme, että amerikkalaisten parantajaevankelistojen toimintaan ei vaikuttanut pelkästään Raamattu vaan myös Uusi ajattelu (New Thought), joka kohotti psykologisen uskon mielen muuttavaksi voimaksi.

F.F. Bosworth, helluntailiikkeen alkuvuosien herättäjä, joka työskenteli myöhemmin Branhamin kanssa, kirjoittaa:

> Jeesus sanoi: "Sana on siemen." Se on jumalallisen elämän siemen. Ellei parantumista etsivä ihminen ole varma Jumalan Sanan perusteella, että Jumalan tahto on parantaa hänet, hän yrittää leikata sadon sieltä, missä siementä ei ole kylvetty. Maanviljelijän on mahdotonta uskoa satoon ennen kuin hän on varma siitä, että siemen on kylvetty. Ei ole Jumalan tahto, että tulee satoa ilman siemenen kylvämistä – ilman Hänen tahtonsa tietämistä ja sen mukaan toimimista.[30]

Bosworth näyttää laittavan vastuun parantumisesta kokonaan sen ihmisen uskon varaan, joka tarvitsee parantumista. Hän lisää:

> Parantumisen rukoileminen uskon tuhoavilla sanoilla "Jos se on Teidän tahtonne" ei ole "siemenen" istuttamista; se on siemenen tuhoamista.[31]

Bosworth jatkaa:

> Kun olemme riittävän valaistuneita, suhtautumisemme sairauteen pitäisi olla saman kuin suhtautumisemme syntiin. Päämäärämme ruumiin parantumiseksi tulisi olla yhtä selvä kuin päämäärämme saada sielu parannetuksi. Meidän ei tulisi jättää yhtään evankeliumin osaa huomiotta.[32]

Helluntailaisissa piireissä viitataan paljon Jesajan kirjan 53:5 lauseeseen "ja hänen haavainsa kautta me olemme paratut." Ja todella monet helluntailaiset käsittävät fyysisen parantumisen pelastumisen kiinteänä osana. Mutta kuten vapautumisemme synnistä, vapautumisemme sairaudesta on epätäydellinen siihen asti kunnes kuolemme ja saavutamme ikuisuuden.

Paavali kirjoittaa Ensimmäisessä kirjeessä korinttilaisille 15:35-36:

> Mutta joku ehkä kysyy: "Millä tavoin kuolleet heräjävät, ja millaisessa ruumiissa he tulevat?" Sinä mieletön, se, minkä kylvät, ei virkoa eloon, ellei se ensin kuole!

Paavali lisää:

> Sillä tämän katoavaisen pitää pukeutuman katoamattomuuteen, ja tämän kuolevaisen pitää pukeutuman kuolemattomuuteen.
>
> Mutta kun tämä katoavainen pukeutuu katoamattomuuteen ja tämä kuolevainen pukeutuu kuolemattomuuteen, silloin toteutuu se sana, joka on kirjoitettu: "Kuolema on nielty ja voitto saatu". (1 Kor. 15:53-54)

TERVEEKSITEKEMISTEN LAHJAT

Jeesuksen saavutusten täyteys elämässämme tulee olemaan näkyvä vasta ikuisuudessa. Mutta Bosworthin mukaan tämä on pahaa teologiaa. Bosworth kirjoittaa:

> Se syy, minkä tähden monet tänään sairaat eivät ole palautuneet fyysiseen kuntoon on se, että he eivät ole kuulleet parantumiseen liittyvää pasuunansoittoa. "Usko tulee kuulemisesta", ja he eivät ole kuulleet, sillä monet pastorit saivat evankeliumin pasuunan epäkuntoon olleessaan teologisessa seminaarissa.[33]

Helluntailaiset ja karismaatikot ovat usein halveksineet avoimesti apostoli Paavalia, joka vaikuttaa iloinneen heidän mielestään liian paljon heikkoudesta. Kun Paavali kertoo matkastaan Korinttiin, hän kirjoittaa:

> Sillä minä olin päättänyt olla teidän tykönänne tuntematta mitään muuta paitsi Jeesuksen Kristuksen, ja hänet ristiinnaulittuna. Ja ollessani teidän tykönänne minä olin heikkouden vallassa ja pelossa ja suuressa vavistuksessa (1. Kor. 2:2-3)

Myöhemmin hän kirjoittaa ahdingostaan:

> Te olette jo ravitut, teistä on tullut jo rikkaita, ilman meitä teistä on tullut kuninkaita! Kunpa teistä olisikin tullut kuninkaita, niin että mekin pääsisimme kuninkaiksi teidän kanssanne!
> Sillä minusta näyttää, että Jumala on asettanut meidät apostolit vihoviimeisiksi, ikäänkuin kuolemaan tuomituiksi; meistä on tullut kaiken maailman kateltava, sekä enkelien että ihmisten, me olemme houkkia Kristuksen tähden, mutta te älykkäitä Kristuksessa, me olemme heikkoja, mutta te väkeviä; te kunnioitettuja, mutta me halveksittuja.
> Vielä tänäkin hetkenä me kärsimme sekä nälkää että janoa, olemme alasti, meitä piestään, ja me kuljemme kodittomina, me näemme vaivaa tehden työtä omin käsin. Meitä herjataan, mutta me siunaamme; meitä vainotaan,

> mutta me kestämme; meitä parjataan, mutta me puhumme leppeästi; meistä on tullut kuin mikäkin maailman tunkio, kaikkien hylkimiä, aina tähän päivään asti. (1. Kor. 4:8-13)

Paavali kirjoittaa Kirjeessä galatalaisille 4:13-15:

> Tiedättehän, että ruumiillinen heikkous oli syynä siihen, että minä ensi kerralla julistin teille evankeliumia, ja tiedätte, mikä kiusaus teillä oli minun ruumiillisesta tilastani; ette minua halveksineet ettekä vieroneet, vaan otitte minut vastaan niinkuin Jumalan enkelin, jopa niinkuin Kristuksen Jeesuksen.
> Missä on nyt teiltä kerskaaminen onnestanne? Sillä minä annan teistä sen todistuksen, että te, jos se olisi ollut mahdollista, olisitte kaivaneet silmät päästänne ja antaneet minulle.

Sekä Korintissa että Galatassa jotkut näyttivät halveksivan Paavalia keskittyen pelkästään siihen kuninkaalliseen asemaan, jonka Jumala on antanut meille ja jättäen muun Raamatun sanoman kokonaan huomiotta – ja jopa omat päivittäiset ja reaaliset kokemuksensa!

Sama pätee moniin parantamisesta ja menestyksestä opettaviin. Heidän perusargumenttinsa on: Jumala on hyvä, joten sairaus ei voi olla Hänen tahtonsa. Tämän takia Jumalan pitää olla halukas antamaan aina sataprosenttinen parantuminen. Ja he viittaavat tarinoihin parantajaevankelistoista ja helluntaipioneereista tukeakseen näkemystään. Pääsyy tähän on se, että sataprosenttinen parantuminen aina ei ole osa heidän omien seurakuntiensa tämänhetkistä kokemusta, joten he perustavat argumenttinsa menneisyyden legendoihin.

Joten he sanovat: "Ehkä me emme koe sataprosenttista parantumista aina nyt, mutta parantamisliikkeen uranuurtajat kokivat tämän. Tämän takia se on saavutettavissa." Mutta parantamisliikkeen pioneerit eivät kokeneet sataprosenttista parantumista aina. Heidän todellinen kokemuksensa oli kaukana siitä.

VOIMAN AISTIMISEN HARHAANJOHTAMANA

Meidän pitää tarkastella yhtä asiaa yksityiskohtaisemmin, nimittäin sitä voiman kokemista, josta monet parantajaevankelistat ja rukoiltavat todistavat. Sekä Branham että Roberts puhuivat käden värinästä, jonka he käsittivät merkkinä siitä, että Jumala oli parantamassa rukoiltavia.

Enimmäkseen parantajaevankelistat käsittävät "voiman purkautumisen" merkkinä Jumalan parantavasta toiminnasta. Mutta Pyhän Hengen toiminta ei ole automaattinen merkki siitä, että Jumala on parantamassa, ei edes silloin kun rukoilet sairaan puolesta.

Yksi tärkeistä läksyistä, jonka olen oppinut on se, että voiman läsnäolo, kun rukoilen sairaiden tai ihmisten tarpeiden puolesta, ei välttämättä merkitse sitä, että joku parantuu. Jumala toimii usein monilla tasoilla rukouksen kautta, ja se näkyvin tarve ei aina ole se suurin tarve. Meidän pitää vastustaa mitään johtopäätöksien tekemistä, kun aistimme voiman, ellei Pyhä Henki puhu meille.

KIVUN JA EPÄMIELLYTTÄVÄN OLON HARHAANJOHTAMINA

Oral Robertsin poika Richards sanoo, että hänen parantamisen armolahjansa toimii tiedon sanojen kautta:

> Näin se toimii minussa. Usein tunnen jotakin ruumiissani. Kun aloittelin, en tiennyt mitä se oli... Yhtäkkiä kuulen poksahduksen tai korvani alkaa soimaan... Ja opin ajan kuluessa, että tämä oli Herra osoittamassa, että joku oli vastaanottamassa parantumisen.[34]

Monet saarnaajat käsittävät kivun tai aistimuksen jossain ruumiinosassa merkkinä siitä, että Jumala on parantamassa ihmistä, jolla on terveysongelmia tässä ruumiinosassa. Saattaa olla, että Jumala käyttää ruumiillisia aistimuksia kommunikoimaan joillekin ihmisille joissakin tapauksissa, mutta *todisteen* parantumisesta pitäisi olla parantuminen itse eikä saarnaajan ruumiillinen aistimus. Tähän metodologiaan liittyy monia ongelmia – isojen ihmisjoukkojen ja länsimaisten sairauksien suuren määrän takia on todennäköistä, että mikä tahansa ruumiinosa alkaa kutista tai säteillä kipua, on todennäköistä että väkijoukossa on aina joku ihminen, joka kärsii jostain vaivasta tässä ruumiinosassa. Joten todellisuudessa tämän metodologian todiste tulisi olla jonkun yleisössä olevan pysyvä parantuminen. Valitettavasti monet "parantajaevankelistat" ovat iloisia, kunhan vaan joku nousee ylös, jotta he voivat julistaa parantumisen. Ja monet yleisössä käsittävät tämän parantumisena, sillä he olettavat, että kyseessä oli parantumiseen liittyvä tiedon sana.

En väitä, ettei Jumala ole koskaan käyttänyt tätä metodia kommunikoimaan kanssamme, mutta meidän tulee olla hyvin varovainen ruumiillisten tuntemusten kanssa, erityisesti jos ne eivät ole Jumalan läsnäolon ympäröimiä. Kun ikäännyn, tunnen miten kaikenlaiset ruumiilliset aistimukset vain lisääntyvät ruumiissani kipujen kera!

Tarkoittaako tämä sitä, että terveeksitekemisten lahjani on voimistumassa? En usko.

Jokin aika sitten satutin olkapääni urheillessani, ja kipeä olkapää rajoitti suuresti treenaustani. Yhtenä päivänä tulin kuntosalilta, ja raamattukoulun opiskelija, jonka tapasin matkalla, rukoili olkapään puolesta. Hän julisti parantumisen, sillä hän aisti Pyhän Hengen lämmön leviämisen ruumiiseeni. Koin saman tunteen.

Mutta kaksi viikkoa myöhemmin olkapääni oli yhä kipeä – mutta voitelun tunne oli aito. Sinä päivänä Jumala halusi täyttää minut uudelleen eikä parantaa olkapäätäni.

IHMISTEN USKON MANIPULOINTI

Miten sairaan uskon manipulointi toimii? Se on yksinkertaista. Monet uskovat tuntevat Uskon Sanan opetukset, ja he uskovat aidosti, että he voivat lunastaa parantumisen, jos he tunnustavat sen julkisesti, vaikka sitä ei ole vielä tapahtunut. Niinpä he lähestyvät saarnaajaa ja kertovat hänelle, että he ovat parantuneet, ja useimmiten saarnaaja innostuu heidän todistuksestaan. Niinpä he nousevat lavalle tunnustaen, että he ovat parantuneet ennen kuin näin on tapahtunut, uskoen, että julkinen uskontunnustus voi jollain tavalla tuoda parantumisen.

TERVEEKSITEKEMISTEN LAHJAT

Toinen tapa, jolla parantumisen harhakuvan voi luoda on kun saarnaaja julistaa, että ihminen, jonka puolesta he rukoilevat, on parannettu Jeesuksen nimessä. Tämä saa näyttämään, että rukoiltava on parantunut, vaikka mitään ei ole tapahtunut. Kun joku on julistettu parannetuksi Jeesuksen nimessä, varmasti hän on parantunut, erityisesti jos tapahtuneelle ei anneta mitään päivityksiä!

On yleistä nähdä joku, joka on osittain kuuro, sokea tai liikkumarajoitteinen, nousevan lavalle. Kun osittain kuuro nousee lavalle, hän todennäköisesti tulee sanomaan, että hän on kuuro, vaikka itse asiassa hän kuulee rajoitetusti. Sitten saarnaaja rukoilee hänen puolestaan ja taputtaa käsiään. Hän kysyy, kuuleeko rukoiltava taputuksen. Tietenkin hän kuulee, sillä hänellä ei ole koskaan ollut vaikeuksia kuulla taputusta, ainoastaan täyden kuulemisen kanssa. Tai sitten hän ei vieläkään kuule mitään, mutta näkee käsien liikeen, hänen aivonsa tulkitsevat sen "kuulemiseksi" ja hän vastaa myöntävästi.

Aistimuksemme voivat olla aika pettäviä ja toisiinsa sekoittuneita.

Tiesitkö sen, että pääsyy siihen, että et ehkä pidä pikakahvista, ei ole epätuore valmistusaine vaan tuoksun puute? Minkä koet tuoreena makuna onkin itse asiassa tuoksuun liittyvä aistimus.

Samoin lentokoneruoka tuntuu usein mauttomalta, kun itse asiassa kuiva ilma ja korkeus heikentävät kykyämme erottaa hajuja ja makuja – ja kyky erottaa hajuja heikkenee ensin.[35]

Ja osittain kuuron kuulevan korvan peittämisellä ei ole paljonkaan vaikutusta. Tai joku, jolla on osittainen liikkumisrajoitus, saapuu pyörätuolilla. Tietenkin hän kykenee nousemaan pyörätuolista hetkellisesti lavalla, erityisesti kun hän on motivoituneessa henkisessä tilassa. Näissä tapauksissa minkäänlaista todellista parantumista ei ole tapahtunut.

Parantamiskokouksissa on yleistä nähdä ihmisten todistavan lavalla siitä, että he kärsivät kroonisista kivuista, mutta ne ovat nyt kadonneet. Mutta ihmismielellä on hämmästyttävä kyky pysäyttää kivun tuntemus hetkellisesti adrenaliinivirran avulla, joten tiedämme todellisuudessa vasta myöhemmin, onko parantuminen tapahtunut.

Olen nähnyt kaikkia näitä tapauksia toistettavan liian monta kertaa. Ja ne toistetaan joka päivä ympäri maailmaa parantumiskokouksissa ja -kampanjoissa. Mutta totuus on, että todellinen parantuminen on kestävä.

En usko kuitenkaan että kaikki parantumiskokoukset tulisi lakkauttaa, mutta meidän pitää olla rehellisempiä näissä asioissa.

TAPAHTUUKO TODELLISIA IHMEPARANTUMISIA?

Uskon, että terveeksitekemisten lahjat toimivat seurakunnassa yksinkertaisesti sen tähden, että Raamattu sanoo näin. Uskon myös rukoukseen sairaiden parantumiseksi yksinkertaisesti sen tähden, että Raamattu opettaa meitä tekemään näin. Uskon myös, että parantava rukous ei ole jonkinlainen mielen temppu, joka perustuu psykologisen uskomme kasvattamiseen. Mutta vaikka voi olla vaikea todistaa, että jonkun paraneminen johtuu pelkästään rukouksesta, parantumisen pitäisi kuitenkin olla todennettavissa lääketieteellisesti.

Ja varmasti suuri osa nykyajan biolääketieteestä pitää käsittää Jumalan maailmaan tuomana parantamistyönä.

Mutta tämä ei ehdytä tarvetta parantavaan rukoukseen, ja on monia sairauksia, joihin emme ole vielä löytäneet parannuskeinoa.

Candy Gunther Brown, uskonnollisten opintojen apulaisprofessori ja amerikkalaisten opintojen ohjelman dosentti Indianan yliopistossa, Bloomingtonissa, on kirjoittanut loistavan kirjan, *Testing Prayer*, joka tarkastelee parantumisten todentamista lääketieteellisesti.

Brownin mukaan monet nykypäivän tieteenharjoittajat pelkäävät, että rukouksen vaikutusten tutkimus auttaa vahvistamaan uskonnollisen parantamisen väitteitä ja vauhdittaa paluuta taikauskoiseen menneisyyteen.[36] Tämän takia tutkimusartikkelit, jotka keskittyvät testaamaan rukouksen vaikutuksia, eivät ole yhtä yleisiä kuin saatamme ajatella, mutta monien niiden tulokset eivät vastaa yleisiä odotuksia.

Esim. Harvardin tutkija Herbert Benson haastoi tutkimuksessaan uskomuksen, että rukous olisi hyväksi rukoiltavan terveydelle. Sydänpotilaat, joiden puolesta rukoiltiin etäisesti, eivät voineet pa-

TERVEEKSITEKEMISTEN LAHJAT   117

remmin vaan huonommin, jos he tiesivät, että heidän puolestaan rukoiltiin.[37]

Kun tarkastelemme tarkemmin ryhmiä, jotka rukoilivat ihmisten puolesta, näemme tämän tutkimuksen heikkoudet mutta myös parantavan rukouksen raja-ehdot, Esim. yksi rukousryhmistä koostui "protestanttisen" kirkon jäsenistä, mutta heidän opetustensa lähempi tarkastelu paljastaa heillä olevan vain vähän tekemistä kristinuskon kanssa. Mitä tämä tutkimus osoittaa on, että jos esirukoilijat eivät seuraa Jeesusta, rukous voi olla haitallista.

Monet tutkimuksista, jotka ovat tuottaneet myönteisiä tuloksia, ovat perustuneet "uudestisyntyneiden" kristittyjen rukouksiin, mutta tämä edellämainittu tutkimus käytti rukousryhmää, joka ei edes rukoile Jumalaa perinteisessä kristillisessä mielessä.

On tärkeää, *ketä* rukoilet ja kuka rukoilee, ei vain se että joku rukoilee.

Monien näiden tutkimusten asetelma on etäinen ja sattumanvarainen rukous; tarkoituksena on erottaa rukous muista tekijöistä, kuten rakkaudesta. Mutta tietenkään parantava rukous ei toimi tosielämässä tällä tavalla. Rukoilet enimmäkseen niiden puolesta, joista välität syvästi, joten empatian poissulkemisessa ei ole mitään järkeä.

Brownin mukaan on luonnollisia tekijöitä, jotka vaikuttavat tuloksiin tosielämässä – empatiaefektejä, tarkkailuvaikutuksia, lyhytkestoisia tutkittavaan kohdistetun huomion motivoimia parantumisia, pidättelyvaikutuksia, taipumus tehdä jotakin alitajuisesti ensin huonommin parannuksen osoittamiseksi myöhemmin, vaatimusefektejä, tutkittavan suorittamista jotain paremmin testin jälkeen tyydyttääkseen oletetut tutkimuksen suorittajien odotukset, ja taipumus suorittaa asioita paremmin, kun tutkittavalla on kerääntynyt enemmän kokemusta tutkimuksesta.[38]

Brown kirjoittaa:

> Tieteellinen tutkimus suojelee väärää kausaalisuhteen päättelyä vastaan, johon parantamisen harjoittajat usein sortuvat – että ihmiset, joiden parantumisen puolesta rukoillaan ja jotka parantuvat, voivat laskea uudelleen löytyneen terveytensä rukouksen ansioksi. Empiirisen

todistusaineiston perusteella lähes 90 prosenttia sairaista paranevat ilman mitään hoitoa, ellei parantaja tee jotain aktiivisesti, mikä tekee potilaan tilasta pahemman. Jopa sairaudet, joiden syitä ei tunneta, erityisesti infektiot, rajoittavat usein itseään, kunhan ruumiin vastustuskyky alkaa toimia. Ja syövät, joita ymmärretään huonosti, voivat kasvaa, lakata kasvamasta tai jopa kutistua ilman selvää selitystä. On usein sattumaa, että viimeinen harjoittaja, joka hoitaa potilaita ennen parantumista, saa kunnian.[39]

Ruumiin kyky parantaa itsensä on ilmiömäinen, ja se on Jumalan antama lahja. Mutta tämä toimii usein erillään siitä, miten normaalisti käsitämme jumalallisen parantumisen. Kuitenkin uskovat laittavat parantumisensa usein rukouksen ansioksi.

Kysymys lääketieteellisestä todistusaineistosta on usein monimutkaisempi kuin se ensin vaikuttaa eikä vain sen tähden, että parantamiseen keskittyneet saarnaajat eivät useinkaan etsi lääketieteellistä todistusaineistoa varmentaakseen väitteitään luottaen useimmiten pelkästään henkilökohtaisiin todistuksiin. Mutta vaikka lääketieteelliset asiakirjat eivät varmaan koskaan tule osoittamaan parantumisihmettä todelliseksi, niiden pitäisi kuitenkin pystyä dokumentoimaan terveystilanteen parantuminen.

Brown kirjoittaa:

> Lääketieteelliset rekisterit voivat osoittaa, että ongelma oli kerran lääketieteellisen ammattilaisen diagnisoima, ja että myöhemmässä tarkastuksessa tilanne vaikutti paremmalta tai olevan ohi, ja että ei ole olemassa selkeää lääketieteellistä tai luonnollista selitystä. Vaikka röntgenkuvat, laboratorioraportit ja lääkärintodistukset vaikuttavat objektiivisilta, näiden todistusaineistojen merkittävyys vaatii subjektiivista tulkintaa. Lääketieteellinen aineisto ei voi todistaa, että rukous sai aikaan paranemisen tai että joku toinen yli-inhimillinen toimija tai voima oli vastuussa tai edes sitä, että sairaus on parantunut pysyvästi.[40]

Parantavan rukouksen tehokkuuden testaaminen on haastavaa sekä uskoville että agnostikoille, mutta eri tavoilla. Kristityille se osoittaa, että tarvitsemme enemmän totuudellisuutta ja tosiasiallisuutta, agnostikoille, että jumalallisen parantumisen mahdollisuus on todellinen.

Kun Brown teki kokeita Mosambikin maaseudulla, hän mittasi hyvin merkittäviä kuulon parannuksia ja tilastollisesti merkittäviä näön parannuksia Heidi Bakerin palvelutyöhön liittyvässä koepopulaatiossa. Hänen mukaansa mahdolliset muut tekijät, kuten tahaton hypnoosi tai suggestio, eivät voi selittää näitä tuloksia. Tutkimukseen vastanneet havaitsivat tyypillisesti parannusta jatkumon liukuvassa skaalassa. He mittasivat parantuneita kuulo- ja näkökynnyksiä täydellisestä kuuroudesta tai sokeudesta kliiniseen täydellisyyteen siirtymisen sijasta. Työryhmä havaitsi myös tilastollisesti merkittäviä näkökynnyksen parantumisia Brasilian kaupunkialueilla. Samanlaiset testit Yhdysvalloissa tuottivat epäselviä tuloksia.[41]

Nämä ovat todellisia, tieteellisesti testattuja tuloksia, mutta vaikka ne näyttävät terveydentilan parantuneen, ne eivät ole pitkäkestoisia testituloksia. Mikä näyttää selvältä on, että monet parantumistodistukset ovat liioiteltuja, mutta ne voivat samanaikaisesti olla todellisia.

Monet laittavat väitetyn parantumisten korkeamman lukumäärän kehitysmaissa teollisuusmaiden uskonpuutteen piikkiin.

Mutta Brownin tutkimustulokset vaikuttavat tukevan kahta olettamusta: terveeksitekemisten lahjat näyttävät toimivan paremmin alueilla, joissa niille on eniten tarvetta ja ne toimivat useammin alueilla, joissa evankeliumia julistetaan. Tämä on sopusoinnussa sen kanssa, mitä Jeesus lupaa lähetyskäskyssä – ihmeet ja merkit *seuraavat* niitä, jotka vievät evankeliumin kansoille.

Testing Prayer -kirja kertoo kuitenkin monista länsimaissa tapahtuneista parantumisista, mikä näyttää, että Jumala toimii missä tahansa siihen on tarvetta.

Vaikka kaikenkattavat amerikkalaisissa konferensseissa parantumisista kertovien ihmisten prosenttiosuudet olivat suhteellisen pieniä, tämä ei Brownin mukaan yllättäisi monia helluntailaisia. Usein helluntailaiset ja karismaatikot vastaanottavat esirukousta yksittäiseen ongelmaan useissa eri tilanteissa ennen kuin he todistavat täydestä parantumisesta uskoen, että parantumisprosessi vie aikaa. Lannistumattoman rukouksen malli on kuitenkin vastakkain toisen vaikutusvaltaisen helluntailaisuuteen liittyvän mallin, Uskon Sanan mallin kanssa, jonka mukaan minkä tahansa ongelman puolesta pitäisi rukoilla vain kerran ennen parantumisen julistamista uskossa, muuten toistettu rukous osoittaa epäuskoa ja estää parantumisen.[42]

Katolinen Francis MacNutt popularisoi rukouksessa "likoamisen" harjoituksen. MacNuttin mukaan rukousta voi verrata sädehoitoon sen kasautuvien vaikutusten takia, sillä on oletettavasti olemassa "suuremman" ja "pienemmän" voitelun ja sairauden ja parantumisen tasoja.[43]

MacNuttin Christian Healing Ministries -palvelutyön nettisivujen mukaan:

> Likoava rukous on Jumalan läsnäoloon tulemista vastaanottamisen asennossa antaen Hänen palvella sinua suoraan ruumissa, mielessä ja hengessä. Siihen kuuluu joko hiljaisuudessa istuminen tai makaaminen ja rentoutunut sekä sisäinen kääntyminen Jeesuksen puoleen. Usein hiljainen taustamusiikki auttaa keskittymään Jumalaan ja Hänen läsnäolonsa kokemiseen, sillä Hän asuu ylistyksessämme.(Ps. 22:3). Likoava rukous on saatavilla parantavan rukouksen päivänä ja sukupolvien välisissä parantumiskokouksissa.[44]

Olen varma siitä, että Jumalan läsnäolo hyödyttää meitä kaikkia. Mutta on tärkeää ymmärtää, että Jumalan läsnäolo ei automaattisesti johda parantumiseen.

Henkilökohtaisesti en usko kristuskeskeisen meditaation ja mietiskelyn olevan harmillista kenellekään. Mutta on merkillepantavaa, että tämänkaltaista mietiskelyä ei mainita Raamatussa parantumisen lähteenä.

RAAMATULLISTA PARANTAMISEN MALLIA ETSIMÄSSÄ

Olen velkaa George Jeffreysille, brittiläisen Elim Pentecostal Church -helluntailiikkeen perustajalle, kun kysymyksessä on parantamisen ymmärtäminen paremmin. Hänen kirjansa *Healing*

TERVEEKSITEKEMISTEN LAHJAT

Rays, joka julkaistiin ensin vuonna 1932, vuosi sen jälkeen kun hän avasi Kensington Temple -seurakunnan, jossa olen työskennellyt yli kahdeksantoista vuoden ajan, on arvokas resurssi parantamisen ymmärtämiselle pääosin sen tähden, että se on tasapainoinen ja yrittää kehittää parantumisen teologiaa, joka ammentaa lähes pelkästään Raamatusta eikä toisten helluntailaisten teorioista.

Ja R.E. Darraghin kirjaan *In Defence of His Word. Being a number of selected testimonies of dire suffering, healed by the power of Christ, under the ministry of Principal George Jeffreys (*Elim Publishing Co:n vuonna 1932 julkaisema) keräämän dokumentoidun todistusaineiston mukaan on vaikeaa selittää monia Jeffreysin palvelutyöhön liittyviä parantumisia muina kuin ihmeparantumisina.

Jeffreys jakoi terveeksitekemisten lahjojen toiminnan kolmeen aikakauteen – Vanhan testamentin, Jeesuksen ja seurakunnan aikakauteen – tai Isän, Pojan ja Pyhän Hengen tuomaan parantumiseen. Ja hän käsitti Jeesuksen parantamisen palvelutyön ainutlaatuisena.

Monet karismaattisessa liikkeessä näyttävät uskovan, että Jeesuksen palvelutyö on jollain tavoin täysin toistettavissa yhden nykypäivän henkilön kautta. Jeesus kyllä toimii yhä mahtavalla tavalla, mutta Hän tekee näin ruumiinsa kautta – kaikkien uskovien kautta kaikkina aikoina. Ja Jeesus oli ja on Jumalan Poika. Paljon vähäisemmällä tavalla meitä voidaan kutsua Jumalan pojiksi ja tyttäriksi, sillä meidät on adoptoitu Hänen perheeseensä. Mutta tämä ei tee meistä jumalia. Jeesus on Jumala. Meillä on etuoikeus kantaa Jumalan läsnäoloa, mutta me emme ole jumalia.

Pojan aikakausi on myös erilainen kuin Pyhän Hengen aikakausi. Jeesuksen palvelutyön ainutlaatuisuuden korostaminen ei tarkoita sitä, että me uskomme armolahjojen toimimisen lakanneen.

On myös merkittävää, että Raamatussa on paljon vähemmän apostoleihin kuin Jeesukseen liitettyjä parantumiskertomuksia. Minusta on selvää, että Jeesuksen parantamisen palvelutyö on jotain sellaista, mitä emme tule näkemään samalla tasolla.

Saarnaajat, kuten Kathryn Kuhlman, sanoivat uskovansa, että eräänä päivänä jokainen parantuu. Tämä on vilpitön toive, mutta näyttää siltä, että sataprosenttinen parantuminen aina ei tosiasiassa ole raamatullinen oppi. Mutta on terveeksitekemisten lahjoja, ja ne toimivat tänään tuoden monenlaisia parantumisia monenlaisiin sairauksiin. Ja jopa kuolleet voivat nousta. Mutta ne eivät näytä tuoneen sataprosenttista parantumista kaikille apostolien tai edes Jeesuksen palvelutyössä.

Ajattele miestä, joka parannettiin Betesdan altaalla Evankeliumin Johanneksen mukaan 5. luvussa. Jeesus paransi yhden miehen sapattina, mutta allasta ympäröi "suuri joukko sairaita".

Mutta Jeesus paransi vain *yhden*.

Mitä tämä kertoo terveeksitekemisten lahjojen tärkeydestä? Meidän pitää ainakin myöntää, että raamatullinen todistusaineisto ei viittaa jokaisen sairaan laajamittaiseen parantamiseen Israelissa, ei edes silloin kun Jeesus oli paikalla. Ja kuitenkin Jeesus paransi suuren joukon ihmisiä.

Terveeksitekemisten lahjojen käsite viittaa siihen, että jokainen parantuminen on yksilöllinen lahja – ainutlaatuinen ihme – eikä sitä voi monistaa millään metodilla.

Jeffreys määritteli parantumisen asteittaisena terveyden paranemisena:

> Parantuminen-sana viittaa asteittaiseen parantumiseen, ja monet saatetaan entiselleen tällä tavalla. Yksi yhdeksästä lahjasta on ihmeiden tekemisen lahja, mikä viittaa välittömään jumalalliseen väliintuloon, jolloin ihminen parantuu hetkessä. Herramme omaan palvelutyöhön kuului näitä kahdenlaisia parantumisia.[45]

Tällä tavoin käsitettynä terveeksitekemisten lahjat ovat todennäköisesti aika yleisiä seurakunnassa, mutta voimallisten tekojen lahja saattaa olla harvinaisempi kuin ajattelemme, kun kyseessä ovat parantumiset.

Jeffreys käytti mieluummin jumalallisen parantamisen kuin uskolla parantamisen käsitettä, sillä se:

> viittaa ruumiilliseen parantumiseen, miten siitä opetetaan yksinomaisesti Kirjoituksissa, kun taas jälkimmäinen voi viitata uskolla parantamiseen psykologian monien haarojen

mukaan. Edellinen merkitsee Raamatun hyväksymistä Jumalan Sanana kokonaisuudessaan ja parantumista Jeesuksen Kristuksen herruuden kautta. Jälkimmäinen voi viitata minkälaiseen uskolla parantamiseen tahansa, mitä voidaan opettaa kirjoissa, jotka ovat selvästi kristinuskon vastaisia.[46]

Jeffreys opetti myös, että parantuminen voi tapahtua kahdessa valtapiirissä, nimittäin luonnollisesti ja yliluonnollisesti, ja että on suuri virhe jättää luonnollinen parantuminen huomiotta. Hän esitti kolme väitettä:

> Ensiksi. Sairauksilla pitää olla alku, samalla tavalla kuin synnillä on alku. Toiseksi. Ei ole kirjoitusta, joka näyttää, että sairaudet voi jäljittää takaisin Jumalaan... Kolmanneksi. Ei ole selvää kirjoitusta, joka näyttää, että sairaudet voi jäljittää takaisin Saatanaan.[47]

Näiden väitteiden perusteella hän päätteli olevan järkevää olettaa, että koska synti ja kuolema voidaan jäljittää takaisin Saatanaan, sairaus voidaan myös jäljittää takaisin Saatanaan. Mutta tämän suhteen epäsuoruus tarkoittaa sitä, että sairaus on syntiinlankeemuksen eikä demonisaation tai riivattuna olemisen seurausta.

PARANTAMISEN METODIT

On selvää, että Raamatussa ei ole vain yhtä metodia parantamisille. Jeffreys luettelee seuraavat "parantamisen käytännöt".

1. Suora yksilön tekemä vetoomus (Matt. 8:2)
2. Käytännöllisten myötämielisten yhteistyö ja yhteys (Mark. 2:4, 5)
3. Rukoustaistelijoiden yhteistyö ja yhteys (Matt. 18:19)
4. Kätten päällepano (Mark. 16:18)
5. Öljyllä voitelu (Jaak. 5:14)
6. Jumalan Sanan eteenpäinmeno (Ps. 107:20)
7. Rukouksen palvelutyö seurakunnassa (Ap. t. 4:30).[48]

George Jeffreys todistaa omasta parantumisestaan:

> Vakuutuin ensin Hengen elvyttävästä voimasta, kun heikkona nuorena vastaanotin tämän kokemuksen omassa ruumiissani. Heikko olotilani alkoi manifestoida kasvojen halvaantumisena, ja minä olin raskaasti taakoitettu, sillä koin halvaantumisen kauheuden kokonaan kasvojeni toisella puolella... Kun suuni alkoi halvaantua, se yksi asia, joka häiritsi minua kovasti, oli se mahdollisuus, että en koskaan saavuttaisi elämäni yhtä kutsua ja kunnianhimoa, kristillistä palvelutyötä... Olimme polvistuneet rukoukseen yhtenä sunnuntaiaamuna ja rukoilemassa sen päivän kokousten puolesta. Kello oli tarkalleen yhdeksän, kun Jumalan voima tuli ylleni, ja vastaanotin sellaisen jumalallisen elämän sisäänvirtauksen, että voin ainoastaan verrata kokemusta sähkövaraukseksi. Tuntui siltä, että pääni olisi kiinnitetty voimakkaimpaan sähköpatteriin. Koko ruumiini päästä jalkoihin elpyi Pyhästä Hengestä ja parannuin. Tästä päivästä lähtien minulla ei enää ollut vanhan ongelman pienimpiäkään oireita.[49]

Parantumisen lisäksi Jeffreys oppi luottamaan tähän Jumalan elvyttävään voimaan palvelutyössään:

> Kaikki, jotka järjestävät pitkiä evankeliointikampanjoja, myöntävät, että suuri määrä fyysistä voimaa on välttämätöntä. Tätä voimaa ei monesti löytyisi, ellei jumalallista voimaa annettaisi. Ruumis, väsynyt ja alituisen työn heikentämä, tarvitsee erityisen jumalallisen elämän sisäänvirtauksen. Joskus kampanjan loppupuolella kohtaan jättiläismäisiä kokousjoukkoja, ja ilman useasti toistuvaa ruumiin elpymistä olisin ollut avuton. Jopa ääni latautuu ja muuttuu Hengen antaman ruumiin elpymisen tuloksena. Tätä totuutta vastustavien vaikeutena on se, että usein he konsultoivat näistä kokemuksista ihmisiä, jotka eivät ole koskaan tietäneet niistä.[50]

On mielenkiintoista nähdä kontrasti kahden julistajan välillä: George Jeffreys oli Pyhän Hengen voimistama, mutta William

Branham oli "enkelinsä" halvauttama ja uuvuttama, kun hän toimi parantamisen palvelutyössä.

Kuten monia saarnaajia, Jeffreysiä kritisoitiin paljon hänen elinaikanaan, ja on selvää, etteivät kaikki parantuneet hänen kokouksissaan. A.J. Pollock, George Jeffreysin aikalainen, kritisoi suuria kokouksia:

> Mitä näemme tänään? Helluntailaiset parantumiskokoukset järjestetään suurilta osin seuraavalla tavalla. Kokous alkaa iskevällä, energisellä ja pianolla, viululla ja kitaroilla säestetyllä jazzimaisella kuorolaululla, olosuhteiden mukaan. Rehtori Jeffreysin Royal Albert Hallissa pitämien pääsiäiskokousten tapauksessa kuorossa oli lähes kaksituhatta ääntä. Onko tämä ensimmäisten opetuslasten käyttämä metodi; heillähän oli varmasti helluntailahjat?... Laulu jatkuu ja jatkuu, tarttuvat kuoro-osuudet toistetaan, kunnes yleisö on innostunut ja tunteellinen. Tällaiset metodit uppoavat kansanjoukkoihin. Joukkosuggestio on hyvin tunnettu psykologinen metodi... Ei ihme, että kansanjoukot kerääntyvät. Viihde on samantasoista kuin musiikkihallissa ja elokuvateatterissa, mutta istuimesta ei tarvitse maksaa.
>
> Kun yleisö on ruoskittu tulikuumaan tunteentilaan, sairaat ja rammat kutsutaan parantajan luokse. Tunteita herättävä laulanta jatkuu. Kukaan ei voi kuulla, mitä parantaja sanoo sairaille. Hallelujaat kaikuvat kovina. Onko tämä kuin seurakunnan vanhinten lähettäminen sairaan kotiin ja hiljaisen, palavan rukouksen, uskon rukouksen tarjoamista? Kyseessä on vain parantamisnäytös, joka on suuri kokousten vetonaula.[51]

Jeffreysin palvelutyöllä oli kuitenkin todellinen vaikutus, ja Iso-Britanniassa istutettiin satoja seurakuntia hänen työnsä kahtenakymmenenä ensimmäisenä vuotena. Monet ihmiset pelastuivat, ja esimerkiksi Royal Albert Hallin pääsiäiskokouksissa vuonna 1928 kastettiin yli tuhat uskovaa.

Tähän joukkoon kuului varmasti kristittyjä, jotka "käännytettiin" lapsikasteesta aikuiskasteeseen. Jokaisen uuden kirkkokunnan syntyyn liittyy aina kristittyjen virta vanhoista kirkkokunnista uuteen. Mutta näihin kampanjoihin liittyi suurehko joukko todennettuja parantumisia, ja kuten Jeffreysin oma parantuminen, ne olivat pitkäkestoisia eivätkä vain kokousten pituuden kestäneitä parantumisia.

PARANTAMINEN JA MUUT LAHJAT

Terveeksitekemisten lahjat voivat toimia yhdessä muiden hengellisten lahjojen kanssa. Istuin kerran autossa ystäväni kanssa ja kuuntelin häntä. Hän oli mennyt perheineen heidän suosikkiravintolaansa muutamaa päivää aikaisemmin. Yksi heidän lapsistaan oli saanut ruoan mukana trooppisen bakteerin, ja se söi hänen vatsaansa ja ruoansulatuskanavaansa sisältäpäin. Hän oksensi lähes kaksikymmentä kertaa päivässä, ja he olivat huolestuneita, sillä sairaudelle ei ollut tunnettua hoitokeinoa.

Istuessani autossa aloin tuntea voimakkaasti, että jollain tavalla tämä bakteeri oli vihollisen hyökkäys. Bakteeri oli trooppinen bakteeri, mutta vain yksi lapsista oli saanut sen sisäänsä. Joten sairaus ei ollut sinällään mikään demoninen kirous. Muut perheenjäsenistä voivat hyvin, ja he olivat ruokailleet tässä ravintolassa vuosia, joten tämä lapsi vaikutti olleen epätavallisen epäonninen.

Koin kuitenkin, että vihollinen oli lähettänyt tämän bakteerin ehkä olosuhteita manipuloimalla. Ja kun puhuin hänen isänsä kanssa koin voimakkaan demonisen läsnäolon. Kirosin bakteerin ja tunsin kuinka Jumalan Henki kulki lävitseni, kun rukoilin hänen puolestaan.

Kun pikkupoika heräsi seuraavana aamuna, hän oksensi kahdesti. Se oli siinä. Bakteeri oli kadonnut jälkiä jättämättä.

Bakteerin kiroaminen ei ole välttämättä standardivastaus tällaisissa tilanteissa, mutta se vaikutti toimivan. Se oli se ainoa asia, jonka Pyhä Henki voiteli minut tekemään.

Onko raamatullista kirota sairaus? Tässä tapauksessa sairaus oli elävän bakteerin aiheuttama, ja bakteerin kiroaminen vaikuttaa tappaneen sen; ainakin näen tapahtuman tällä tavalla.

Mutta on mahdotonta tietää, johtuiko oksentamisen loppuminen ja hänen toipumisensa bakteerin kiroamisesta – Jeesus kirosi viikunapuun samalla tavalla – vai johtuiko se hänen vanhempiensa hartaista rukouksista. Tai ehkä sairaus vain paloi loppuun. Uskon kuitenkin, että henkien erottamisen lahja oli ainakin osatekijä hänen toipumisessaan.

Kuten muut lahjat, terveeksitekemisten lahjat toimivat usein yhdessä muiden lahjojen, kuten tiedon sanojen, uskon tai profetoimisen lahjan, kanssa. Olin kerran treenaamassa kuntosalilla, kun treenikaverini sai puhelinsoiton – hänen veljensä oli ottanut yliannoksen. Hänellä ei ollut aavistustakaan siitä, miten vakava tilanne oli. En osannut sanoa mitään ilman rukousta, mutta kun olin viettänyt lyhyen aikaa rukouksessa, tunsin, että hän selviytyisi hengissä ja että ystävälläni olisi keskeinen rooli hänen toipumisessaan ja paluussaan Jeesuksen luokse.

Kuulin seuraavana päivänä, että se poliisiyksikkö, joka oli vastannut hätäviestiin, oli ollut aivan hänen asuntonsa edessä, mikä oli ihmeellinen ajoitus, sillä lääkärin mukaan jopa viiden minuutin viive olisi merkinnyt hänen kuolemaansa. Ja ystäväni sai rukoilla veljensä puolesta, kun hän palasi seurakuntaan ja antoi elämänsä Jeesukselle muutamia viikkoja myöhemmin!

On ollut tilanteita, joissa minua on pyydetty rukoilemaan kuoleman kielissä olevan puolesta, ja olen yrittänyt rukoilemista. Olen kuitenkin tuntenut, että on heidän aikansa poistua tästä ajasta. Noina hetkinä rukous ei ole muuttanut mitään. Toisina hetkinä olen tuntenut, että heidän aikansa ei ole vielä kuolla, ja olen rukoillut rohkeasti, ja poikkeuksetta nämä ihmiset ovat toipuneet. En väitä, että se on juuri minun rukoukseni, mikä on saanut aikaan toipumisen, sillä usein koko seurakunta on ollut rukoilemassa, vain että profetian armolahjan avulla olen tiennyt lopputuloksen ennen varsinaista toipumista; olen myös tiennyt, että joku toinen muuttaisi ajasta ikuisuuteen riippumatta rukouksistamme.

MITEN TERVEEKSITEKEMISTEN LAHJAT TOIMIVAT

Minulla on ollut mahdollisuus viettää aikaa sellaisten hengellisten johtajien kanssa, joilla on terveeksitekemisten lahjat. On mielenkiintoista, että heidän ei tarvitse julistaa parantumista uskon kautta, eivätkä he ole riippuvaisia edes tiedon sanoista. Usein he lausuvat vain yksinkertaisen rukouksen, ja parantuminen tapahtuu useampien sairaiden kohdalla kuin tavallisesti. Uskon, että tämä on terveeksitekemisten lahjojen toimintaa puhtaimmillaan. Muuta ei tarvita kuin yksinkertainen rukous.

Terveeksitekemisten lahjat eivät ole näyttämöä varten, vaan ne virtaavat myötätunnosta ja syvästä rakkaudesta ihmisiin.

Jaakobin kirje 5:14-15 antaa ehkä kaikkein yleispätevimmän viittauksen massaparantumisiin:

> Jos joku teistä sairastaa, kutsukoon tykönsä seurakunnan vanhimmat, ja he rukoilkoot hänen edestään, voidellen häntä öljyllä Herran nimessä. Ja uskon rukous pelastaa sairaan, ja Herra antaa hänen nousta jälleen; ja jos hän on syntejä tehnyt, niin ne annetaan hänelle anteeksi.

On selvää, että se on vanhimpien eikä sairaan usko, joka parantaa. On myös merkillepantavaa, että tämä vaikuttaa aika yksityiseltä tapahtumalta. Mutta ei edes tämä teksti tue sataprosenttista parantumista, sillä se on älykäs sanaleikki.

Vaikuttaa selvältä, että jakeilla on kaksoismerkitys, minkä tähden ne onkin käännetty kahdella eri tavalla. Ensimmäiseksi kreikan kielen sana *sosei* merkitsee sekä "pelastaa" että "parantaa", ja kreikan kielen sanoja suomennettuna tässä "nousta jälleen" käytetään myös ylösnousemuksesta Toisessa kirjeessä korinttilaisille 4:14.

Mitä Jaakob vaikuttaa sanovan on, että sairas joko paranee tai kuolee, mutta jos hän kuolee, seurakunta ja sairas voivat olla varmoja siitä, että hän nousee ylös ja että hänen syntinsä on annettu anteeksi. Joten Jaakob ei väitä, että jonkun synnit ovat tuoneet sairauden. Ja hän ei lupaa sataprosenttista parantumista sairaille, jos vain vanhimmat käyvät heidän luonaan, mutta vain sen, että jos he kuolevat, he pääsevät taivaaseen maan päällä tehdyistä synneistä riippumatta.

> Sen kuullessaan Jeesus sanoi heille: "Eivät terveet tarvitse parantajaa, vaan sairaat. En minä ole tullut kutsumaan vanhurskaita, vaan syntisiä." (Mark. 2:17)

TERVEEKSITEKEMISTEN LAHJAT 129

Tähän asti parantamisen paradigmamme on tullut pääosin Uskon Sana -liikkeestä. Ja tämä liike vaatii meitä tunnustamaan asiat ikään kuin ne olisivat silloinkin, kun ne eivät niin selvästi ole. Mutta Jumala ei ole koskaan pyytänyt meitä olemaan mitään muuta kuin täysin totuudellinen, kun kyseessä ovat parantumiset. Sen väittäminen, että joku on parantunut, kun näin ei ole tapahtunut, ei tuo Jumalalle kunniaa.

Jokainen "uskon väite" ja "profeetallinen lupaus", joka ei tuo parantumista, voi tuoda korjaamatonta vahinkoa ihmisten elämään tuhoten heidän uskonsa. Ja kysymyksiin miksi ja kenet Jumala parantaa liittyy aito mysteeri. Miksi Jumala käytti John Wimberiä, Vineyard-liikeen johtajaa, parantamaan monta sairasta, auttaen häntä toipumaan syövästä, ja sitten antoi hänen kuolla kaatumisesta aiheutuneen aivoverenvuodon uhrina?

On hyvä rukoilla ihmisten parantumisten puolesta ja odottaa mitä tapahtuu. Muun voi jättää Jumalalle.

Uskon, että paradigman vaihtaminen uskolla parantamisesta terveeksitekemisten lahjoihin tulee vapauttamaan ne Kristuksen ruumiiseen. Voimme rukoilla parantumisia ilman huolta. Meidän ei tarvitse pelätä enää sitä, mitä tapahtuu, jos parantuminen ei tapahdukaan, mutta sen sijaan odotamme innokkaasti sitä, mitä Jumala tulee tekemään! Esiintymistaitoja ei tarvita, sillä parantamisrukous voi tapahtua missä tahansa seurakunnassa. Mutta meidän tulee tunnistaa ne uskovat, joille Jumala on antanut terveeksitekemisten lahjat, ja pyytää heitä olemaan niitä, jotka rukoilevat eniten sairaiden puolesta. John Wimber kirjoittaa:

> Se periaate, joka ohjaa minua jumalallisessa parantumisessa, kuuliaisuus Jumalan sanalle, on se perustavaa laatua oleva syy, minkä tähden rukoilen sairaiden puolesta, silloinkin kun en näe parantumista rukousteni seurauksena. Päätin pitkän aikaa sitten, että jos rukoilen sadan ihmisen puolesta, ja vain yksi parantuu, se on parempi kuin että en koskaan rukoile, ja kukaan ei parannu.[52]

Hän lisää:

Usko on se kanava, jonka kautta Jumala vapauttaa parantavan voimansa. Suuri osa jumalallisesta parantumisesta on sen seurausta, että joku uskoo Jumalaan... Mutta on virhe olettaa, että rukoiltavan usko tarvitaan aina parantumiseen. Itse asiassa Raamattu on täynnä esimerkkejä muista ihmisistä kuin rukoiltavista, jotka ovat parantavan voiman lähteitä.[53]

Wimber myös kirjoittaa:

> Rukoukset, kuten olen jo maininnut, voivat vaihdella huomattavasti: esirukous, käskysanat, julistamisen sanat, jopa sen pyytäminen, että sairas rukoilee itse. Kun rukoilen, kuuntelen Jumalaa saadakseni erityisohjeita tai tiedon sanoja, jotka voivat antaa mahdollisuuden parantavan voiman vapauttamiseen.[54]

On hyvä rukoilla sairaiden puolesta sekä yksityisesti että yhdessä seurakunnassa. On myös hyvä alkaa tunnistaa joukossamme ne ihmiset, joille Jumala on antanut terveeksitekemisten lahjat. Mutta ei ole mitään syytä väittää parantumisten tapahtuneen, jos niitä ei ole selvästi tapahtunut. Ja terveeksitekemisten palvelutyö on varmasti se yksi alue, jossa todistusaineisto on näytettävissä.

Evankeliumissa Matteuksen mukaan 8. luvussa Jeesus parantaa spitaalisen. Hän sanoo parantuneelle:

> Katso, ettet puhu tästä kenellekään; vaan mene ja näytä itsesi papille, ja uhraa lahja, jonka Mooses on säätänyt, todistukseksi heille. (Matt. 8:4)

Muinaisessa Israelissa pappi oli se, joka voi tutkia entisen spitaalisen ja todistaa, että hänet on puhdistettu, jotta hän voi liittyä jälleen yhteisöön. Hänen raporttinsa oli lähes kuin lääkäritodistus. Hänen todistuksena ei olisi välttämättä antanut syytä sille, että jonkun terveys oli kohentunut, mutta se olisi varmentanut parantumisen.

Ehkä samalla tavalla keskuudessamme tapahtuneista parantumisista pitäisi tulla todistuksia lääkäreille – silloinkin kun lääkärit eivät olisi halukkaita kertomaan, että parantumisen syy oli ihme.

7

PROFETOIMINEN

Suuri osa nykyisestä profetian armolahjaan liittyvästä ymmärryksestämme on peräisin profeetoilta, jotka olivat vaikutusvaltaisia 1980-luvulla ja jotka tunnettiin Kansas Cityn profeettoina.

Monet niistä, jotka muovasivat nykypäivän yhdysvaltalaista apostolis-profeetallista liikettä, asuivat silloin Kansas Cityssä, Missourissa, ja heitä kutsuttiin sen tähden Kansas Cityn profeetoiksi. Paul Cain, yksi Kansas Cityn profeetoista, oli ollut mukana parantamisherätyksessä ja työskennellyt William Branhamin kanssa,[1] ja liike oli selvästi parantamisherätyksen jatketta.

Ikävä kyllä kaikki tämä vaikutus ei ole ollut hyvää. Tarkoituksenani ei ole tuomita yksilöitä tai seurakuntia, sillä me elämme epätäydellisessä maailmassa ja seurakunta tulee pysymään epätäydellisenä maan päällä ainakin niin pitkään kuin minä olen sen jäsen! Mutta koska tämä on yksi voimakkaimmista virtauksista, kun kyseessä on profetoinnin ymmärtäminen, meidän tulee analysoida sitä tarkemmin.

Kansas Cityn profeetallisen liikkeen alkupäivinä kaksi pääprofeettaa olivat Bob Jones ja Paul Cain, ja heidän työnsä liittyi seurakuntaan, josta tuli myöhemmin Mike Bicklen johtama IHOP.

Useita vuosia sitten luin vaikutusvaltaisen kirjan nimeltään *Some Say It Thundered*, ja kirjoittaessani tätä kirjaa päätin lukea sen uudestaan, sillä se koskettelee Kansas Cityn profeettaliikkeen syntyä. Aika ei ole ollut ystävällinen kirjalle, sillä se alkaa elokuussa 1989 Bob Jonesin James Irwinille antamalla profetialla. James oli kahdeksas kuun päällä kävellyt astronautti. Kirja kertoo:

"Niin", sanoi profeetta, "tämä on outoa, sillä sinun ei todellakaan pitäisi olla täällä, mutta näin sinut näyssä viime yönä. Toinen outo juttu on se, että et ole profeetta, ja olet kuitenkin nähnyt maapallon taivaasta! Tämän lisäksi olet ollut etsimässä Nooan arkin jäänteitä Ararat-vuorella, mutta olet etsinyt sitä väärästä paikasta. Ja tulet löytämään sen."[2]

Silloin kaikki olivat innostuneita, mutta James Irwin kuoli monta vuotta sitten arkkia löytämättä.

Netti ei ole myöskään ollut kirjan ystävä, sillä nykyään on aika helppoa tarkistaa faktat, jotka liittyvät tarkkoja väitteitä tehneisiin profetioihin.

Kun luin kirjan monta vuotta sitten, yksi kirjan vaikuttavimmista tarinoista oli se, kun Bob Jones julisti toukokuussa 1983, että Kansas City kärsisi kolme kuukautta kuivuudesta, joka loppuisi 23. elokuuta:

> Tässä kaupungissa kaikki pidätetään. Kuivuus tulee kestämään kolmen kuukauden ajan. Tämä on merkki! Jumala on puhunut! Kolme kuukautta kestävä kuivuus tulee sen tähden, että ihmiset ovat hyljänneet kutsun paastota – he ovat pilkanneet Jumalaa. Mutta sadetta ei tule kolmeen kuukauteen – ei ennen 23. elokuuta.[3]

Kirjailija lainaa Mike Bickleä, joka kertoo tarinan:

> Koko kesäkuussa ei ollut sadetta! Se oli kauheaa! Koko heinäkuussa ei ollut sadetta! Se oli kauheaa! Ei vieläkään sadetta elokuun ensimmäisellä, toisella tai kolmannella viikolla. Se oli kauheaa! Bob Jones sanoi, että Herra oli kertonut hänelle, että se saapuisi 23. elokuuta. Me olimme odottaneet aikaisesta aamunkoitteesta asti, mutta kello yhden aikaan aikaan iltapäivällä sadetta ei ollut vielä tullut. Kello kuuden aikaan illalla olimme alistuneet jo odottamaan seuraavaa päivää, kun yhtäkkiä se alkoi. Ja satoiko se? Satoi kaatamalla! Kukaan ihminen ei voi järjestää sitä. Sen piti olla Jumala![4]

PROFETOIMINEN

Tämä on mahtava tarina. Ainoa ongelma on se, että se ei vaikuta olevan totta. Kansas Cityn kansainvälisellä lentokentällä (noin 20 km kaupungin keskustasta) mitattujen historiallisten säätietojen mukaan vuoden sateisin päivä oli 18. kesäkuuta:

> Vuoden sateisin päivä oli 18. kesäkuuta. Tänä päivänä satoi 59.7 mm nestettä (tai nestettä vastaavaa), verrattuna 5.2 mm keskiarvoon.[5]

Vuoden kuivin kuukausi oli heinäkuu, mutta heinäkuussakin satoi:

> Kuukausi, jossa oli eniten kuivia päiviä oli heinäkuu; 87% päivistä ei mitattu ollenkaan sadetta.[6]

Mutta jopa heinäkuussa satoi. Sadetta kyllä tuli 23. elokuuta[7], kuten Mike väitti, mutta satoi myös kolmena elokuun päivänä ennen 23. elokuuta, ja 23. elokuuta satoi vain 6.6 mm, vähemmän kuin 18. kesäkuun kaatosadepäivänä, jolloin profetian mukaan ei olisi pitänyt sataa. Mutta tarinan mukaan Kansas City kärsi kuivuudesta kolme kuukautta.

Tämä on yksi niistä tarinoista, jotka vakiinnuttivat Bob Jonesin maineen "Elia-tason" profeettana ja kykenevänä toimimaan samantasoisella profeetallisella auktoriteetilla kuin Vanhan testamentin profeetat.

Monet apostolis-profeetallisen liikkeen johtajista väittävät, että Bob Jones oli yksi kaikkien aikojen tarkimmista profeetoista. Ikävä kyllä tämä tarkkuus ei ole todellista vaan keksittyä.

Tarinan myöhemmissä uudelleenkertomisissa sitä on muokattu huomattavalla tavalla. Mutta monien amerikkalaisten mielissä tarina olisi sekoitettu helposti vuoden 1983 maanlaajuiseen kuivuuteen, joka oli tuhoisampi monessa muussa osavaltioissa kuin Kansasissa, joten monien ihmisten mielissä tarina olisi kuulostanut todelta. Mutta vuonna 1983 Kansas Cityn kuivin kausi ei ollut kesällä vaan alkoi 16. helmikuuta ja päättyi 4. maaliskuuta.

Mutta mitä tämä kaikki tarkoittaa? Jakoivatko Bob Jones ja Kansas Cityn profeetat vain muutamia huonoja profetioita? Jos olisi kyse vain tästä, heihin keskittyminen profetian armolahjan tarkastelussamme olisi vain ajanhukkaa. Mutta ei. Sillä Kansas Cityn profeetat määrittelivät profetian merkityksen uudelleen.

Kansas City Fellowship -seurakunnalla – nykyään IHOP – on kirjattuna "profeetallinen historia", ja vuonna 1988 Mike Bickle ja Bob Jones äänittivät noin viisi tuntia kestäneen vapaan keskustelun, jota kutsutaan nimellä *Visions and Revelations* (Näyt ja ilmestykset). Nämä äänitteet ja niiden puhtaaksikirjoitukset ovat yhä saatavilla heidän nettisivuillaan osana tätä profeetallista historiaa. Äänitteissä Mike Bickle kysyy Bob Jonesilta hänen profetioistaan:

"Joten on ollut virheitä. On ollut monia virheitä."

Bob Jones vastaa, "Joo, satoja virheitä."

Mike Bickle kysyy: "Tuleeko Herra korjaamaan ne?", johon Bob Jones vastaa, "Täysin varmasti."[8]

Mike Bicklen mukaan profetioita voi testata profeettojen yksimielisyyden avulla. Ne profetiat, joista ollaan yksimielisiä, ovat niitä *oikeita* profetioita.

Mutta tämä on profetian radikaalia uudelleenmäärittelyä, eikä mitä Raamattu opettaa. Tämän opetuksen mukaan ei ole väliä sillä, että sadat profetiat osoittautuvat vääriksi niin kauan kun muutama profeetta on samaa mieltä muutamasta profetiasta!

Tämä opetus on johtanut profeettojen kokouksiin, joissa muutama kymmentä profeettaa kokoontuu säännöllisesti syntetisoimaan yhteen profeetallisen sanan, joka koostuu monien profeettojen sanoista, ja heidän yhteisymmärryksestään tulee "Jumalan sana".

Tämä on Ensimmäisen kirjeen korinttilaisille 14:29 väärinymmärtämistä. Jae sanoo:

> Profeetoista saakoon kaksi tai kolme puhua, ja muut arvostelkoot.

Tässä yksimielisyyden periaatteessa ei ole kyse mistään muusta yksimielisyydestä kuin siitä, että ollaan yksimielisiä siitä, onko sana Herralta vai ei. Mutta profeetta ei saa sanaa sen kautta, että hän keskustelee muiden profeettojen kanssa vaan Herraa kuuntelemalla. Jeremian kirja 23:18 sanoo:

PROFETOIMINEN

Mutta kuka on seisonut Herran neuvottelussa ja nähnyt ja kuullut hänen sanansa? Kuka on tarkannut ja kuullut hänen sanansa?

Jeremian kirja 20:9 sanoo:

> Mutta kun minä sanoin: "En tahdo ajatella häntä enkä enää puhua hänen nimessään", niin sydämessäni oli kuin polttava tuli, suljettuna minun luihini. Ja väsyksiin asti minä koetin sitä kestää, mutta en voinut.

Jeremia oli väsynyt profetointiin, mutta profeetallinen sana oli väkevämpi kuin hän. Ja Jeremian profetiat eivät olleet sarja arvauksia, jotka saattoivat osoittautua oikeiksi tai vääriksi. Jeremian profetiasysteemi ei yrittänyt saada yhtä oikein kymmenestä ja juhlia sitä, kun jotain itse asiassa meni oikein.

Habakukin kirja 2:3 sanoo:

> Sillä näky odottaa vielä aikaansa, mutta se rientää määränsä päähän, eikä se petä. Jos se viipyy, odota sitä; sillä varmasti se toteutuu, eikä se myöhästy.

Nämä jakeet hahmottavat profeetallisen prosessin selvästi. Kaikki profetia viittaa *tulevaisuuteen*. Vastaanotamme profetiat Herran läsnäolossa. Ne eivät ole sattumanvaraisia sanoja mutta kuin polttava tuli, ja lopulta meidän pitää julistaa ne joko yksityisesti tai julkisesti vapautuaksemme taakastamme, ja ne tulevat toteutumaan silloinkin, kun tämä vie paljon aikaa.

Yleisesti ottaen väärät profeetat antavat vääriä profetioita ja aidot profeetat aitoja profetioita. Mutta Bob Jones on vähentänyt profetiat jonkinlaiseksi sääennustukseksi – saattaa sataa tai ei, mutta se tärkeä asia on, että profeetta profetoi.

Epäilen, että profetioiden korkea epäonnistumisaste on pääsyy siihen, että apostolis-profeetallinen liike on alkanut korostaa profeetan virkaa ja sitä, että meidän kaikkien tulisi olla apostolis-profeetallisessa alistussuhteessa apostoleihin ja profeettoihin. Jos profeetoilla on auktoriteetti virkansa tähden, meidän tulee totella ja seurata heitä heidän virkansa tähden huolimatta siitä, miten epätarkaksi heidän profetiansa osoittautuvatkaan. Mutta Raamattu ei opeta näin.

Viides Mooseksen kirja 18:21-22 sanoo:

> Ja jos sinä ajattelet sydämessäsi: "Mistä me tiedämme, mikä sana ei ole Herran puhetta?" niin huomaa: kun profeetta puhuu Herran nimessä, ja kun se, mitä hän on puhunut, ei tapahdu eikä käy toteen, niin sitä sanaa Herra ei ole puhunut; julkeuttaan se profeetta on niin puhunut; älä pelkää häntä.

Raamatun mukaan profeetan ensimmäinen mittatikku on hänen sanansa luotettavuus. Opettaminen, että meidän tulisi kunnioittaa profeettoja heidän virkansa johdosta, on johtanut "profeetallisten" ja "apostolisten" johtajien toinen toisiaan julkisesti suosittelemiseen kaikenlaisten "voitelujen" ja kätten päällepanojen kautta tämän viran saamiseksi. Mutta näillä julkisilla todistajilla on vain vähän arvoa, sillä se ainoa suositus, jonka profeetta tarvitsee, on luotettava profetia, joka tulee Jumalalta – Hengen yhdeksää hedelmää osoittavan elämäntyylin ja terveen opin kera.

Monet profeetat myös julistavat "profeetallisia" kutsumuksia ja voiteluja ihmisten elämään saadakseen heidät alistumaan kontrolliinsa, sillä on todennäköisempää, että ihmiset seuraavat jotakuta, joka lupaa heille siunauksia ja antaa heille tärkeydentunteen.

Tässä profetian uudessa maailmassa profeettojen ei tarvitse murehtia vääristä profetioista niin kauan kun profeettojen yksimielisyys tukee heidän virkaansa.

Ensimmäisessä Kuningasten kirjassa neljäsataa profeettaa neuvovat Israelin ja Juudan kuninkaita lähtemään sotaan vain Miikan ollessa eri mieltä. Miika sanoo:

> Kuule siis Herran sana: Minä näin Herran istuvan istuimellansa ja kaiken taivaan joukon seisovan hänen edessään, hänen oikealla ja vasemmalla puolellansa. Ja Herra sanoi: "Kuka viekoittelisi Ahabin lähtemään sotaan, että hän kaatuisi Gileadin Raamotissa?" Mikä vastasi niin, mikä näin. Silloin tuli henki ja asettui Herran eteen ja sanoi:

"Minä viekoittelen hänet". Herra kysyi häneltä: "Miten?" Hän vastasi: "Minä menen valheen hengeksi kaikkien hänen profeettainsa suuhun". Silloin Herra sanoi: "Saat viekoitella, siihen sinä pystyt; mene ja tee niin". Katso, nyt Herra on pannut valheen hengen kaikkien näiden sinun profeettaisi suuhun, sillä Herra on päättänyt sinun osaksesi onnettomuuden. (1. Kun. 22:19-23)

Profeetan ei pidä koskaan etsiä lohdutusta yksimielisyydestä muiden profeettojen kanssa vaan ainoastaan Jumalan läsnäolosta. Samassa keskustelussa Bob Jones ja Mike Bickle keskustelevat "uudesta rodusta", joka tulee toimimaan korkeammalla ihmeiden tasolla kuin mikään aikaisempi sukupolvi. Bob Jones sanoo:

> He tulevat siirtymään yliluonnollisiin asioihin, joissa kukaan muu ei ole ennen toiminut. Jokainen ihme, merkki ja ihmeellinen asia, jotka nähdään Raamatussa – he tulevat toimimaan niissä jatkuvasti, he tulevat toimimaan samassa voimassa kuin Kristus. Jokainen koskaan nähty ihme ja merkki tullaan näkemään monta kertaa lopun aikoina.[9]

Sitten Mike Bickle tiivistää näyn, jonka Bob Jones näki väitetysti:

> Hän katsoi taaksoen. Siellä olivat menneiden sukupolvien johtajat, kuten John Wesley, Charles Finney, Martti Luther, jotka uskoivat, että heidän sukupolvensa on se valittu sukupolvi. Ja jokainen kerta kun he ojensivat kätensä, se tuli takaisin tyhjänä. Sillä on yksi sukupolvi, joka tulee astumaan sisään sinne, mikä on muiden saavuttamattomissa. Historian valittu sukupolvi, joka tulee kulkemaan voimassa, joka on saavuttamaton muille. He ajattelivat, että voima on heidän. Mutta se ei ole... Niin hän näkee 300 000, ja Herra katsoo Bobiin ja sanoo: "Olen kutsunut ajan hiekoista jokaisen verilinjan parhaat tähän sukupolveen." Hän sanoi: "Jopa Daavidin verilinjasta, Pietarin, Jaakobin ja Johanneksen. Heidän paras siemenensä tähän sukupolveen. He tulevat olemaan jopa heitä ylempiarvoisempia sydämmissään, merkityksessään ja rakkaudessaan minua kohtaan."[10]

Bob Jones lisää:

> Ensin Hän tuo viiden palveluviran, mutta viiden palveluviran jälkeen on täydellisyyden palvelutyö – Melkisedekin pappeus. Te, jotka olette täällä, tulette siirtymään viiteen palveluvirkaan, mutta lapsenne tulevat siirtymään täydellisyyden palvelutöihin. Tullen tuohon luonteenlaatuun – tullen Jeesuksen Kristuksen jumalalliseen luontoon.[11]

Tämä menee paljon pitemmälle kuin mitä me kutsumme Pyhän Hengen täyteydeksi, joten tämä uusi sukupolvi tulee toimimaan Melkisedekin pappeudessa – kuten Jeesus – täydellisyyden palvelutyössä.

Tässä pisteessä olemme jättäneet sen, minkä käsitetään olevan oikeaoppista kristinuskoa ja sen mitä Raamattu opettaa, ja siirtyneet samanlaisiin oppeihin kuin gnostilaiset opettivat. Paavali taisteli samankaltaisia opetuksia vastaan, kun hän sanoi, että jotkut Korintin uskovista olivat "jo tulleet kuninkaiksi".

Mike Bickle tiivistää Bob Jonesin kertomuksia samassa keskustelussa:

> Niinpä hän kertoi, että ne samat parantavat enkelit, joita käytettiin 40- ja 50-luvun suurissa vuodatuksissa, että Herra itse kutsuisi sen, arkkienkeli Dominuksen, ja hän on Läsnäolon enkeli, tarkoitan, että Herra ei ole enkeli, älkää ymmärtäkö tätä väärin, mutta hän on enkelien johtaja.[12]

Sitten hän kertoo, kuinka Jeesus puhui väitetysti Bob Jonesille:

> Ja Hän sanoi että "tuon parantamisherätyksen", ja olen varma, että nämä enkelit tulevat kerääntymään muissakin paikoissa eikä vain täällä, mutta Hän sanoi, "Tuon näiden parantavien enkelien parantavan jälleenkokoontumisen." Muistatteko Emman?[13]

Tämä on William Branhamin parantavan enkelin harhaopin jatkoa. Esim. Todd Bentley ja Lakelandin herätys viittasivat samaan Emma-nimiseen "parantavaan enkeliin". Mutta Raamattu

PROFETOIMINEN

ei sano missään, että enkeleillä on parantava voima, vaikkakin Evankeliumi Johanneksen mukaan 5:14 viittaa juutalaiseen myyttiin enkelistä, joka sekoittaa Betesdan altaan vettä aikaansaadakseen parantumisia.

Paavali kirjoittaa Kirjeessä kolossalaisille 2:18-19:

> Älköön teiltä riistäkö voittopalkintoanne kukaan, joka on mieltynyt nöyryyteen ja enkelien palvelemiseen ja pöyhkeilee näyistään ja on lihallisen mielensä turhaan paisuttama eikä pitäydy häneen, joka on pää ja josta koko ruumis, nivelten ja jänteiden avulla koossa pysyen, kasvaa Jumalan antamaa kasvua.

Myöhemmin samassa keskustelussa Mike Bickle viittaa Bob Jonesin kertomukseen siitä, kuinka hänet temmattiin taivaaseen:

> Bob, haluan sinun lisäävän yhden asian. Tämä on tilivelvollisuustekijä, mutta on toinen tekijä – että Paavali oli innokas – sillä hän sanoi, että Paavali juoksi hänen luokseen, ja hän sanoi: "Olet Paavali." Ja hän vastasi: "Mutta sinä olet lopun aikojen profeetta, ja sinun sukupolvesi on jo kauan ohittanut minun sukupolveni." Ja hän sanoi: "Minulla on oikeus kuulla sinua ensin." Sillä Paavali oli innostuneempi puhumaan lopun ajan apostolin ja profeetan kanssa kuin lopun ajan apostoli ja profeetta oli puhumaan Paavalin kanssa. Hän sanoi: "Sillä mitä he tulevat tekemään on paljon suurempaa Jumalan kunniaksi."[14]

Bob Jonesin mukaan jopa apostoli Paavali on tunnustanut, että Bob Jonesin palvelutyö on paljon tärkeämpi ja vaikuttavampi kuin hänen omansa!

On elintärkeää olla tietoinen profeettojen teologisista perspektiiveistä, sillä he profetoivat oppiensa mukaisesti.

Bob Jonesin mukaan tulee olemaan lopunajan yli-inhimillinen kolmenkymmenenviiden apostolin johtama armeija. Epäilemättä profetia siitä, että olet johtaja lopunajan armeijassa, hivelee egoa. Mutta tämänkaltaiset opetukset ovat johtaneet hengelliseen elitismiin, mikä on selvästi Uuden testamentin opetusten vastaista.

Nämä ovat nykypäivän kaikista vaikutusvaltaisimman profeetallisen liikeen perustajaisia. Kuten huomaat, on tärkeä tutkia liikkeiden juuria ja alkuja.

SUOJELE HENKIEN EROTTAMISEN LAHJAASI

Profetian ja tiedon sanojen armolahjat vaativat hengellisesti turvallisen ympäristön toimiakseen. Tämän takia profeetat kuulevat Jumalaa Hänen neuvonpidossaan – Herran läsnäolossa.

Toisaalta apostoliset armolahjat ovat vähemmän riippuvaisia turvallisesta hengellisestä ympäristöstä, mutta ne kykenevät toimimaan vihamielisissä hengellisissä ympäristöissä aggressiivisemmin. Tämä ei tarkoita sitä, että profeetat eivät kykene toimimaan vihamielisessä hengellisessä ympäristössä vaan sitä, että usein heidän pitää luottaa armolahjojen jatkumon apostoliseen puoleen. Ja heidän pitää vähintäänkin kyetä luomaan turvallinen hengellinen tila ainakin itsensä ympärille.

Psalmi 23:5 kertoo, että Jumala valmistaa "minulle pöydän minun vihollisteni silmien eteen". Olemme Pyhän Hengen temppeleitä minne tahansa menemme!

Mutta petoksen henki hyökkää jokaista profeetallisia lahjoja käyttävää vastaan, ja on hyvin vaarallista luottaa kaikkeen, mitä "kuulet" tai "näet" levottomassa hengellisessä ympäristössä. On parasta luottaa vain sisimmästämme virtaavaan Pyhän Hengen läsnäoloon tällaisissa olosuhteissa.

Monissa tilanteissa koen voimakasta vastustusta Hengessä, silloin kun olen palvelemassa seurakunnassa. Tällaisissa tilanteissa olen haluton käyttämään tiedon sanojen ja profetian armolahjoja. Tämän sijasta "murskaan" tien läpi Jumalan Sanan avulla, kunnes tunnen vapautuksen. Tätä seuraa usein profeetallisten sanojen virta yksilöille ja seurakunnalle.

On virhe ajatella, että seurakunta on automaattisesti hengellisesti turvallinen ympäristö vain sen tähden, että se on seurakunta. Paholaista ei pelota kirkkorakennuksiimme astuminen. En usko, että Jumalan palvonta pakottaa paholaisen pakenemaan itsessään, ainoastaan Pyhän Hengen voimakas läsnäolo ja voima tekee näin.

PROFETOIMINEN

Tämän tähden profeettojen pitää vaalia Jumalan läsnäolon elämäntyyliä enemmän kuin monet muut uskovat.

VIISI PERIAATETTA JOTKA AUTTAVAT TIETÄMÄÄN ETTÄ SE ON JUMALA

Saamme profetioita verbaalisesti joko kuulemalla sisäisen äänen tai silloin kun rukoilemme ääneen, suumme julistuksen kautta.

Vie aikaa kasvaa profetian armolahjan käytössä, ja minulla on paljon enemmän sanottavaa profetian armolahjasta kuin voin mahduttaa tähän kirjaan. Suosittelen kirjaani *Viisi askelta: taistelu profetian armolahjasta*, jos haluat oppia enemmän profetian armolahjasta.

Haluan kuitenkin kertoa viidestä periaatteesta, jotka auttavat erottamaan onko sana Jumalalta.

1. Profetiaa ympäröi voimakas Jumalan läsnäolo

Ellei profetia, jonka vastaanotat sisimpääsi, ole voimakkaan Jumalan läsnäolon ympäröimä, älä hyväksy sitä automaattisesti Jumalan sanana tai kerro sitä muille heti.

Sen sijaan tuo se rukouksessa Jumalalle, kunnes olet varma, että se on todella sana Jumalalta. Profetian armolahja on ensisijassa kuulemisen lahja: jos et ole varma kuuletko Jumalalta, et ole käyttämässä tätä lahjaa.

Useimmiten ei ole kiirettä, ja kun jatkat sanan tuomista Jumalan eteen, Hän tulee paljastamaan sinulle lisää, kunnes on selvyys, että olet vastaanottanut sanan kokonaisuudessaan. Jos käytät armolahjaa yhteisössä, profeetallisen sanan jakamista voi usein viivyttää viikoilla tai jopa kuukausilla.

Useimmiten se kiireen tunne, jota koemme profetian jakamisesta, on lavaesittämismallin luoma; lavaesittämismalli pakottaa profetian armolahjaa käyttävät yrittämään sovittaa sanansa esitysaikatauluun. Mutta kun ymmärrät, että useimmiten ei ole edes tarvetta jakaa sanaa koko seurakunnalle, vapaudut aikataulun luomasta paineesta.

Profetia ei ole julkinen esitys vaan yksityistä Herran kuulemista.

Olen usein viettänyt kuukauden tai kaksi etsien Jumalaa ennen kuin olen jakanut tärkeän profetian seurakunnan johtajille.

Mutta jos profeetallinen sana tulee voimakkaan Jumalan läsnäolon kanssa ja se henkilö, jolle se on tarkoitettu, on läsnä, voit yleensä jakaa sen heti.

2. Profetian ei tule olla ristiriidassa Raamatun kanssa

Aito profetia ei ole koskaan ristiriidassa Raamatun kanssa, mutta se voi haastaa raamatuntulkintasi. Yksi hauska profeetalliseen kuulemiseeni liittyvä piirre on se, että usein Jumala haastaa minut lukemaan tietyn osan Raamattua, ja kun teen näin, syvä ilmestys, jota en ole ennen huomanut, alkaa virrata Sanasta. En lisää siihen mitään, mutta kirjan lukeminen Kirjailijan kanssa auttaa löytämään merkityksiä, joita emme ole saattaneet huomata. Mutta nämä eivät ole jonkinlaisia esoteerisia raamatuntulkintoja, vaan ne on helppo kommunikoida muille, sillä ne ovat selvästi Sanassa – kunhan vain huomaat ne.

Tämä tapahtui Jeesukselle, ja juutalaiset ihmettelivät, mistä Hän oli saanut kaiken tämän opin. Fariseukset eivät voineet voittaa Häntä väittelyssä, sillä suuri osa Jeesuksen opetusta oli vain Kirjoitusten selittämistä niihin mitään lisäämättä.

Suuri osa Jeesuksen opetuksesta löytyy Vanhasta testamentista, mutta Hän kykeni kommunikoimaan sen vastuttamattomalla selvyydellä.

Usein Jumala puhuu meille valottaakseen raamatullisen totuuden, josta emme tiedä mitään. Jos profetia haastaa raamatuntulkintasi, mutta huomaat Raamatun opiskelun kautta, että se onkin sopusoinnussa Raamatun totuuden kanssa, on mahdollista, että Jumala on parantamassa epätäydellistä Raamatun ymmärtämistäsi.

3. Jumalan sanat ovat aina täynnä Hänen läsnäoloaan

Pyhä Henki ei koskaan lausu sanoja, jotka eivät ole Hänen läsnäolonsa ympäröimiä. Paholainen voi naamioitua valon enkeliksi, mutta hän ei voi tuottaa Jumalan läsnäoloa. Sielunvihollisen mieleesi lausumat sanat ovat joko täynnä myrkkyä tai silloin kun hän naamioituu valon enkeliksi, kuin tyhjiä kuoria, ilman elämää. Ne ovat levottomuuden ympäröimiä. Sielunvihollinen voi siteerata Raamattua, kuten hän teki kiusatessaan Jeesusta, mutta hän ei

PROFETOIMINEN 143

kykene tuottamaan sitä ainutlaatuista rauhaa ja energiaa, jonka Jumalan läsnäolo tuo. Jeesus sanoi:

> Totisesti, totisesti minä sanon teille: joka ei mene ovesta lammastarhaan, vaan nousee sinne muualta, se on varas ja ryöväri. Mutta joka menee ovesta sisälle, se on lammasten paimen. Hänelle ovenvartija avaa, ja lampaat kuulevat hänen ääntänsä; ja hän kutsuu omat lampaansa nimeltä ja vie heidät ulos.
> Ja laskettuaan kaikki omansa ulos hän kulkee niiden edellä, ja lampaat seuraavat häntä, sillä ne tuntevat hänen äänensä. Mutta vierasta ne eivät seuraa, vaan pakenevat häntä, koska eivät tunne vierasten ääntä. (Joh. 10:1-5)

4. Jumala antaa riittävästi aikaa koetella profetian
Pyhä Henki tuntee kaiken sinusta, ja Hän on jo ottanut huomioon sen ajan, mitä sinulta kuluu koetella se, onko sana Häneltä vai ei. Tämä on yksi lavaesiintymismalliin liittyvistä ongelmista. Kokoukset kestävät enintään vain muutaman tunnin, ja jos käsität päätyökuvasi olevan profeetallisen sanan julistamisen eikä kuulemisen, voit helposti tuntea pakotetuksi jakaa profeetallinen sana, josta et ole täysin varma.

Mutta profeetallinen sana on kuin tuli, jota on vaikea pidätellä. Tähän ei kuulu epäröiminen. Jumala ei koskaan pyydä sinua jakamaan sanaa tai toimimaan sanan mukaan, jos et ole varma sen alkuperästä. Joskus ihmiset eivät halua olla varmoja profetiasta, sillä he eivät pidä sen sisällöstä, mutta emme ole nyt puhumassa tästä.

5. Jumala keskittyy jumalasuhteesi parantamiseen
Joskus ilmestyssanan alkuperän erottaminen vie paljon aikaa. Olen joskus viettänyt kuukausia etsiessäni selvyyttä liittyen tiettyihin profeetallisiin sanoihin Pyhän Hengen koskaan vastaamatta selvästi mutta vetäen minut syvemmälle Hänen läsnäoloonsa. Tämä on Jumalan keino houkutella meitä viettämään enemmän aikaa Hänen kanssaan!

MITEN PROFETIA JAETAAN

Jos opit jakamaan profetian kypsällä tavalla, palvelutyösi tulee olemaan rakentava eikä tuhoava. Monet profetian armolahjalla varustetut eivät ymmärrä, että se tapa, jolla profetia jaetaan, on olennainen osa sanomaa, ja että aito profetia voi olla tuhoava, jos se jaetaan väärällä tavalla.

1. Kenen tulee kuulla se profetia?
Useimmat profetioista eivät ole tarkoitettu jaettavaksi julkisesti, eivät edes silloin kun ne koskettavat koko seurakuntaa. Useimmat paikallisseurakunnalle tarkoitetut profetiat tulee kertoa ensin seurakunnan johtajille. On heidän päätöksensä, haluavatko he kertoa profetian julkisesti vai ei. Monesti seurakunnan johtajat tuovat profeetallisen teeman seurakuntaan opetuksen eikä profetian kautta. Esim. voit saada profetian tulevasta virvoituksen ajasta ja antaa sen johtajille, mutta sen sijaan, että he antaisivat sinun julistaa sen saarnapöntöstä, he saattavat tuoda teeman esiin raamattutuntien avulla.

Jos rakastat seurakuntaa, älä tule tästä katkeraksi, sillä usein tämä tapa on hyödyllisempi seurakunnalle. Rukoile aina, että Jumala ilmoittaisi sinulle sen henkilön, jolle kertoa profetia, silloinkin kun vastaanottaja vaikuttaa itsestäänselvältä. Vaikka saisitkin selvän profetian tietyille ihmisille, ei se tarkoita sitä, että sinun pitää jakaa se heille, sillä profetia saattaa olla tarkoitettu ainoastaan esirukouksen avuksi.

2. Milloin kertoa profetia?
Profetioita ei ole aina tarkoitettu jaettavaksi heti. Jos profetia tulee vahvan Jumalan läsnäolon kanssa, ja se ihminen, jolle profetia on tarkoitettu, on paikalla, on hyvin todennäköistä, että voit kertoa sen heti, mutta tämä ei tarkoita sitä, että kaikkien huoneessa olevien tulee kuulla se. On useimmiten parasta jakaa profetia yksityisesti eikä julkisesti.

Jos vastaanotat profetian kokouksen aikana, ja olet kuulijoiden joukossa, on useimmiten parempi odottaa kokouksen loppuun

PROFETOIMINEN

asti. Tämä antaa sinulle mahdollisuuden rukoilla hiljaa, ja Jumala saattaa paljastaa sinulle enemmän.

Jos tapaat usein niitä ihmisiä, joille profetia on tarkoitettu, voi olla paras olla hiljaa, viedä profetia kotiin ja rukoilla, kunnes sinulla on täysi varmuus sen joka osasesta. Olen usein tutkistellut profeetallista sanaa yli kuukauden ennen kuin olen jakanut sen seurakunnan johtajille.

3. Miten sinun pitää antaa profetia?
Monet profetioista voi antaa suullisesti, mutta on viisasta antaa pitempi profetia äänitettynä tai kirjoitettuna. Tämä antaa profetian vastaanottajalle mahdollisuuden arvioida se yksityiskohtaisesti. Voit myös antaa profetian suullisesti ja lähettää sen pääsisällön vastaanottajalle myöhemmin.

4. Mikä on sydämen asenteesi?
Jos et tunne rakkautta profetian vastaanottajaa kohtaan, älä anna sitä ollenkaan. Rukoile kunnes alat välittämään vastaanottajan hyvinvoinnista.

Anna profetia aina nöyrästi, äläkä koskaan käske vastaanottajaa tottelemaan ohjaavia sanoja. Pyydä sen sijaan vastaanottajaa koettelemaan profetia rukouksessa. Jos vastaanottaja etsii Jumalaa vilpittömästi, Jumala tulee vahvistamaan sanomansa. Profeetallisen palvelutyön tarkoituksena on tuoda ihmisiä lähempään jumalasuhteeseen ja auttaa seuraamaan Jeesusta, ei kerätä sinulle opetuslapsia!

On ihmisten oma asia, mitä he tekevät profetiallasi. Elleivät profetiat johda syvempään jumalasuhteeseen, ne voivat olla tuhoisia, sillä ainoa oikea tapa laittaa ne käytäntöön on Hengen johtamana.

MISTÄ TIEDÄT ONKO UNI JUMALALTA?

Profetian armolahjaan kuuluu unien ja näkyjen näkeminen. Ensimmäiset profeettaa tarkoittavat Vanhan testamentin sanat olivat *hozeh* ja *ro'eh*, jotka molemmat tarkoittavat näkijää.

Joelin kirja 2:28-29 profetoi:

YLILUONNOLLINEN RAKKAUS

Näitten jälkeen minä olen vuodattava Henkeni kaiken lihan päälle, ja teidän poikanne ja tyttärenne ennustavat, vanhuksenne unia uneksuvat, nuorukaisenne näkyjä näkevät. Ja myös palvelijain ja palvelijattarien päälle minä niinä päivinä vuodatan Henkeni.

Meidän täytyy palvella julkisesti tuskin koskaan heti unen näkemisen jälkeen, joten useimmiten on aikaa unen merkityksen pohdiskeluun.

Nämä seuraavat periaatteet auttavat selvittämään unen alkuperän.

1. Muistatko unen?
Jos et muista unta kun heräät, se ei ollut Jumalalta. Jos Jumala tahtoo kommunikoida unen kautta, hän myös varmistaa, että muistat sen.

Kirjoita heti ylös jokainen uni, jonka ajattelet olevan Jumalalta, sillä tämä auttaa sinua muistamaan sen paremmin.

Kuvaa unen tarina pääpiirteittäin, sen päähenkilöt ja elementit, kuten värit, esineet ja ilmapiiri. Danielin kirja 7:1 kertoo:

> Belsassarin, Babylonian kuninkaan, ensimmäisenä hallitusvuotena Daniel näki vuoteellaan unen ja näkyjä. Hän kirjoitti ne muistiin, ja hänen kertomuksensa kuuluu näin.

2. Onko unen rakenne hyvin järjestetty vai sekava?
Jumala tuo järjestyksen kaaokseen ja selvyyden hämmennykseen. Et välttämättä aina ymmärrä Jumalan antamaa unta, mutta jos uni on hämmentävä, se ei ole koskaan Jumalasta. Paavali sanoi Timoteukselle:

> Eihän Jumala ole antanut meille pelkuruuden henkeä, vaan voiman, rakkauden ja terveen harkinnan hengen. (2. Tim. 7:1)

Vaihtoehtoinen käännös pelkuruuden hengelle on "hämmennyksen henki". Kun Jumala puhuu, hän kommunikoi selvästi, vaikka et aina tiedä, mitä hän tarkoittaa.

PROFETOIMINEN

3. Liittyykö uni johonkin, mitä prosessoit mielessäsi?
Jos uni liittyy asiaan, josta olet huolestunut tai jota ajattelet paljon, se on todennäköisesti alitajuinen yritys löytää ratkaisu ongelmalle, jota tietoinen mieli ei kykene ratkaisemaan. Jos katsot elokuvan illalla, voit nähdä yöllä jatko-osan – jossa olet sankari. Ellei uni anna jotain odottamatonta ratkaisua ongelmaan, niin se ei ole todennäköisesti Jumalasta.

4. Mikä on unen emotionaalinen ilmapiiri?
Suuri osa niistä unista, jotka ovat täynnä epätoivoa, ovat alitajunnan tuotantoa. Unet toimivat pelkojen ylipaineventtiilinä. Jos torjut pelon ja ahdistuksen tietoisesti päiväsaikaan, ne ilmestyvät usein uniisi.

Jumala ei koskaan lisää pelkoa elämääsi: Hän haluaa poistaa pelon. Saatat kuitenkin nähdä unen, joka paljastaa pelon syyn, ja jos uni tarjoaa ratkaisun pelolle, se on usein Jumalasta.

Unen emotionaalinen ilmapiiri on usein avain unen tulkintaan.

5. Liittykö uni asiaan, josta Jumala on jo puhunut sinulle?
Jumala lisää usein syvyyttä ilmoitukseensa unen kautta. Se on ylimääräinen kanava, jonka kautta Jumala voi paljastaa suunnitelmansa ja näkökulmansa.

6. Onko unessa raamatullista symbolismia?
Älä tuhlaa aikaasi ja rahojasi universaaleihin "unisanakirjoihin", sillä symboleilla on usein erilainen merkitys eri kulttuureissa. Jos Jumala käyttää symboleita, Hän käyttää niitä sen mukaan, mitä ne merkitsevät sinulle. Toisaalta raamatulliset symbolit usein osoittavat unen tulevan Jumalalta.

7. Onko uni "realistinen"?
Jos uni on realistinen, se voi liittyä tulevaisuuden tapahtumaan, jollei se liity selvästi menneisyyteen. Joskus et voi olla varma, onko uni Jumalalta, ennen kuin olet unessa kuvatussa tilanteessa, jolloin uni auttaa sinua toimimaan oikealla tavalla.

8. Onko unessa demoninen elementti?
Jos unessa on demoninen elementti, ei se tarkoita automaattisesti, että uni olisi alkuperältään demoninen, sillä se voi olla tulosta siitä, että Pyhä Henki sinussa reagoi näkymättömään demoniseen vaikutukseen.

Rukoile aina, jos näet tällaisia unia, ja pyydä Pyhää Henkeä antamaan sinulle enemmän ymmärrystä tai kertomaan, jos sinun pitää torjua uni.

9. Teetkö jotain väärää unessa?
Jos näet unen, jossa olet tekemässä jotain väärää, uni ei ole koskaan Jumalalta, ellet ole tekemässä tai vaarassa tehdä tätä väärää asiaa tosielämässä, ja Jumala varoittaa tai muistuttaa sinua tekemään oikein unen kautta.

Unet, joissa teet väärää, ovat useimmiten joko alitajunnan tuotetta tai lähtöisin sielunviholliselta.

10. Heräätkö Jumalan läsnäoloon?
Joskus herään vahvaan tunteeseen siitä, että uni oli Jumalasta.

Toisinaan herään vahvaan Jumalan läsnäoloon, ja tämä on usein merkki siitä, että olen nähnyt Jumalan antaman unen.

Toisinaan Jumala on läsnä, sillä hän on suojaamassa minua demoniselta hyökkäykseltä, joka tapahtui unen kautta. Ero on usein selvä.

11. Mitä tapahtuu, kun rukoilet unelle selvennystä?
Rukoile aina unelle selvennystä, jos uskot sen olevan Jumalan antaman. Kun teet näin, Pyhä Henki alkaa usein paljastamaan sinulle lisää asioita ja selittämään unen elementtejä.

UNIEN SELITTÄMINEN

Voimme oppia Danielin ja Joosefin elämästä, että profetian lahjalla varustetuilla on usein kyky selittää unia.

Joosef tuodaan vankilasta selittämään faaraon uni, sillä faaraon hovimestari tietää, että Joosefilla on unien selittämisen lahja. Sekä hovimestari että faarao palvoivat Egyptin epäjumalia. (1. Moos. 41)

PROFETOIMINEN

Ehkä faarao oli tottunut näkemään demonisia unia. Mutta tämä uni tuli Jumalalta, ja tämän takia Egyptin taikurit eivät kyenneet selittämään sitä.

Nämä viisi periaatetta auttavat sinua selittämään unia.

1. Pyydä Jumalalta tulkintaa

Monet unohtavat kysyä Jumalalta selitystä. Muista, että Jumala, joka antoi unen, myös antaa sen selityksen.

2. Tulkitse symbolit

Onko unessa symboleita, joilla on sinulle henkilökohtaista merkitystä? Älä lue unia symboleilla selittäviä kirjoja, elleivät ne keskity raamatullisiin symboleihin. Muinaisessa Babylonissa musta kissa toi hyvän onnen, mutta keskiajalla se liitettiin noituuteen. Raamatussa ei mainita mustia kissoja ollenkaan. Mitä musta kissa merkitsee sinulle?

3. Mikä on unen emotionaalinen ilmapiiri?

Unen emotionaalinen ilmapiiri on tärkeä unien selittämisessä. Esim. unessa voidaan näyttää pelottava tilanne, mutta ilmapiiri on täynnä uskoa. Tämä merkitsee usein sitä, että Jumala näyttää, että Hän antaa sinulle voiton pelottavasta tilanteesta.

4. Tuntuuko uni realistiselta?

Unessa voi olla realistisia elementtejä, jotka voivat viitata joko menneisyyteen, nykyhetkeen tai tulevaisuuteen. Jos ne tulevat Jumalalta, niihin tulee unen mukana usein selitys.

5. Pitääkö uni ymmärtää heti?

Unet viittaavat usein kaukaiseen tulevaisuuteen. Meni vuosia ennen kuin Joosefin uni siitä, että aurinko, kuu ja yksitoista tähteä kumarsivat häntä, toteutui. Kun hän näki unen, ei hänellä ollut edes mahdollisuutta ymmärtää sitä.

Jos et ymmärrä unta, älä mieti sitä liikaa, mutta älä unohdakaan sitä. Myöhemmin, kun se toteutuu, se voi antaa sinulle suuren varmuuden siitä, että olet Jumalan suunnitelmassa. Uniensa takia

Joosef ymmärsi myöhemmin, että Jumala oli lähettänyt hänet etukäteen Egyptiin, koska hän halusi pelastaa Joosefin perheen. Tämän takia Joosef siunasi veljiään, eikä kostanut heidän petostaan.

6. Pitääkö unesta puhua heti?

Näin entistä kotiseurakuntaani koskevan unen yli viisitoista vuotta sitten, mutta kerroin siitä heille vasta jokin aikaa sitten, kun seurakunta oli saapunut unessa näytettyyn aikaan.

Älä ajattele automaattisesti, että unesta pitäisi kertoa heti. Sen sijaan, rukoile unen puolesta, ja Jumala antaa sinulle viisauden kertoa unesta oikealla hetkellä. Usein Jumalan antamien unien tarkoituksena on antaa suuntaviivoja vain sinulle. Usein Jumala antaa sinulle lisää ymmärrystä, kun odotat kärsivällisesti Hänen antamaansa selitystä.

NÄKYJEN NÄKEMINEN

Näky voi olla kuva, kuvasarja tai liikkuva kuva, eräänlainen lyhytelokuva, jonka Jumala näyttää sinulle, kun olet hereillä. Silmäsi voivat olla auki tai kiinni. Näky voi peittää koko näkökentän tai jättää sinut tietoiseksi ympäristöstä. Kuten unet, näyt voivat olla symbolisia, realistisia, tai niiden sekoitus.

Näkyjen tulkitsemisprosessi on hyvin samanlainen kuin unien. Joskus niitä nähdessä Jumalan läsnäolo voi olla voimakas, toisinaan näyt tulevat ilman selvää Jumalan läsnäoloa, mutta kuitenkin on selkeä tunne siitä, että näky on Jumalasta.

Näkyjen näkemiseen liittyy ongelma, joka on erityisen merkittävä kun olet keskellä palvelutyötä. Kun näet unen, olet harvoin tilanteessa, jossa olet rukoilemassa jonkun puolesta, mutta kun rukoilet ihmisten puolesta, saatat usein nähdä visuaaliseja symboleita. Ongelmana on tietää, onko kyseessä profetian, tiedon sanojen vai henkien erottamisen armolahjan toiminta.

Jos tunnet häiritsevän läsnäolon kun näet visuaalisia symboleita, kyseessä on usein henkien erottamisen armolahjan toiminta. Tässä tapauksessa Jumala näyttää sinulle kohtaamiesi demonisten vaikutusten luonteen.

PROFETOIMINEN

Mutta voi olla myös, että sielunvihollinen yrittää johtaa sinua harhaan. Tämän tähden älä sano ääneen mitä näet vaan kysy diagnostisia kysymyksiä, jotka eivät oleta liikaa, mutta pääsevät asioiden ytimeen. Esim. saatat nähdä siveettömiä kuvia jonkun ympärillä. Tämä voi tarkoittaa sitä, että sielunvihollinen kiusaa kyseistä henkilöä tällä alueella tai että hän elää vakavassa synnissä tällä alueella. Paras tapa selvittää asia on kysyä vain, kokeeko kyseinen henkilö sielunvihollisen hyökkäyksiä tällä alueella ja odottaa hänen vastaustaan.

1. Kysy Jumalalta näyn selitystä
Jos kysyt Jumalalta näyn selitystä, hän saattaa antaa sen heti. Toisinaan Hän voi alkaa selittää sitä ilman meidän kysymyksiämme. Hän saattaa selittää näyn kokonaan tai vain osittain. Kuuntele aina täyteyden tunnetta Hänen äänessään – tai sen puutetta.

2. Analysoi symboleja
Onko näyssä symboleja, joilla on henkilökohtaista merkitystä? Onko näyssä raamatullisia symboleja? Symbolien merkityksen analysoiminen voi auttaa selittämään näkyä.

3. Onko näky realistinen vai symbolinen?
Monet näyistä ovat symbolisia, mutta niillä voi olla realistisia elementtejä. Realistiset näyt sisältävät usein oman tulkintansa, mutta voit tulkita symbolisia näkyjä symbolien avulla.

4. Pitääkö näky ymmärtää heti?
Aivan kuin unet, näyt viittaavat usein kaukaiseen tulevaisuuteen. Tämän tähden niitä ei pidä selittää väkisin. Tällä voi olla pahimmillaan vakavat seuraukset, varsinkin jos teet tärkeitä päätöksiä selityksen perusteella. Danielin kirja 8:26 kertoo kuinka enkeli sanoo Danielille: "Mutta pidä salassa se näky, sillä se koskee tulevia päiviä." Monien näkyjen merkitys avautuu vasta ajan kuluessa.

5. Tuleeko näystä kertoa heti?
Voit ymmärtää näyn heti, mutta tämä ei tarkoita, että näystä tulisi kertoa muille heti. Rukoile aina ennen kuin kerrot näystä muille, ja Jumala antaa sinulle viisauden siitä, missä ja milloin kertoa näystä.

8

KIELET JA NIIDEN SELITTÄMINEN

Jeesus sanoo opetuslapsilleen ylösnousemuksensa jälkeen Evankeliumissa Markuksen mukaan 16:15-18:

> Menkää kaikkeen maailmaan ja saarnatkaa evankeliumia kaikille luoduille. Joka uskoo ja kastetaan, se pelastuu; mutta joka ei usko, se tuomitaan kadotukseen. Ja nämä merkit seuraavat niitä, jotka uskovat: minun nimessäni he ajavat ulos riivaajia, puhuvat uusilla kielillä, nostavat käsin käärmeitä, ja jos he juovat jotakin kuolettavaa, ei se heitä vahingoita; he panevat kätensä sairasten päälle, ja ne tulevat terveiksi.

Jeesuksen mukaan kielilläpuhuminen oli yksi niistä ihmeellisistä merkeistä, jotka tulisivat määrittelemään seurakunnan, ja monin tavoin, parantamisen korostamisen lisäksi, kielilläpuhuminen on määrittänyt erityisesti helluntailiikettä. Tämä ei välttämättä tarkoita sitä, että helluntailaiset rukoilevat kielillä yhtään enemmän kuin mikään muu kristittyjen ryhmä, mutta he ovat korostaneet tätä lahjaa Azusa-kadun herätyksen ajoista alkaen.

Karismaatikkojen ja helluntailaisten ero muista kristillisistä liikkeistä ei näy missään yhtä selvästi kuin suhtautumisessa kielilläpuhumiseen. Kaikki muut lahjat ovat niin selvästi näkyvissä sekä Vanhassa että Uudessa testamentissa, että niiden poisselittäminen merkitsee koko Raamatun halventamista – minkä liberaaliteologia on usein tehnyt – mutta Raamatun kertomusten tähden jopa useimmat perinteisistä kirkkokunnista ovat avoimia muille armolahjoille, kuten uskon lahjalle ja jopa profetioille, vaikkakin niiden luonne ja käyttö onkin usein uudelleenmääritelty.

Kielilläpuhuminen ei kuitenkaan ole pelkästään helluntailainen ilmiö. Tom Wright, entinen Durhamin piispa, puhui St. Paulin katedraalissa 20. lokakuuta 2015 ja sanoi, että hän rukoilee "Jeesus-rukouksella ja kielilläpuhuen, jota hän myös harjoittaa."[1] Näyttääkin siltä, että kielilläpuhumisen lahja on matkustanut helluntailaisuudesta karismaattisen liikkeen kautta perinteisiin kirkkokuntiin ja jopa teologisiin koulukuntiin.

Apostolien teot 2:1-4 kuvaa klassista helluntaikokemusta:

> Ja kun helluntaipäivä oli tullut, olivat he kaikki yhdessä koolla. Ja tuli yhtäkkiä humaus taivaasta, niinkuin olisi käynyt väkevä tuulispää, ja täytti koko huoneen, jossa he istuivat. Ja he näkivät ikäänkuin tulisia kieliä, jotka jakaantuivat ja asettuivat heidän itsekunkin päälle. Ja he tulivat kaikki Pyhällä Hengellä täytetyiksi ja alkoivat puhua muilla kielillä, sen mukaan mitä Henki heille puhuttavaksi antoi.

Perinteinen helluntailaisversio kirkkohistoriasta kuuluu näin: ensin oli ensimmäinen helluntai, ja seurakunta kasvoi räjähdysmäisesti muutaman sadan vuoden ajan, mutta sitten seurakunta ajautui harhaan ja menetti Pyhän Hengen voitelun ainakin 1 500 vuoden ajaksi, kunnes yhtäkkiä vuonna 1906 Pyhä Henki palasi seurakuntaan.

Kuulin tämän ensisateeseen ja myöhäiseen sateeseen keskittyneen seurakunnan historian uudestaan ja uudestaan nuoruudessani. Mikä häiritsi minua oli se, että tämän historian mukaan Pyhä Henki oli hyljännyt seurakunnan lähes sen koko olemassaolon ajaksi. Tämä ei kuulostanut oikealta. Mutta Jumala on toiminut seurakuntansa kautta sen kaikkina aikoina.

Mutta alkuseurakunnan aikoina Pyhän Hengen kaste ja kielilläpuhumisen merkki vakuuttivat Pietarin ja apostolit siitä, että myös pakanat voivat pelastua.

Apostolien teot 10:44-46 kertoo:

KIELET JA NIIDEN SELITTÄMINEN 155

Kun Pietari vielä näitä puhui, tuli Pyhä Henki kaikkien päälle, jotka puheen kuulivat. Ja kaikki ne uskovaiset, jotka olivat ympärileikatut ja olivat tulleet Pietarin mukana, hämmästyivät sitä, että Pyhän Hengen lahja vuodatettiin pakanoihinkin, sillä he kuulivat heidän puhuvan kielillä ja ylistävän Jumalaa.

Alkuseurakunnassa Pyhän Hengen kaste ja siihen liittyvä kielilläpuhuminen ja profetointi vaikuttavat merkinneen, että uskovat – sekä juutalaiset että pakanat – olivat vastaanottaneet hyvän sanoman sen kaikessa täyteydessä:

> Kun Apollos oli Korintossa, tuli Paavali, kuljettuaan läpi ylämaakuntien, Efesoon ja tapasi siellä muutamia opetuslapsia.
> Ja hän sanoi heille: "Saitteko Pyhän Hengen silloin, kun te tulitte uskoon?" Niin he sanoivat hänelle: "Emme ole edes kuulleet, että Pyhää Henkeä on olemassakaan".
> Ja hän sanoi: "Millä kasteella te sitten olette kastetut?" He vastasivat: "Johanneksen kasteella".
> Niin Paavali sanoi: "Johannes kastoi parannuksen kasteella, kehoittaen kansaa uskomaan häneen, joka oli tuleva hänen jälkeensä, se on, Jeesukseen".
> Sen kuultuaan he ottivat kasteen Herran Jeesuksen nimeen.
> Ja kun Paavali pani kätensä heidän päälleen, tuli heidän päällensä Pyhä Henki, ja he puhuivat kielillä ja ennustivat. Heitä oli kaikkiaan noin kaksitoista miestä. (Ap. t. 19:1-7)

Usko Jeesukseen ja Pyhän Hengen kaste olivat pääerot Johannes Kastajan ja Jeesuksen opetulasten välillä.

Tämänkaltaisten raamatunjakeiden takia monet helluntailaiset ajattelevat, että kielilläpuhuminen on *se* henkikasteen merkki, ja että on mahdotonta olla Hengellä täyttynyt ilman kielilläpuhumista. Mutta jos olisi näin, jokaisen Hengellä täyttyneen uskovan pitäisi myös kyetä *profetoimaan*, sillä suurimmassa osassa näistä jakeista uskovat sekä puhuvat kielillä että profetoivat.

Kun olin 15-vuotias, vastasin alttarikutsuun helluntailaisessa telttakokouksessa, jossa pastori yritti saada minut puhumaan kielillä uskoen, että jos puhun kielillä, tämä tarkoittaisi sitä, että olen täyttymässä Pyhällä Hengellä. Onnistuin ääntämään muutaman merkityksettömän sanan, ja hän vaikutti tyytyväiseltä. Mutta tämä ei ollut Pyhällä Hengellä täyttymistä, vaikka uskon, että puhuin kyllä kielillä. Mutta ajattelin kuitenkin erheellisesti, että olin saattanut täyttyä Pyhällä Hengellä, ja tämän johdosta kului viisi vuotta ennen kuin itse asiassa täytyin Hänellä. Ja vasta silloin ymmärsin, että en ollut koskaan täyttynytkään Hänellä ennen. Ja kun täytyin Pyhällä Hengellä, en puhunut sillä hetkellä ollenkaan kielillä, mutta aloin puhua kielillä muutamaa viikkoa myöhemmin.

Kielilläpuhuminen on Hengen lahja, mutta vaikuttaa siltä, että voit puhua kielillä ilman Pyhällä Hengellä täyttymistä, mikäli olet uskova.

Selvästikään Paavali ei ajatellut, että kielilläpuhuminen olisi ollut ainoa Pyhällä Hengellä täyttymisen merkki. Hän kirjoittaa Ensimmäisessä kirjeessä korinttilaisille 12:30:

> Eihän kaikilla ole parantamisen armolahjoja? Eiväthän kaikki puhu kielillä? Eiväthän kaikki kykene niitä selittämään?

Paavalin argumentoinnin perusteella hän ei odottanut *jokaisen* Pyhällä Hengellä täyttyneen puhuvan kielillä.

Pyhällä Hengellä täyttymiskokemukseni oli voimallinen ja kouriintuntuva, sillä minä ja puolestani rukoillut molemmat paiskattiin maahan näkymättömällä voimalla ikään kuin meihin olisi iskenyt salama. Kun nousin ylös, elämäni oli muuttunut täysin. Olin kärsinyt syvästä masennuksesta kuukausien ajan, ja tämä masennus oli kadonnut hetkessä. Mutta sinä iltana en puhunut ollenkaan kielillä. Sen sijaan Hengellä täyttymisen merkki oli ylitsevuotava ilo. Kun lähdin kaduille evankelioimaan, tällä kertaa ilman minkäänlaista pelontunnetta, monet kysyivät minulta, mistä sitä huumetta, jota olin kuulemma ottanut, voisi saada, sillä he eivät olleet koskaan nähneet ketään yhtä onnellista kuin minä olin!

KIELET JA NIIDEN SELITTÄMINEN

Apostolien teot kertoo kolmesta seurakunnan historian ainutlaatuisesta hetkestä: seurakunnan alusta, pakanoiden evankelioinnin aloittamisesta ja joidenkin Johannes Kastajan seuraajien liittymisestä seurakuntaan.

Nämä olivat synnyn ja uusien alkujen hetkiä, ja niiden tarkoitus oli antaa apostoleille selkeä suuntaviitta Jumalan suunnitelmalle ihmiskuntaa varten, mutta tämä ei tarkoita, että Pyhän Hengen kasteen pitäisi tapahtua meille kaikille samalla tavalla.

Omassa palvelutyössäni profetointi, se toinen Apostolien teoissa mainittu Pyhän Hengen kasteen merkki, on ollut paljon merkittävämpi ja tärkeämpi. Ja kyllä puhun kielillä melkein päivittäin, mutta elämässäni Pyhän Hengen jatkuva kaste ei ole riippuvainen kielilläpuhumisesta. Puhun kielillä lähinnä silloin kun tarvitsen hengellisen läpimurron ja hengellisessä sodankäynnissä.

KIELET KORINTISSA

Toisin kuin muut seurakunnat, joiden kanssa apostoli Paavali työskenteli, kielilläpuhumisesta tuli ongelma Korintissa, ja on ainoastaan tämän ongelman suuruuden ansiota, että meillä on minkäänlainen raamatullinen ymmärrys tästä lahjasta.

Paavali kirjoittaa:

> Jos minä nyt, veljet, tulisin luoksenne kielillä puhuen, mitä minä teitä sillä hyödyttäisin, ellen puhuisi teille ilmestyksen tai tiedon tai profetian tai opetuksen sanoja?
>
> Niinhän on elottomain soittimienkin laita, huilujen tai kitarain: kuinka tiedetään, mitä huilulla tai kitaralla soitetaan, elleivät ne soi toisistaan erottuvin sävelin?
>
> Niinikään, jos pasuna antaa epäselvän äänen, kuka silloin valmistautuu taisteluun?
>
> Samoin tekin: jos ette kielellänne saa esiin selvää puhetta, kuinka voidaan sellainen puhe ymmärtää? Tehän puhutte silloin tuuleen.
>
> Maailmassa on, kuka tietää, kuinka monta eri kieltä, mutta ei ainoatakaan, jonka äänet eivät ole ymmärrettävissä.
>
> Mutta jos en tiedä sanojen merkitystä, olen minä puhujalle muukalainen, ja puhuja on minulle muukalainen.

Samoin tekin, koska tavoittelette henkilahjoja, niin pyrkikää seurakunnan rakennukseksi saamaan niitä runsaasti. (1. Kor. 14:6-12)

Koska Ensimmäinen kirje korinttilaisille 14:13 kehottaa, että "sentähden rukoilkoon se, joka kielillä puhuu, että hän taitaisi selittää", voi vaikuttaa siltä, että Paavali ei arvostanut kielilläpuhumista, mutta itse asiassa hän halusi korinttilaisten oppivan harjoittamaan myös muita Hengessä rukoilemisen tapoja. Paavali jatkaa:

> Sillä jos minä rukoilen kielillä puhuen, niin minun henkeni kyllä rukoilee, mutta ymmärrykseni on hedelmätön.
> Kuinka siis on? Minun on rukoiltava hengelläni, mutta minun on rukoiltava myöskin ymmärrykselläni; minun on veisattava kiitosta hengelläni, mutta minun on veisattava myöskin ymmärrykselläni.
> Sillä jos ylistät Jumalaa hengessä, kuinka oppimattoman paikalla istuva saattaa sanoa "amen" sinun kiitokseesi? Eihän hän ymmärrä, mitä sanot. (1. Kor. 14:14-16)

Jotkut uskovat viittaavat näihin jakeisiin vähätelläkseen kielilläpuhumista, mutta Paavali ei vähättele sitä ollenkaan. On selvää, että hän yrittää palauttaa järjestyksen seurakunnan kokouksiin, sillä jakeessa 18 hän kirjoittaa:

> Minä kiitän Jumalaa, että puhun kielillä enemmän kuin teistä kukaan

Mutta jakeessa 19 hän kirjoittaa:

> Mutta seurakunnassa tahdon mieluummin puhua viisi sanaa ymmärrykselläni, opettaakseni muitakin, kuin kymmenentuhatta sanaa kielillä.

Hän jatkaa jakeissa 20-21:

> Veljet, älkää olko lapsia ymmärrykseltänne, vaan pahuudessa olkaa lapsia; mutta ymmärrykseltä olkaa täysi-ikäisiä. Laissa

KIELET JA NIIDEN SELITTÄMINEN

on kirjoitettuna: "Vieraskielisten kautta ja muukalaisten huulilla minä olen puhuva tälle kansalle, eivätkä he sittenkään minua kuule, sanoo Herra".

Tässä Paavali viittaa Jesajan kirjaan 28:11:

> Niin, sopertavin huulin ja vieraalla kielellä hän on puhuva tälle kansalle

Assyrian kieli, vaikkakin sen seemiläinen puheenparsi muistuttaakin hepreaa, oli riittävän erilainen ja samanlainen juutalaisissa korvissa kuulostaakseen oman kielen väärinlausumiselta. Mitä Paavali tarkoittaa on, että assyrian kielen kuuleminen, siitäkin huolimatta, että se toi tuhon, epäonnistui tuomaan Israelin katumukseen, joten Korintin uskovien ei tulisi odottaa myöskään kielilläpuhumisen tuovan ketään Jumalan luo. Sitten hän jatkaa jakeissa 22-25:

> Kielet eivät siis ole merkiksi uskoville, vaan niille, jotka eivät usko; mutta profetoiminen ei ole merkiksi uskottomille, vaan uskoville. Jos nyt koko seurakunta kokoontuisi yhteen ja kaikki siellä puhuisivat kielillä ja sinne tulisi opetuksesta tai uskosta osattomia, eivätkö he sanoisi teidän olevan järjiltänne?
> Mutta jos kaikki profetoisivat ja joku uskosta tai opetuksesta osaton tulisi sisään, niin kaikki paljastaisivat hänet ja kaikki langettaisivat hänestä tuomion, hänen sydämensä salaisuudet tulisivat ilmi, ja niin hän kasvoilleen langeten rukoilisi Jumalaa ja julistaisi, että Jumala totisesti on teissä.

Vaikuttaa siltä, että Korintin uskovat vetosivat ensimmäiseen helluntaihin ja kertomukseen monista ulkomaalaisista, jotka kuulivat Jerusalemissa omaa kieltään puhuttavan ihmeellisesti opetuslasten suulla, tukeakseen omaa kielilläpuhumistaan.

Mutta Paavalin argumentti oli, että näin ei ollut asian laita Korintissa, vaan oli kuin israelilaiset kuulisivat assyrialaisia, mutta eivät aivan ymmärtäneet heitä. Ensimmäinen helluntai oli erityistapaus, sillä Jerusalemissa vierailevat kykenivät ymmärtämään vieraita kieliä, ja he kykenivät kuulemaan Jumalan ylistämistä. Mutta Korintissa kukaan ei voinut ymmärtää, mitä uskovat sanoivat.

Ikävä kyllä Ensimmäinen kirje korinttilaisille on se ainoa Uuden testamentin teksti, joka tarjoaa yksityiskohtaisempaa opetusta kielilläpuhumisesta. Onneksi historiallisen kontekstin ymmärtäminen auttaa saamaan enemmän irti tekstistä.

Korintti oli epäjumalanpalveluksen keskus, ja siellä oli monia temppeleitä. Tässä samassa kirjeessä on monia viittauksia Korintin uskoviin, jotka toivat pakanallisia tapoja seurakuntaan. Ja heidän ymmärryksensä siitä, mitä kielilläpuhuminen on, näyttää liittyneen enemmän pakanakulttuuriin kuin Pyhällä Hengellä täyttymiseen.

Paavalin kirjeissä korinttilaisille on monia viittauksia gnostilaisuuden alkumuotoihin. Gnostilaisuus oli pakanallisten ideoiden sekoittamista kristinuskoon.

James D. G. Dunn kirjoittaa:

> Tiivistettynä Paavalia Korintissa kohdanneiden ongelmien juuressa oli lähes varmasti gnostilaisuuden (tai esignostilaisuuden) ajatusten voimakas vaikutus suuressa osassa kristillistä yhteisöä.[2]

Argumentaatiossaan Ensimmäisessä kirjeessä korinttilaisille Paavali valitsee vastustajiensa käyttämiä käsitteitä, kun hän haastaa ne, jotka kutsuvat itseään hengellisiksi (*pneumatikoi*), jotka pitivät "viisautta" (*sophia*) korkeassa arvossa.[3]

Paavalin Korintissa kohtaamien ongelmien liittyminen gnostilaisuuteen on selvää. Paavali kirjoittaa Ensimmäisessä kirjeessä korinttilaisille 2:6-8:

> Kuitenkin me puhumme viisautta täydellisten seurassa, mutta emme tämän maailman viisautta emmekä tämän maailman valtiasten, jotka kukistuvat, vaan me puhumme salattua Jumalan viisautta, sitä kätkettyä, jonka Jumala on edeltämäärännyt ennen maailmanaikoja meidän kirkkaudeksemme, sitä, jota ei kukaan tämän maailman valtiaista ole tuntenut – sillä jos he olisivat sen tunteneet, eivät he olisi kirkkauden Herraa ristiinnaulinneet...

KIELET JA NIIDEN SELITTÄMINEN

Paavali kirjoittaa Korintin kristillisessä yhteisössä vaikuttaneita esignostilaisia harhaoppeja vastaan. Kun gnostilaisuus kehittyi, oikeasta tiedosta eikä Jeesuksen ristillä tehdystä työstä, tuli tie pelastukseen. Paavali myös pilkkaa korinttilaisen "menestysteologian" oppeja:

> Te olette jo ravitut, teistä on tullut jo rikkaita, ilman meitä teistä on tullut kuninkaita! Kunpa teistä olisikin tullut kuninkaita, niin että mekin pääsisimme kuninkaiksi teidän kanssanne! (1. Kor. 4:8)

Dunn kirjoittaa:

> Myöhemmän gnostilaisuuden silmiinpistävä piirre oli vakaumus siitä, että oikean tiedon vastaanottaminen asioiden oikeasta tilasta ja itsestä toi täydellisyyden. Samoin Paavalia Korintissa vastustava joukko ylikoristi jo tapahtunutta ja laiminlöi sitä mitä ei ole vielä tapahtunut eskatologisessa pelastustyössä.[4]

Mitä enemmän tutkit Ensimmäistä kirjettä korinttilaisille, sitä selvemmäksi tulee, että Paavali taisteli gnostilaisen harhaopin alkumuotoja vastaan. Hän kirjoittaa:

> Etteko tiedä, että te olette Jumalan temppeli ja että Jumalan Henki asuu teissä? Jos joku turmelee Jumalan temppelin, on Jumala turmeleva hänet; sillä Jumalan temppeli on pyhä, ja sellaisia te olette. (1. Kor. 3:16-17)

Gnostilaiset uskoivat ruumiin ja hengen täydelliseen eroon, ja tämä johti joko asketismiin tai moraalittomuuteen. Jos ruumis nähtiin pahana, siltä piti riistää nautinto. Vaihtoehtoisesti ei ollut mitään väliä sillä, mitä teit ruumiilla. Vaikuttaa selvältä, että Korintissa tämä oli johtanut tähän jälkimmäiseen vaihtoehtoon eli moraalittomuuteen, ja Paavali viittasi joidenkin korinttilaisten uskovien makaamiseen prostituoitujen kanssa:

> Vai ettekö tiedä, että joka yhtyy porttoon, tulee yhdeksi ruumiiksi hänen kanssaan? Onhan sanottu: "Ne kaksi tulevat yhdeksi lihaksi". (1. Kor. 6:16)

Tämä on merkittävää, sillä kun on kyse kielilläpuhumisesta, on selvää, että kielilläpuhuminen Korintissa oli luultavasti luonteeltaan esignostilaista ja pakanallista. Korinttilaiset olivat erittäin kiinnostuneita "taivaallisesta tiedosta", ja kielilläpuhuminen oli puhumista "enkelien" kielillä. Sen koko tarkoitus oli, että kukaan ei voinut ymmärtää sitä, ja tämä oli todistus siitä, että puhuttiin taivaan kielellä. Näyttää siltä, että korinttilaiset uskoivat taivaallisella kielellä olevan maagisia voimia.

Egyptiläiset uskonnolliset ajatukset ja magiikka olivat suosittuja Rooman valtakunnassa. Ystäväni Claudio Ferro on kirjoittanut mielenkiintoisen kirjan nimeltään *Angels and Demons: Ancient and Modern Spiritual Warfare*, jossa hän kartoittaa egyptiläisiä vaikutteita Rooman arkkitehtuurissa.

Obeliskeja ei tuotu Roomaan vain monien Rooman voittojen takia, mutta myös sen tähden, että monet roomalaisista uskoivat egyptiläisiin uskomuksiin noituudesta. Monet kreikkalaiset ja roomalaiset näyttävät uskoneen egyptiläiseen magiikkaan.

Kreikkalaiset maagiset papyrukset ovat joukko kreikkalaisroomalaisesta Egyptistä löydettyjä papyruksia, joista jokainen sisältää maagisia loitsuja, kaavoja, lauluja ja rituaaleja. Papyruksien teksti on 200-500-luvuilta. Yksi parhaiten tunnetuista teksteistä on Mithras-liturgia.

Kreikkalaisten maagisten papyrusten neljännessä kirjassa, josta Mithras-liturgia löytyy, esim. rivit 1-25 ovat loitsu, joka kutsuu egyptiläisiä ja juutalaisia voimia antamaan tietoa. Rivit 1127-64 ovat loitsu demonin ulosajamiseen, ja loitsu käyttää koptilaisia sanoja, joilla on kristillinen alkuperä. Loitsuun kuuluu ohjeet amuletin valmistamiseen. Rivien 1716-1870 otsikko on Dardanosin miekka, ja ne ovat lempiloitsu.

Mithras-liturgiaan kuuluu useita elementtejä, jotka olivat yleisiä kreikkalaisroomalaisessa maailmassa harjoitetussa magiikassa, joka ammensi egyptilaisesta uskonnosta ja taikuudesta. Näihin

KIELET JA NIIDEN SELITTÄMINEN 163

elementteihin kuuluu amulettien ja voiteiden valmistaminen, rituaalien ajoittaminen astrologisten ilmiöiden tai horoskooppien perusteella ja hengityksen ja puheen manipulointi. Loitsujen ääntämiseen kuuluivat poksahtavat ja sihisevät äänet ja onomatopoeasia – äänien imitointi – erilaiset kreikkalaisten vokaalien sarjat, kielilläpuhuminen ja sanat, joita ei voi kääntää, mutta jotka oli ilmeisesti johdettu tai haluttu kuulostavan egyptiltä, heprealta ta muilta vierailta kieliltä.[5]

Origen, oppinut ja klassinen kristitty teologi, joka syntyi ja vietti ensimmäisen puolen urastaan Alexandriassa, viittaa samankaltaisiin uskomuksiin egyptiläisten maagikkojen joukossa:

> Yksi heidän opeistaan on se, että nimillä on voimaa, tai ne voivat vapauttaa voimansa, jos niitä toistetaan päällekkäin tai monimutkaisessa sarjassa, toinen, että jokainen kieli on poistanut sanat, jotka ovat demonisten voimien nimiä, joilla on valta suorittaa tarkoin määritettyjä tehtäviä: esim. egyptin kieli sisältää sanoja, jotka ovat Egyptiin liittyviä voimia, persian kieli Persiaan liittyviä voimia jne.[6]

Yksinkertaisesti sanottuna oli olemassa vahva usko sanojen maagiseen voimaan, mutta tämä voima hävisi kun ne käännettiin toiselle kielelle. Maagisessa kielen käytössä ei ollut väliä sillä, ymmärsitkö sanojen merkityksen kun lausuit ne, kunhan lausuit ne oikein. Origen kirjoittaa:

> Niinpä jos kääntäisimme "Israelin" kreikaksi tai muulle kielelle, sanalla ei olisi voimaa. Mutta jos pidämme sen Israelina ja yhdistämme sen niihin sanoihin, jotka alan asiantuntijoiden mukaan liittyvät siihen, niin silloin jotain tapahtuisi sen voiman mukaan, mitä tällaisella loitsulla sanotaan omaavan, kunhan tämänkaltainen kaava lausutaan.[7]

Nyt pääsemme asian ytimeen: "taivaallinen kieli" pysyi taivaallisena *vain* silloin kun sitä *ei* käännetty.

Syyrialainen uusiplatonisti filosofi Jamblichos puolusti "taivaallisen" kielen käyttöä:

Ensin hän väittää, että on olemassa kaksi "merkityksettömien nimien" luokkaa: ne joiden merkitykset on paljastettu ja ne joiden merkityksiä ei ole paljastettu. Jumalat tietävät kaikkien "merkityksettömien nimien" merkityksen.[8]

Uusiplatonismi ja gnostilaisuus liittyivät toisiinsa, vaikkakin ne olivat erillisiä liikkeitä, ja Jamblichos kertoo meille, että "merkityksettömiä nimiä" toistaessamme puhumme jumalien kielillä, joita ainoastaan jumalat voivat ymmärtää. Jamblichos käsitti taikuuden positiivisesti, joten hän uskoi, että merkityksettömien nimen toistamisella oli erityinen voima.

Vaikuttaa selvältä, että monet Korintin kristityistä uskoivat kielilläpuhumisella, erityisesti silloin kun kukaan ei voinut ymmärtää heitä, olevan jonkinlaista maagista voimaa, sillä he kuvittelivat puhuvansa Jumalan tai enkelien kielellä, ja että kielilläpuhuminen menettäisi voimansa, jos se käännettiin.

Mutta Paavali sanoo, että julkisella kielilläpuhumisella ei ole arvoa, ellei joku tulkitse sitä ja tee sitä ymmärrettäväksi.

Niinpä korinttilaiset halveksivat profetiaa tai pitivät kielilläpuhumista sitä tärkeämpänä, sillä ymmärrettävillä sanoilla ei ajateltu olevan samanlaista hengellistä voimaa kuin käsittämättömillä sanoilla. Tämä oli pakanallista uskoa magiikkaan. Apostoli Paavali kritisoi tätä selventäen, että sanoilla itsellään ei ollut maagista voimaa, vaan niiden voima oli selvässä kommunikoinnissa.

MITEN KIELET RAKENTAVAT?

Paavali kirjoittaa Ensimmäisessä kirjeessä korinttilaisille 14:4: "Kielillä puhuva rakentaa itseään". Hän sanoo myös:

> Sillä kielillä puhuva ei puhu ihmisille, vaan Jumalalle; ei häntä näet kukaan ymmärrä, sillä hän puhuu salaisuuksia hengessä. (1. Kor. 14:2)

Paavali sanoo, että kun puhut kielillä, puhut Jumalalle Hengessä, ja tämä on aina hyödyllistä, vaikka et ymmärrä, mitä sanot. Lisähyötynä on se, että et rukoile mielen vaan Jumalan voimassa.

KIELET JA NIIDEN SELITTÄMINEN 165

Vaikka en puhukaan kielillä yhtä paljon kuin ennen lähinnä sen takia, että rukoilen mieluummin profeetallisesti, mielestäni kielilläpuhuminen on yksi merkityksellisimmistä lahjoista.

Kielilläpuhumisen lahja on yhteydessä Hengellä täyttymiseen, vaikka se ei olekaan sen *ainoa* merkki.

KIELILLÄPUHUMISESTA TULKITSEMISEEN

Puhut kielillä tai et, Paavali neuvoo:

> Tavoitelkaa rakkautta ja pyrkikää saamaan hengellisiä lahjoja, mutta varsinkin profetoimisen lahjaa. Sillä kielillä puhuva ei puhu ihmisille, vaan Jumalalle; ei häntä näet kukaan ymmärrä, sillä hän puhuu salaisuuksia hengessä. Mutta profetoiva puhuu ihmisille rakennukseksi ja kehoitukseksi ja lohdutukseksi.
>
> Kielillä puhuva rakentaa itseään, mutta profetoiva rakentaa seurakuntaa.
>
> Soisin teidän kaikkien puhuvan kielillä, mutta vielä mieluummin soisin teidän profetoivan; sillä profetoiva on suurempi kuin kielillä puhuva, ellei tämä samalla selitä, niin että seurakunta siitä rakentuu. (1. Kor. 14:1-5)

Meillä ei ole aivan samanlaista maagista kuvaa kielilläpuhumisesta kuin gnostilaisilla, mutta monet helluntailaiset käyttävät kieliä lähes maagisella tavalla, samoin kuin he käyttävät sanoja "Jeesuksen nimessä!"

Mutta yleisesti ottaen monet nykypäivän kristityt eivät ymmärrä ollenkaan kielilläpuhumisen arvoa, sillä me lähestymme kielilläpuhumista täysin vastakkaisesta suunnasta kuin Korintin uskovat. Olemme rationalismin aikakauden tuotteita, ja kaikki käsittämätön vaikuttaa meistä ajanhukalta.

Paradoksaalisesti monet helluntailaiset, jotka ovat puolustaneet kielilläpuhumista, ovat myös laiminlyöneet sen päätarkoituksen tienä muihin armolahjoihin, kuten profetiaan.

Kielilläpuhuminen ei ole ainoa tie profetian armolahjaan, mutta yksi merkittävimmistä, ja tämä selittää minkä tähden niin monet uskovat, kun he täyttyvät Pyhällä Hengellä, saavat myös kielilläpuhumisen lahjan, sillä Jumala antaa heille kyvyn kuulla Häneltä.

Vuonna 2006 Pennsylvanian yliopiston lääketieteen koulu julkaisi ensimmäisen neurokuvaustutkimuksen kielilläpuhumisesta. Tutkimuksen mukaan aivojen toiminnassa tapahtui muutoksia kielilläpuhumisen aikana. Aivojen etulohkon, päälaen ja vasemman häntätumakkeen toiminta muuttui eniten. Aivojen etulohko on se osa aivoja, joka auttaa meitä kontrolloimaan itseämme. Aivoista kielilläpuhumisen aikana otetut kuvat osoittivat, että emme itse kontrolloi aivojen kielikeskusta, kun puhumme kielillä.[9]

Minusta tämä osoittaa sen, että Pyhä Henki on aktiivisesti mukana kielilläpuhumisessa. Me voimme kontrolloida sen virtaa, mutta Jumala antaa sille energian.

Olet saattanut nähdä lahjaa käytettävän väärin, ja ymmärrät sen enemmän häpeänä kuin siunauksena. Mutta Jumalalla on paljon enemmän armoa ja kärsivällisyyttä kuin uskovilla. Jos taaperoikäinen poikasi yrittää kävellä mutta kaatuu, rohkaiset häntä etkä kiellä häntä enää koskaan yrittämään kävelemistä!

Kielilläpuhuminen vaatii uskoa. Sinun pitää uskoa, että Pyhä Henki asuu ja toimii sinussa. Kun puhut kielillä, menetät kielesi kontrollin ja annat tämän kontrollin Jumalalle. Se, että sinun pitää harjoittaa uskoa, kun et tiedä mitä olet sanomassa, irrottaa rukoilemisesi asteittain rationaalisesta mielestä. Tässä tapauksessa uskon tunnustaminen – jota et ymmärrä – ottaa kontrollin rationaalisesta mielestäsi juuri sen takia, että mielesi ei ymmärrä, mitä sanot. Kun puhut kielillä, opettelet puhumaan Pyhässä Hengessä.

Profeetallinen rukous ja julistus ovat muita Hengessä puhumisen muotoja. Mutta on vaikeaa siirtyä suoraan ymmärrettävästä mielen tuottamasta rukouksesta ymmärrettävään Pyhän Hengen tuottamaan rukoukseen ilman "epärationaalista" kielilläpuhumisen porttikäytävää. Puhumalla kielillä opit luottamaan Pyhän Hengen virtaan rationaalisen ajattelun sijaan. Kun Pyhän Hengen virta alkaa tuoda mukanaan ymmärrettäviä sanoja, luotat virtaan, sillä se tuo mukanaan Jumalan läsnäolon.

KIELET JA NIIDEN SELITTÄMINEN 167

Kielilläpuhuminen irrottaa rukouselämäsi rationaalisen mielen rajoittuneisuudesta ja kytkee sen Hengessä rukoilemiseen.

Ensimmäisessä kirjeessä korinttilaisille 14:13 Paavali pyytää kielilläpuhuvaa rukoilemaan kielten tulkitsemista. Minusta vaikuttaa, että Paavali käsitti kielilläpuhumisen askeleena kielten tulkitsemisen kautta kohti profeetallista puhumista.

Kielilläpuhuminen liittää suusi Pyhään Henkeen, joka asuu syvällä sisimmässäsi. Pyhän Hengen virran avaaminen puhuen kielillä tuo mukanaan myös Pyhän Hengen läsnäolon ja voiman. Puhumalla kielillä opit luottamaan Pyhän Hengen virtaan rationaalisen ajattelun sijaan.

Kun Pyhän Hengen virta alkaa tuoda mukanaan ymmärrettäviä sanoja, luotat virtaan, sillä se tuo mukanaan Jumalan läsnäolon. Nyt mielesi ymmärtää, mitä sanot, mutta sen sijaan, että mielesi tuottaisi ne sanat, olet kielilläpuhumisen porttikäytävän kautta siirtynyt ymmärrettävästä mielen tuottamasta rukouksesta ymmärrettävään Pyhän Hengen tuottamaan rukoukseen.

Profetoimisen oppiminen kielilläpuhumisen "apupyörien" kanssa on ehkä turvallisin tapa kehittää tätä armolahjaa. On turvallisempaa antaa Pyhän Hengen ottaa kontrolli suustasi kielilläpuhumisen kautta ja antaa Pyhän Hengen virrata sisimmästäsi suuhun kuin yrittää kuunnella Jumalan ääntä mielesi kautta. Tällä tavalla voit myös siirtyä suoraan kuulemisesta profetian julistamiseen, eikä sinun tarvitse miettiä kuukausia sitä, onko Jumala puhunut sinulle vai ei.

Ensimmäisen kirjeen korinttilaisille 14:27 mukaan on olemassa toinen tapa selittää kieliä kuin kielilläpuhuva itse, ja tämä tapa on jonkun toisen tulkitsemat kielet. Mikä jää epäselväksi on se, odottiko Paavali tulkitsijan ymmärtävän puhuttavaa kieltä luonnollisesti vai yliluonnollisesti.

Ensimmäisenä helluntaina kieliä tulkitsevat ymmärsivät niitä luonnollisesti, sillä he tunsivat puhutut kielet. Olen kuullut monia luotettavia kertomuksia siitä, kuinka näin on tapahtunut nykypäivinä.

Olen myös puhunut itse kielillä toistaen samoja sanoja, joita en ole ymmärtänyt, ja olen etsimällä löytänyt niille merkityksen.

Mutta suurimman osan aikaa minulla ei ole aavistustakaan siitä mitä sanon, vaikkakin esirukoillessa joidenkin ihmisten nimet toistuvat. Tämä antaa aavistuksen siitä, mitä olen rukoilemassa.

ENKELIEN KIELET

Monet uskovat, että kielilläpuhuminen voi olla tuntemattoman ihmisten tai taivaan kielellä puhumista. On mielenkiintoista, että Raamatussa on ainoastaan kaksi viittausta kielilläpuhumisen sisältöön ja käytettyyn kieleen.

Ensimmäinen löytyy Apostolien teoista 2:5-13, ja se kuvaa ensimmäistä helluntaita ja yläsalissa tapahtunutta Pyhän Hengen vuodatusta:

> Ja Jerusalemissa asui juutalaisia, jumalaapelkääväisiä miehiä, kaikkinaisista kansoista, mitä taivaan alla on.
> Ja kun tämä ääni kuului, niin kokoontui paljon kansaa; ja he tulivat ymmälle, sillä kukin kuuli heidän puhuvan hänen omaa kieltänsä.
> Ja he hämmästyivät ja ihmettelivät sanoen: "Katso, eivätkö nämä kaikki, jotka puhuvat, ole galilealaisia? Kuinka me sitten kuulemme kukin sen maan kieltä, jossa olemme syntyneet? Me parttilaiset ja meedialaiset ja eelamilaiset ja me, jotka asumme Mesopotamiassa, Juudeassa ja Kappadokiassa, Pontossa ja Aasiassa, Frygiassa ja Pamfyliassa, Egyptissä ja Kyrenen puoleisen Liibyan alueilla, ja täällä oleskelevat roomalaiset, juutalaiset ja käännynnäiset, kreetalaiset ja arabialaiset, me kuulemme kukin heidän puhuvan omalla kielellämme Jumalan suuria tekoja."
> Ja he olivat kaikki hämmästyksissään eivätkä tienneet, mitä ajatella, ja sanoivat toinen toisellensa: "Mitä tämä mahtaakaan olla?"
> Mutta toiset pilkkasivat heitä ja sanoivat: "He ovat täynnä makeata viiniä".

On selvää, että kirjoittajan mielestä kielilläpuhuminen oli pääosin puhujalle vieraan ihmiskielen puhumista.

KIELET JA NIIDEN SELITTÄMINEN

Mutta Ensimmäinen kirje korinttilaisille 13:1 antaa meille toisen viittauksen:

> Vaikka minä puhuisin ihmisten ja enkelien kielillä, mutta minulla ei olisi rakkautta, olisin minä vain helisevä vaski tai kilisevä kulkunen. (1. Kor. 13:1)

Meidän pitää kysyä, puhummeko me itse asiassa enkelien kielillä vai emme, sillä on selvää, että Paavali kritisoi korinttilaisten ymmärrystä kielilläpuhumisesta – uskoa, että kielilläpuhuminen antoi kieleen kuuluvan auktoriteetin, ja että enkelien kielillä puhuminen antoi puhujalle enkelien hengellisen auktoriteetin.

Ensimmäisestä kirjeestä korinttilaisille löytyy samantyylinen viittaus:

> Mitä muutoin ne, jotka kastattavat itsensä kuolleitten puolesta, sillä saavat aikaan? Jos kuolleet eivät heräjä, miksi nämä sitten kastattavat itsensä heidän puolestaan? (1. Kor. 15:29)

Tämä on viittaus joidenkin kreikkalaisten mysteeriuskontojen tapaan ottaa kaste kuolleiden puolesta, ja tämän jakeen takia mormonit harjoittavat tätä kuolleiden puolesta kastamista. Mutta Paavali ei todennäköisesti hyväksynyt tätä käytäntöä. Samoin on epäselvää, mikä Paavalin itseasiallinen käsitys siitä, voimmeko puhua enkelten kielillä, oli. Ikävä kyllä Raamattu ei puhu tästä asiasta mitään.

Raamatun perusteella tiedämme aika vähän kielilläpuhumisesta, ja seuraavat opetukset perustuvat lähinnä oivalluksiin, joita olen saanut puhuttuani kielillä yli kaksikymmentäviisi vuotta.

Uskon, että periaatteessa kielilläpuhumista voi käyttää kaikenlaisessa rukouksessa.

KIELET ESIRUKOUKSESSA

Kun rukoilen kielillä, monesti ainoat *tunnistettavat* sanat ovat tuntemieni ihmisten nimiä. Usein näin tapahtuu silloin, kun minulla ei ole aavistustakaan siitä, kuinka rukoilla heidän puolestaan.

Uskon, että kun rukoilen kielillä ihmisten puolesta, rukoilen usein asoiden puolesta, joista minulle ei ole hyötyä tietää mitään. Välitän näistä ihmisistä, mutta ehkä rukouksiin sisältyvä informaatio voisi olla vahingollista ystävyydellemme tai ehkä en ole edes sydämmessäni valmis näihin rukouksiin. Voit varmasti rukoilla muiden ihmisten puolesta kielillä, ja tämä voi tapahtua spontaanisti, kun rukoilet jonkun puolesta.

KIELET HENGELLISESSÄ SODANKÄYNNISSÄ

Olen varma, että kielilläpuhumista voi käyttää hengellisessä sodankäynnissä. Itse asiassa rukoilen todennäköisesti kielillä enemmän hengellisessä sodankäynnissä kuin millään muulla rukoustavalla.

Tunnen usein jonkinlaista masennusta tai ahdistusta, ja kun alan rukoilla, alan rukoilla kielillä spontaanisti. Pienen ajan kuluttua tunnen kuinka Pyhän Hengen läsnäolo alkaa virrata minussa, ja masennus ja ahdistus alkavat kadota. Vaihdan usein ymmärrettävään kieleen ja alan käskeä pimeyden voimia lähtemään.

MUIDEN RUKOUKSEN MUOTOJEN KÄYNNISTÄMINEN

En useinkaan puhu kielillä tuntikausia vaan vain muutaman minuutin ajan, mikä on riittävästi muiden rukouksen muotojen aloittamiseksi. Paavali sanoo Kirjeessä roomalaisille 8:26:

> Samoin myös Henki auttaa meidän heikkouttamme. Sillä me emme tiedä, mitä meidän pitää rukoileman, niinkuin rukoilla tulisi, mutta Henki itse rukoilee meidän puolestamme sanomattomilla huokauksilla.

Tämä ei ole edes kielilläpuhumista, mutta nämä huokaukset – ja myös kielilläpuhuminen – alkavat ohjata rukoustamme, ja pienen ajan kuluttua tiedämme miten rukoilla.

TYHJÄ KIELILLÄPUHUMINEN

On aikoja, jolloin alan puhua kielillä, mutta muutaman minuutin kuluttua se tuntuu tyhjältä ja merkityksettömältä. Useimmiten, kun

KIELET JA NIIDEN SELITTÄMINEN

puhun kielillä, alan tuntea Pyhän Hengen voimistavan läsnäolon, ja silloin joko jatkan kielilläpuhumista tai Pyhä Henki ohjaa mieleni ymmärrettävään rukoukseen. Jos oloni tuntuu tyhjältä, lakkaan puhumasta kielillä ja alan ehkä etsimään Jumalan läsnäoloa hiljaisuuden kautta, sillä ymmärrän, että ehkä yritän käyttää armolahjaa silloin kun Jumala ei ole kiinnostunut sen käyttämisestä.

Voit usein kuulla tyhjää kielilläpuhumista seurakunnissa, sillä monet uskovat käsittävät kielilläpuhumisen rukousmetodina eikä lahjana, joka yhdistää meidät uudelleen Pyhään Henkeen.

Helluntaiseurakunnissa on yleistä, että saarnaaja pyytää kaikkia rukoilemaan yhdessä kielillä, silloin kun hän haluaa nostaa rukouksen tasoa. Joskus tämä voi olla hyödyllistä, mutta useimmiten tämä on ajanhukkaa, erityisesti silloin kun tätä lähestytään metodina tai magiikan harjoittamisen omaisesti.

Yksi lavaesiintymismallin tempuista on saada seurakunta rukoilemaan kielillä, sillä suuri osa seurakunnasta tulee olemaan vastaanottavaisempi saarnaajan sanomalle uskoen, että kaikki mitä tapahtuu seurakunnassa tämän jälkeen pitää olla nyt Jumalasta, sillä ovathan kaikki puhuneet kielillä.

Tämä on psykologisesti vaikutukseltaan samanlaista kuin sen pyytäminen, että kaikki rukoilevat jonkun seurakunnan tapahtuman puolesta edeltäkäsin, sillä tapahtuman puolesta rukoileminen lisää motivaatiotamme osallistua siihen. Tämän takia monet tapahtumien puolesta järjestetyt rukouskampanjat eivät ole mitään muuta kuin ihmisten motivoimista luomalla vakaumus, että Jumala tulee olemaan läsnä tapahtumassa vain sen takia, että kaikki rukoilivat tapahtuman puolesta.

DEMONISET KIELET

Kyllä, demoniset kielet ovat olemassa, mutta aidon pitää olla olemassa ennen väärennöstä.

Mutta miksi sielunvihollinen väärentää kielet? Koska hän on suuri väärentäjä. Hän voi vain vääristää ja tuhota Jumalan luomistyötä. Paholainen ei ole koskaan luonut mitään muuta kuin syntiä ja kapinaa. Jopa seksi on Jumalan luomistyö. Sielunvihollinen voi ainoastaan vääristää ja pilata sen. Hän voi tehdä sen saman kielille.Kun olin noin 20-vuotias, tapasin riivatun pakanapapittaren erään katuevankeliointiprojektin aikana. Tämä nainen kykeni puhumaan – toisten mukaan – täydellistä hepreaa, ja hän pilkkasi heikkoa yritystäni puhua kielillä. Toistin vain sanoja "poco loco'". Hän pilkkasi tätä. Minulla ei ollut aavistustakaan siitä, mitä nämä sanat tarkoittivat, ja kului muutama vuosi ennen kuin opin, että nämä sanat olivat espanjaa ja tarkoittivat "hieman hullua."

Tämä kuvasi tilannetta hyvin. Ajoimme riivaajia ulos naisesta, joka halusi niistä eroon, sillä ne kiusasivat häntä, mutta hän ei ollut valmis antamaan elämäänsä Jeesukselle.

Tilanne oli hieman hullu. Kuten Jeesus sanoo Evankeliumissa Matteuksen mukaan 12:43-45:

> Kun saastainen henki lähtee ihmisestä, kuljeksii se autioita paikkoja ja etsii lepoa, eikä löydä.
> Silloin se sanoo: "Minä palaan huoneeseeni, josta lähdin". Ja kun se tulee, tapaa se huoneen tyhjänä ja lakaistuna ja kaunistettuna.
> Silloin se menee ja ottaa mukaansa seitsemän muuta henkeä, pahempaa kuin se itse, ja ne tulevat sisään ja asuvat siellä. Ja sen ihmisen viimeiset tulevat pahemmiksi kuin ensimmäiset. Niin käy myös tälle pahalle sukupolvelle.

Kun tiimimme tapasi tämän nuoren naisen seuraavan kerran, hänen tilansa oli paljon pahempi kuin aikaisemmin. Tunsin sääliä häntä kohtaan ja voin vain toivoa, että sen näkeminen, että Jumalan voima oli suurempi kuin sielunvihollisen voima, toisi hänet joskus Jumalan luo.

Opin tärkeän läksyn sinä päivänä. Ymmärsin demonisten voimien olevan todellisia mutta myös sen, että demoniset henget eivät voi vastustaa Jumalan valtaa.

Tämän naisen silmien läpi voin nähdä saastaiseen demonien alamaailmaan. En ole tämän jälkeen pelännyt koskaan suoraa törmäyskurssia sielunvihollisen kanssa.

Demoneista ei ollut mitään vastusta Jumalalle.

En väitä, etteivätkö demonit olisi vaarallisia; totta kai ne ovat, mutta Jeesuksen nimi riittää niiden ulosajamiseen, kun kaksi

KIELET JA NIIDEN SELITTÄMINEN

valtakuntaa törmäävät toisiinsa. Tämän takia sielunvihollinen käyttää mieluiten petosta, sillä pettämällä ihmisiä hän voi tuoda enemmän tuhoa elämäämme.

Opin myös sen, että kuten Jeesus sanoi, ellei Pyhä Henki muuta sisälle, ei ole mitään syytä ajaa ulos demonia: tilanne vain tulee pahenemaan, jos teet näin.

9

TIEDON SANAT

Monet karismaattisen liikkeen pastorit näyttävät antavan William Branhamille anteeksi lähes mitä tahansa hänen väitetysti tarkkojen tiedon sanojensa takia. Koska Branhamin palvelutyömalli vaikuttaa yhä helluntailaisuuteen ja karismaattiseen liikkeeseen, on tärkeätä tarkastella sitä ennen kuin katsomme mitä Raamattu itse asiassa kertoo tästä lahjasta.

Branham ei aloittanut parantamisherätystä tiedon sanojensa avulla. Aluksi hän luotti kätensä värinään ihmisten sairauksien tunnistamisessa. Tämän piti olla taivaallinen merkki siitä, että Jumala oli käyttämässä häntä.

Tämä värinöiden merkki osoittautui epäluotettavaksi, ja tiedon sanan merkki ilmaantui vuonna 1949.[1] Ja yhtäkkiä puolen vuoden sapattivapaan jälkeen Branham kykeni kertomaan yksityiskohtaista ja tarkkaa tietoa ihmisistä.

Branham väitti johdonmukaisesti, että hän ei ollut koskaan tavannut rukousjonossa olevia aikaisemmin, ja kuitenkin hän kykeni kertomaan heidän nimensä ja osoitteensa.[2]

Branham väitti, että tämä erottamisen lahja oli ainutlaatuinen, ja hänen mukaansa ainoastaan yksi henkilö voisi saada sen jokaisessa sukupolvessa. Branhamin mukaan kukaan muu ei saisi sitä "ennen kuin minä kuolen."[3]

Tulimme aikaisemmin lähes varmaan johtopäätökseen siitä, että Branham sai tarkat "tiedon sanansa" rukouskorteista, jotka sisälsivät suurimman osan tai jopa kaiken tästä informaatiosta. Hän ei valehdellut, kun hän kertoi, että hän ei ollut koskaan aikaisemmin tavannut rukousjonossa olevia – joilla kaikilla oli numeroidut rukouskortit – mutta hän oli nähnyt kaikki rukouskortit tai ainakin joitakin niistä.

Eikä Branhamin tarvinnut muistaa niiden kaikkien vaan ainoastaan muutaman sisältö. Illuusion toimimiselle riitti, että hän kykeni muistamaan vain muutaman ja varmisti, että sairaat seisoivat jonossa oikeassa järjestyksessä, sillä tämä antoi sen vaikutelman, että hän kykeni tietämään tarkkoja yksityiskohtia kenestä tahansa, mikäli hän vain halusi.

Tästä Branhamin mallista, joka oli lähes varmasti luotu opettelemalla ulkoa rukouskorttien sisältö, on tullut todellisuudessa saavuttamaton huippustandardi, jonka monet tiedon sanojen palvelutyössä toimivat haluavat kuitenkin saavuttaa. Tämä malli on niin suosittu, että olen kuullut pastorien vitsailevan, että he tietävät sen tarkan summan rahaa, joka seurakuntalaisilla on tilillään, ja kehottavan heitä antamaan enemmän uhripuheessaan – eikä kukaan näytä hämmästelevän.

Raamatussa on ainoastaan yksi suora viittaus tiedon sanojen armolahjaan, ja se löytyy Paavalin antamasta listasta Ensimmäisen kirjeen korinttilaisille 8. luvussa. Paavali käyttää sanoja *logos gnosis*, mutta valitettavasti hän ei selitä, mihin ne viittaavat tarkalleen. Tämä ei riitä yksinään lopullisen johtopäätöksen tekemiseen niiden merkityksestä. Tämän takia monet raamatuntutkijat – lähinnä ne jotka eivät usko armolahjojen toimimiseen nykypäivänä – väittävät, että *logos gnosis* on opettamisen lahja.

Brittiläisen Elim Pentecostal Churches -helluntailiikkeen perustaja George Jeffreys määrittelee tiedon sanat näin:

> Se on tiedon sanojen antaminen erityisissä tilanteissa. Se eroaa viisauden sanasta siten, että se antaa mielelle ihmeellisesti tietoa asioista. Viisauden sana antaa viisautta, miten käsitellä asiaa, tiedon sana paljastaa sen itse asian.[4]

Hän varoittaa:

> Tiedämme ihmisiä, joilla ei ikävä kyllä ole ollut viisauden sanoja jakaa niitä tiedon sanoja, jotka heille on annettu.[5]

TIEDON SANAT

Onneksi Raamatussa on monia tapahtumia, jotka selittävät, mitä tiedon sanat todella ovat.

Daniel käyttää tiedon sanoja voimallisella tavalla tilanteessa, jossa hänen ja kaikkien Babylonin viisaiden miehien, astrologien, taikurien ja selvännäkijöiden elämä on hiuskarvan varassa. Kuningas Nebukadnessar oli nähnyt unen ja vaati ei vain selitystä mutta myös sen paljastamista, mitä hän oli nähnyt; muuten hän tappaisi kaikki viisaat miehet:

> Kuningas vastasi ja sanoi Danielille, jonka nimenä oli Beltsassar: "Voitko sinä ilmoittaa minulle unen, jonka minä näin, ja sen selityksen?" Daniel vastasi kuninkaalle ja sanoi:
> "Salaisuutta, jonka kuningas tahtoo tietää, eivät viisaat, noidat, tietäjät eivätkä tähtienselittäjät voi ilmoittaa kuninkaalle. Mutta on Jumala taivaassa; hän paljastaa salaisuudet ja ilmoittaa kuningas Nebukadnessarille, mitä on tapahtuva aikojen lopussa. Tämä on sinun unesi, sinun pääsi näky, joka sinulla oli vuoteessasi. Kun sinä, kuningas, olit vuoteessasi, nousi mieleesi ajatus, mitä tämän jälkeen on tapahtuva; ja hän, joka paljastaa salaisuudet, ilmoitti sinulle, mitä tapahtuva on. Ja tämä salaisuus on paljastettu minulle, ei oman viisauteni voimasta, ikäänkuin minulla olisi sitä enemmän kuin kenelläkään muulla ihmisellä, vaan sentähden että selitys ilmoitettaisiin kuninkaalle ja sinä saisit selville sydämesi ajatukset." (Dan. 2:26-30)

En usko, että Daniel näki tämän unen, mutta Jumala ilmoitti hänelle, mistä unessa oli kysymys. Evankeliumissa Johanneksen mukaan Jeesus näkee Natanaelin viikunapuun alla:

> Jeesus näki Natanaelin tulevan tykönsä ja sanoi hänestä: "Katso, oikea israelilainen, jossa ei vilppiä ole!"
> Natanael sanoi hänelle: "Mistä minut tunnet?" Jeesus vastasi ja sanoi hänelle: "Ennenkuin Filippus sinua kutsui, kun olit viikunapuun alla, näin minä sinut".
> Natanael vastasi ja sanoi hänelle: "Rabbi, sinä olet Jumalan Poika, sinä olet Israelin kuningas".
> Jeesus vastasi ja sanoi hänelle: "Sentähden, että minä

sanoin sinulle: 'minä näin sinut viikunapuun alla', sinä uskot. Sinä saat nähdä suurempia, kuin nämä ovat." (Joh. 1:47-50)

Tämä on visuaalisessa muodossa annettu tiedon sana. Evankeliumissa Markuksen mukaan 2:5-8 Jeesus julistaa halvaantuneen miehen synnit anteeksi:

> Kun Jeesus näki heidän uskonsa, sanoi hän halvatulle: "Poikani, sinun syntisi annetaan anteeksi". Mutta siellä istui muutamia kirjanoppineita, ja he ajattelivat sydämessään: "Kuinka tämä näin puhuu? Hän pilkkaa Jumalaa. Kuka voi antaa syntejä anteeksi paitsi Jumala yksin?" Ja heti Jeesus tunsi hengessänsä, että he mielessään niin ajattelivat, ja sanoi heille: "Miksi ajattelette sellaista sydämessänne?"

Usein tiedon sanat ovat vilahdus siitä, mitä on tapahtumassa jonkun sydämessä, ja Jeesus näkee suoraan kirjanoppineiden sydämeen. Sitten Hän parantaa halvaantuneen osoittaakseen, että Hänellä on valta antaa synnit anteeksi.

Evankeliumissa Johanneksen mukaan 4. luvussa Jeesus tapaa naisen kaivolla Samariassa. Hän pyytää vettä, mikä johtaa keskusteluun Jeesuksen ja naisen välillä.

Jeesus sanoo naiselle:

> "Mene, kutsu miehesi ja tule tänne". Nainen vastasi ja sanoi: "Ei minulla ole miestä". Jeesus sanoi hänelle: "Oikein sinä sanoit: 'Ei minulla ole miestä', sillä viisi miestä sinulla on ollut, ja se, joka sinulla nyt on, ei ole sinun miehesi; siinä sanoit totuuden." Nainen sanoi hänelle: "Herra, minä näen, että sinä olet profeetta." (Joh. 4:16-19)

Nainen käsittää Jeesuksen profeettana, mutta itse asiassa Jeesus ei profetoi, vaan Hän paljastaa naisen senhetkisen tilanteen ja sen, mikä on jo tapahtunut. Tämä on tiedon sana.

Huomaan usein puhuvani ihmisille tiedon sanoilla, kun Jumala ohjaa minut suoraan heidän elämänsä todellisiin kysymyksiin. Tämä on oivallinen tapa käyttää lahjaa arkielämässä. Mikä on

TIEDON SANAT

hämmästyttävää on se, että en edes aina tiedä käyttäväni tiedon sanojen armolahjaa ennen kuin ihmiset reagoivat keskusteluun, ja ymmärrän, että Pyhä Henki on ohjannut keskustelua kaiken aikaa. Usein keskustelua ympäröi aistittava Jumalan läsnäolo, mutta en ole tietoinen, että olisin jakanut minkään tietyn tiedon sanan. Ehkä näissä tilanteissa se koko keskustelu on tiedon sana!

Vaikuttaa siltä, että Paavali yritti kovasti saada Korintin uskovat halajamaan muitakin hengellisiä lahjoja kuin kielilläpuhumisen lahjaa, ja tässä prosessissa hän antoi meille väläyksiä siitä, miten Pyhä Henki toimii elämässämme.

Hän käytti kahta sanaa, joita Korintin uskovat rakastivat – tietoa ja viisautta – ja kertoi heille, että Pyhä Henki oli valmis antamaan ne vapaasti kenelle tahansa eikä ainoastaan joillekin eliittiuskoville.

Miten voimme määritellä sen, mitä Jeesus sanoi samarialaiselle naiselle? Onko se profetia? Ei oikeastaan. Se ei ollenkaan viittaa tulevaisuuteen. Mikä se on? Se on ilmestystietoa naisen senhetkisestä tilanteesta – toisin sanottuna tiedon sanat. Tiedon sanat paljastavat tämänhetkisen tilanteen – sen miten asiat ovat.

Tiedon sanojen ei tarvitse aina olla joukko tarkkoja sanoja, mutta ne tuovat keskusteluun ilmestyksellisen hetken.

Palvelutyötilanteissa saan usein tiedon sanat jollekin, mutta en jaa sanoja vaan muutan ne kysymykseksi.

"Kuulostaako tämä tutulta?" eikä "Näin sanoo Herra!" avaa ihmisen sydämen Jumalan työlle. Se ei tee tiedon sanasta vähemmän voimallista, mutta kunnioittaa toisen ihmisen vapautta ja yksityisyyttä.

Tämä on myös hyvä tapa kasvaa armolahjan käytössä, sillä panokset ovat pienemmät. Usein puolestarukoiltavan avautuessa tiedon sanoja seuraavat viisauden sanat tai profetia. Antaa luottamusta kun huomaat, että se aluksi annettu tiedon sana – informaatiota, jota et voinut tietää – osoittautuu oikeaksi. Voit sen jälkeen jakaa viisauden sanat tai profetian rohkeammin, ja vastaanottaja on myös avoimempi Pyhän Hengen työlle.

Tiedon sanat toimivat loistavana turvallisuustarkastuksena, jos aiot profetoida jollekulle, jota et tunne hyvin. Ne antavat sinulle varmuuden siitä, että olet oikeilla jäljillä.

Usein kun ymmärrät, että Jumala on antanut sinulle tiedon sanojen lahjan, kun juttelet ihmisten kanssa, mieleesi tulee yllättäviä ajatuksia. Jos tähän liittyy vahva Jumalan läsnäolo, voit jakaa nämä yllättävät ajatukset keskustelukumppanisi kanssa ohjaamalla keskustelun siihen asiaan, johon tiedon sanat viittaavat, eikä sinun tarvitse edes mainita, että kyseessä ovat tiedon sanat.

Kun Jeesus aloitti keskustelun samarialaisen naisen kanssa, hän ei ensin maininnut, että naisella oli ollut viisi aviomiestä, ja että hänen nykyinen miehensä ei ollut itse asiassa edes naimisissa hänen kanssaan. Sen sijaan Hän vain pyysi naista tuomaan aviomiehensä, ja nainen vastasi sanomalla, että hän ei ollut naimisissa. Vasta sen jälkeen, kun naisen sydän avautui avioliittoon viittaavan keskustelun kautta, Jeesus jakoi mitä normaalisti ajattelemme olevan tiedon sanat. Jeesus keskittyi osoittamaan rakkautta eikä valtavalla ilmestystiedolla ylvästelyyn. Vasta sen jälkeen kun Jeesus näki naisen olevan avoin totuudelle – nainenhan vastasi kertomalla totuudellisesti sen, että hän ei ollut naimisissa – Jeesus päätti jakaa tiedon sanat.

On todennäköistä, että monella tavalla Jeesuksen osoittama rakkaus tätä naista kohtaan avasi samarialaisten sydämet evankeliumille, ja Apostolien teoissa opetuslapsien oli helppo tuoda evankeliumi Samariaan.

Mutta lavaesiintymismallissa palvelutyö keskittyy tiedon sanoilla ylvästelyyn, eikä se kunnioita palveltavan henkilön yksityisyyttä.

VÄÄRÄT TIEDON SANAT

On myös vääriä tiedon sanoja. Tämä ei tarkoita sitä, että niiden sisältö olisi väärä, mutta niiden lähde on väärä. Esim. silmänkääntäjät ja taikurit ovat oppineet lukemaan kenen tahansa ruumiin kielestä tahattomia reaktioita ja eleitä, joilla ihmiset ilmaisevat itseään jopa huomaamattaan.

Spiritualistinen liike, joka syntyi 1850-luvun puolivälin Amerikassa, tuotti monia spiritualisteja, jotka kykenivät jakamaan vääriä tiedon sanoja.

Yksi 1800-luvun loppupuolella toimineista meedioista kertoi kokemuksistaan ammattinsa hyljättyään:

TIEDON SANAT

Menehtyneiden sukulaistemme ja ystäviemme henget ilmoittivat itsensä ja kertoivat yleisesti ottaen tarkasti maanpäällisestä elämästään. Tunnustan kuitenkin, että kun yritimme kurkistaa tulevaisuuteen, vastaukset olivat yhtä epämääräisiä kuin kreikkalaisten oraakkelien.[6]

On mielenkiintoista nähdä, miten suuresti tämän spiritualistin kokemukset muistuttivat Branhamin palvelutyötä. Hän oli kuuluisa tarkoista tiedon sanoistaan, mutta hänen profeetallinen palvelutyönsä oli täysi katastrofi.

Uskon syyn tähän olevan yksinkertaisen – sielunvihollinen tietää menneisyyden, mutta hän ei tiedä tulevaisuutta. Hän voi nähdä taaksepäin hyvin selvästi: ainoastaan Jumala voi nähdä eteenpäin täydellisen tarkasti. Ja tämän takia sielunvihollinen käyttää varmasti vääriä tiedon sanoja, kuten tämä entinen spiritualisti selittää.

En ole siinä asemassa, että voisin antaa lopullisen tuomion Branhamin palvelutyöstä. Tämä kuuluu Jumalalle. Ja Hän on se ainoa, joka voi kertoa tulevaisuudesta täysin tarkasti. Mutta Branhamin teologian perusteella en usko Jumalan tuomitsevan minua hirveän ankarasti kun pääsen taivaaseen, jos osoittautuu, että olen väärässä tässä asiassa.

Tämä on nyrkkisääntö: koska tiedon sanat ovat profeetallinen armolahja, niiden lähde pitää arvioida ei pelkästään tiedon sanojen perusteella, mutta myös niitä seuraavan profeetallisen sanan tai viisauden sanojen perusteella. Tämä johtuu siitä, että tiedon sanoilla itsellään on hyvin vähän arvoa.

Monet nykypäivän tiedon sanojen palvelutoimet huolestuttavat minua. Nämä julistajat kykenevät antamaan tarkkoja kuvauksia siitä, mitä on jo tapahtunut, mutta tiedon sanoja seuraavat profeetalliset sanat osoittautuvat täysin epätarkoiksi.

Väärillä mutta tarkoilta kuullostavilla tiedon sanoilla ei aina tarvitse olla demonista lähdettä.

Viktoriaanisena aikana meedion vieraillessa uudessa kaupungissa häntä kehotettiin käymään paikallisella hautausmaalla ja kirjoittamaan muistiin ne nimet, päivämäärät ja muu informaatio, joka oli luettavissa hautakivistä.[7]

Nykyään voit löytää samanlaista informaatiota helposti ihmisten sosiaalisen median tileiltä. Voit vierailla seurakunnan tai tapahtuman Facebook-sivuilla ennen puhujavierailuasi, tarkistaa kuka aikoo tulla mukaan tilaisuuteen ja löytää kaiken heidän perheestään. Nämä ovat ihmisiä, jotka tulevat olemaan tilaisuudessa kaikkein todennäköismmin. Tämä on materiaalisi. Eräs skeptikko tarkisti kaikki erään tunnetun julistajan yhdessä konferenssissa jakamat tiedon sanat ja havaitsi, että kaikki tilaisuuksissa jaetut tiedon sanat olivat olleet vapaasti saatavilla niiden osallistujien Facebook-profiileissa, jotka olivat käyttäneet tilaisuuteen liittyvää tägiä sosiaalisessa mediassa ja kertoneet, että he ovat menossa mukaan tähän tilaisuuteen. Teoreettisesti puhuja olisi voinut ottaa kaikki nämä tiedon sanat netistä. Ottiko hän vai ei, sitä emme tiedä. Tämän tietää vain hän itse ja Jumala. Mutta mitä arvoa on sellaisella profeetallisella informaatiolla, jonka voi helposti näpistää netistä?

On myös mielenkiintoista, että tämä profeetta jäljittää profeetallisen auktoriteettinsa William Branhamiin.

Meidän pitää aina jakaa tiedon sanat nöyrästi – niiden päätarkoitus ei ole saada meitä näyttämään hyvältä, jotta voisimme vaatia itsellemme profeetallista auktoriteettia kertoa ihmisille, mitä heidän tulee tehdä. Useimmiten meidän ei edes tarvitse kertoa, että olemme saaneet tämän informaation yliluonnollisella tavalla. Tiedon sanat ovat kuitenkin hyödyllinen työkalu tehokkaassa palvelutyössä etenkin silloin kun emme tunne hyvin niitä ihmisiä, joiden puolesta rukoilemme.

10

VIISAUDEN SANAT

Viisauden sanojen tarkoitus on monille epäselvä, ja monet karismaattista liikettä vastustavat kommentoijat näkevät sen jonkinlaisena opettamisen lahjana.

Branhamilla oli outoja ajatuksia viisaudesta. Saarnatessaan sunnuntaina 1. huhtikuuta 1962 Branham Tabernaclessa hän sanoi:

> Sillä Jumala on uskon alkaja; Saatana on viisauden alkaja.[1]

Jokaiselle Raamattua lukevalle pitäisi olla kuitenkin selvää, että usko ja viisaus ovat kiinteästi yhteydessä, sillä Herran pelko on viisauden alku.

Helluntailaisuus ja Uskon Sana -liike eivät ole historiallisesti antaneet viisaudelle paljonkaan painoarvoa lähestyen järkeä usein epäluuloisesti. Ajat ovat muuttuneet, ja näillä liikkeillä on nyt omat teologiset seminaarinsa. Ja onneksi Branham on helluntailaisuudessa ja karismaattisessa liikkeessä esiintyvän oppimattomuuden palvomisen äärimmäinen esimerkki.

Sananlaskut 4:7 sanoo:

> Viisauden alku on: hanki viisautta, ja kaikella muulla hankkimallasi hanki ymmärrystä.

Mutta kun viittaamme viisauden sanoihin, emme puhu ihmisen oppineisuudesta, millä on paljon arvoa – Jumalan kädessä. Paavali kirjoittaa:

Ja siitä me myös puhumme, emme inhimillisen viisauden opettamilla sanoilla, vaan Hengen opettamilla, selittäen hengelliset hengellisesti. (1. Kor. 2:13)

Se viisaus, josta Paavali puhuu, on Jumalan näkökulma elämäämme.

Mutta edes karismaattisessa liikkeessä ei ole aina selvää, mihin viisauden sanojen armolahja viittaa.

Esim. Lester Sumrall sekoittaa tämän lahjan profetian armolahjaan. Hän kirjoittaa:

> Viisauden sanat ovat profeetallisen tulevaisuuden paljastaminen Jumalan voitelussa. Vanhassa testamentissa jokainen näkijä (entinen termi profeetalle) ja jokainen profeetta, joka kertoi tulevaisuuden, oli varustettu tällä lahjalla.[2]

Sumrall on pakotettu tähän väitteeseen, sillä aikaisemmin hän on vähentänyt profetian armolahjan arvon "rakennukseksi, kehotukseksi ja lohdutukseksi"[3], ja nyt hänen pitää palauttaa oikea profetian armolahja jollakin tavalla Uuteen testamenttiin. Mutta tämä perustuu aika huonoon Raamatun lukemiseen ja on suoraa seurausta armolahjojen epäraamatullisesta kategorioinnista.

George Jeffreys antaa meille paljon paremman määritelmän:

> Se on yliluonnollista viisauden sanojen antamista uskoville ilmestyksen kautta, sitä varten, että ne voivat neuvoa, ohjata ja puhua viisauden sanoja seurakunnalle, tehden näin Jumalan syvät asiat tunnetuksi.[4]

Selvästikin Jeffreys viittaa Paavalin opetukseen hengellisestä viisaudesta. Paras löytämäni määritelmä on peräisin Matthew Poolelta, englantilaiselta 1600-luvun epäkonformistiselta teologilta:

> On todennäköisintä, että hän tarkoittaa sitä, mitä tavallisesti pidämme viisautena, eli hyvään arviokykyyn tekoihin liittyvistä olosuhteista, jonka avulla voi toimia oikeaan aikaan ja parhaalla mahdollisella tavalla, jolloin ne saavuttavat päämääränsä.[5]

VIISAUDEN SANAT

Mitä tämä määritelmä tarvitsee on enemmän sen painottamista, että Pyhä Henki on tekemisessä läheisesti tämän viisauden jakamisen kanssa, vaikka se voi hyödyntää myös elämänkokemustamme. Viisauden sanat ovat Jumalan antamaa viisautta siitä, mitä meidän tulee tehdä. Ne ovat vähemmän ohjaavia kuin profetia ja keskittyvät enemmän Jumalan antamien periaatteiden seuraamiseen.

Viisauden sanat vaikuttavat viisailta myös järjellä ajateltuna eikä pelkästään uskon kautta.

Yksi parhaista Raamatun esimerkeistä löytyy Apostolien tekojen 15. luvusta, jossa apostolit keskustelevat siitä, pitääkö pakananuudesta kääntyneet kristityt ympärileikata, sen jälkeen kun Paavali ja Barnabas ovat tulleet Jerusalemiin. Jaakob päättää harkinnan jälkeen:

> Sentähden minä olen sitä mieltä, ettei tule rasittaa niitä, jotka pakanuudesta kääntyvät Jumalan puoleen, vaan heille kirjoitettakoon, että heidän pitää karttaman epäjumalien saastuttamaa ja haureutta ja lihaa, josta ei veri ole laskettu, sekä verta. Sillä Mooseksella on ammoisista ajoista asti joka kaupungissa julistajansa; luetaanhan häntä synagoogissa jokaisena sapattina. (Ap. t. 15:19-21)

Tämä ei ole mitään muuta kuin apostolisen tason viisauden sana. Määräyksen päätarkoituksena oli varmistaa, että juutalaisuudesta ja pakanuudesta kääntyneet uskovat voisivat palvoa Jumalaa samassa yhteisössä. Miten paljon tarvitsemmekaan tämänlaista viisautta nykyseurakunnassa!

Mutta viisauden sanat eivät toimi vain seurakunnassa vaan myös seurakunnan ulkopuolella.

Ensimmäisen Mooseksen kirjan 41. luvussa faarao näkee kaksi vaivaavaa unta, ja lopulta Joosefia pyydetään tulkitsemaan hänen unensa. Faaraon unen selittämisen jälkeen Joosef ehdottaa rohkeasti:

> "Nyt valitkoon siis farao ymmärtäväisen ja taitavan miehen ja asettakoon hänet Egyptin hallitusmieheksi. Näin tehköön farao: asettakoon päällysmiehiä maahan ja

ottakoon viidennen osan Egyptin maan sadosta seitsemänä viljavuotena. Ja koottakoon näinä hyvinä vuosina, jotka tulevat, kaikki niiden sato ja kasattakoon viljaa faraon haltuun, talletettakoon sato kaupunkeihin ja säilytettäköön, niin että maalla on eloa säästössä seitsemän nälkävuoden varalle, jotka kohtaavat Egyptin maata. Niin ei maa joudu perikatoon nälänhädän aikana."

Tämä puhe miellytti faraota ja kaikkia hänen palvelijoitansa. (1. Moos. 41:33-37)

Tämä on hieno esimerkki viisauden sanoista. Joosef on vuosia hallinnoinut vankilaa, ja on todennäköistä, että hänen oli täytynyt selviytyä vakavan ruokapulan kaltaisista ongelmista. Tämä on kokemukseen perustuva viisas neuvo eikä profetia, mutta se myös selittää Jumalan faaraolle antamaa profeetallista unta. Faarao ymmärtää sen viisauden ja nimittää Joosefin hallitsemaan koko Egyptiä, mikä täyttää profeetallisen näyn, jonka Jumala oli antanut Joosefille monia vuosia aikaisemmin.

Kuten näemme, viisauden sanat ovat sopusoinnussa Jumalan antaman näyn ja suunnitelman kanssa ja vievät niitä kohti täyttymystä. Viisauden sanat eivät ole vain mitä tahansa viisaita neuvoja.

Jumala voi antaa sinulle viisauden sanat, jotka pelastavat lähes mahdottomista vaaratilanteista.

Evankeliumissa Matteuksen mukaan fariseukset juonittelevat saadakseen Jeesuksen ansaan.

> Silloin fariseukset menivät ja neuvottelivat, kuinka saisivat hänet sanoissa solmituksi. Ja he lähettivät hänen luoksensa opetuslapsensa herodilaisten kanssa sanomaan: "Opettaja, me tiedämme, että sinä olet totinen ja opetat Jumalan tietä totuudessa, kenestäkään välittämättä, sillä sinä et katso henkilöön. Sano siis meille: miten arvelet? Onko luvallista antaa keisarille veroa vai ei?"
>
> Mutta Jeesus ymmärsi heidän pahuutensa ja sanoi: "Miksi kiusaatte minua, te ulkokullatut? Näyttäkää minulle veroraha." Niin he toivat hänelle denarin.
>
> Hän sanoi heille: "Kenen kuva ja päällekirjoitus tämä

on?"
> He vastasivat: "Keisarin". Silloin hän sanoi heille: "Antakaa siis keisarille, mikä keisarin on, ja Jumalalle, mikä Jumalan on".
> Kun he sen kuulivat, ihmettelivät he ja jättivät hänet ja menivät pois. (Matt. 22:15-22)

Jeesuksen sanoilla on piilomerkitys, josta saddukeukset ja fariseukset olivat todennäköisesti tietoisia, mutta mitä me emme ymmärrä, sillä me emme tunne juutalaista temppelijärjestelmää hyvin. Israelissa käytettiin myös toista kolikkoa, johon oli painettu toinen kuva.

Temppelivero voitiin maksaa vain yhdellä valuutalla, ja kun saavuit temppeliin, sinun piti vaihtaa rahaa saadaksesi tätä valuuttaa. Maksu voitiin tehdä vain Tyyron valuutalla tetradrakmalla. Sen hopeapitoisuus oli kaikkein korkein, ja sen tähden se oli kaikkein parhaiten inflaatiota vastustava valuutta.

Juutalaiset käyttivät Tyyron kolikoita pyhiin tarkoituksiin siitäkin huolimatta, että kolikossa oli Melqart-jumalan ja kotkan kuva ja kaiverrus, joka julisti Tyyron olevan pyhä turvapaikka. Mutta tämä jumala oli se sama Baal, jota kuningatar Iisebel oli palvellut. Ei ole ihme, että Jeesus käänsi rahanvaihtajien pöydät Evankeliumissa Matteuksen mukaan 21. luvussa ja sanoi, että temppelistä oli tullut ryövärien luola. Temppelin toimihenkilöt olivat tuoneet Baalin Jahven palvonnan keskipisteeseen. Temppelin rahanvaihtajat käyttivät myös Tyyron kolikkoa, jossa oli Baalin kuva, ja vaikuttaa siltä, että he ryöstivät temppelissä uhraavia käyttämällä epäedullisia vaihtokursseja.

Kuten Ahab, joka oli Tyyron rikkauden pettämä, Jeesuksen ajan juutalaiset johtajat olivat tulleet Tyyron mammonan pettämäksi. He olivat myös kehittäneet teorian, että Jahve, joka oli käskenyt juutalaisia olla tekemättä minkäänlaista kuvaa itsestään, ei vastustanut epäjumalankuvan käyttämistä temppelin kolikoissa, sillä tämä ei ollut Hänen kuvansa. Viides Mooseksen kirja 4:15-16 sanoo:

> Ottakaa siis itsestänne tarkka vaari – sillä te ette sinä päivänä, jona Herra puhui teille tulen keskeltä Hoorebilla, nähneet

hänestä minkäänkaltaista muotoa – ettette menettele kelvottomasti ettekä tee itsellenne jumalankuvaa, ette minkään muotoista patsasta, ette miehen tai naisen kuvaa...

Juutalaiset johtajat väittivät, että koska he eivät oikeasti palvoneet Baalia, oli sallittua käyttää hänen kuvallaan varustettua kolikkoa. Jeesus ei ainoastaan välttänyt heidän ansaansa viisauden sanojen avulla, vaan hän myös näytti heille epäsuorasti heidän tekopyhyytensä.

Jonkin aikaa sitten tapasin pastorin, jonka palvelutyö oli muuttumassa. Hän johti paikalliseurakuntaa, ja olin aikaisemmin profetoinut, että Jumala tulisi tuomaan muutoksen hänen palvelutyöhönsä. Tämän jälkeen joitakin paikallisia oli löytänyt uskon tämän seurakunnan työn kautta, ja he olivat liittyneet seurakuntaan. Seurakunnassa oli myös uusi palo rukoilla erityisesti miesten keskuudessa, ja hänen mukaansa tämä oli epätavallista, sillä he eivät olleet koskaan aikaisemmin osoittaneet minkäänlaista halua hengelliseen kasvuun.

Mutta nyt hänellä oli uusi ongelma. Hän oli aina valmistellut saarnansa etukäteen viidentoista vuoden ajan. Hän pyysi Jumalalta sanomaa, ja sen jälkeen kun hän oli saanut sen, hän valmisteli saarnansa huolellisesti.

Nyt hän oli saanut jo jonkin aikaa aiheensa Pyhältä Hengeltä vasta sunnuntaiaamuna, ja hänelle jäi vain vähän aikaa valmistella.

Pyhä Henki antoi minulle yliluonnollisen ymmärryksen tähän tilanteeseen.

"Jumala on muuttamassa saarnaamisesi dynamiikkaa." Tämä oli tiedon sana hänen tilanteestaan.

"Mutta mitä tapahtuu saarnojeni valmistelulle? Olen tottunut valmistelemaan saarnani etukäteen."

"Miten monta vuotta olet valmistellut saarnoja?" kysyin häneltä.

"Viidentoista vuoden ajan."

"Sinun seuraavaa saarnaasi on sitten valmisteltu viidentoista vuoden ajan", sanoin. Nämä olivat viisauden sanat. Oli selvää, että Jumala halusi hänen tukeutuvan vähemmän saarnojen valmisteluun ja enemmän Pyhän Hengen innoitukseen, ja se tapa jolla Jumala sai tämän tapahtumaan oli poistamalla mahdollisuus valmistella saarnoja etukäteen. Kerroin hänelle olevan todennäköistä, että Jumala antaisi hänelle vielä vähemmän aikaa valmistella saarnaa. Tapasin hänet muutamaa viikkoa myöhemmin. Pyhä Henki oli antanut hänelle innoituksen saarnaan vain noin puoli tuntia ennen kokousta. Hänelle oli jäänyt vielä vähemmän aikaa valmistella saarnaa. Mutta jopa ne seurakunnan jäsenet, jotka tiesivät, että hänellä ei ollut aikaa valmistella, antoivat loistavaa palautetta, sillä valmistautumattomuudesta ei näkynyt jälkeäkään. Miten olisi voinut – olihan hän valmistellut tätä saarnaa viidentoista vuoden ajan!

"Minun ei tarvitse olla profeetta tietääkseni, että valmistautumisajasta tulee vielä lyhyempi", kerroin hänelle. Tämä oli toinen viisauden sana. "Jumala on pakottamassa sinua lisäämään luottamustasi seurata saarnaamisessasi intuitiivisempaa dynamiikkaa, joka vastaa niiden tarpeisiin, jotka sattuvat olemaan läsnä seurakunnassa." Tapasin hänet uudelleen kuukauden päästä. "Jumala antoi minulle sanoman vasta kun astuin saarnapöntön taakse puhumaan", hän sanoi. Mutta hänen saarnaamisensa oli mennyt hyvin, ja siinä oli ollut erilainen voitelu.

Poistamalla saarnan valmistelun apukepit Jumala oli valmentamassa hänestä parempaa saarnaajaa. Hän oli valmistautunut riittävän pitkään; nyt oli aika luottaa Hengen virtaan.

Usein viisauden sanat toimivat yhteistyössä tiedon sanojen ja profetian kanssa. Viisauden sanojen luonne on ilmestyksellinen, mutta ne antavat ihmisille enemmän tilaa toimia ymmärryksen varassa kuin ohjaavan profetian pakkopaitaan sitominen.

Usein Jumala on selvästi läsnä, ja tunnet kuinka Pyhä Henki ohjaa sinua menneiden kokemuksiesi kirjaston oikeita ajatuksia kohtaan mutta parantaen näitä ajatuksia, ja päädyt jakamaan paljon viisaampia ajatuksia kuin olisit voinut kuvitellakaan keskustelun alussa.

Yritän välttää ohjaavaa profetiaa parhaani mukaan. Tiedän, että tämä ei ole mitä ihmiset odottavat profeettojen tekevän, mutta haluan jokaisen uskovan oppivan kuulemaan Pyhän Hengen äänen suoraan eikä profeetan, välikäden, kautta. Parhaimmillaankin profeetta voi auttaa sinua matkalla, mutta se on sinun matkasi, ja ainoa tapa päättää matka hyvin on läheisen suhteen löytäminen Jumalan kanssa.

Usein ihmiset lähestyvät minua ja kysyvät, tulisiko heidän ottaa vastaan uusi työpaikka tai onko joku se oikea puoliso, mutta oikean vastauksen antamisen sijasta en paljasta heille mitään. Sen sijaan käytän tilaisuutta opettamaan heille, kuinka he voivat etsiä Jumalan tahtoa itse.

Mikä tahansa avioliitto on paljon vahvempi, jos mies ja nainen ovat etsineet Jumalan tahtoa itse ja saaneet vastauksen Jumalalta eikä joltain profeetalta. Olen ollut tilanteissa, joissa minulle on ollut selvää, että se henkilö, jonka kanssa joku seurustelee, ei ole se oikea, ja olen valmistanut tätä henkilöä väistämättömään suhteen purkautumiseen selittämällä raamatullisia periaatteita. Usein ne, jotka kysyvät onko joku se oikea, ovat vain kalastamassa siunausta omalle päätökselleen eivätkä etsimässä aitoa suuntaa Jumalalta. Tämänkaltaisisissa tilanteissa on parempi kehottaa näitä henkilöitä rukoilemaan ja opiskelemaan Raamattua, jotta he oppivat löytämään vastauksen itse. Usein on helppo löytää se vastaus, mutta täynnä toivoa oleva sydän voi olla petollinen.

Näissä tilanteissa viisauden sanat ovat paljon hyödyllisempiä kuin profetia siinä mielessä, että ne opettavat ihmisiä vastuuseen omasta elämästään.

Kerran nuori nainen lähestyi minua ja sanoi: "Tahdon olla lähempänä Jumalaa."

"Rukoiletko päivittäin?" kysyin. Tämä oli tiedon sana käännettynä yksinkertaiseksi ja käytännölliseksi kysymykseksi.

"En", hän vastasi.

"Kuinka odotat olevasi lähempänä Jumalaa, jos et anna Hänelle jakamatonta huomiotasi?" kysyin.

Uuden testamentin profeettoja ei ole kutsuttu olemaan välimiehiä ihmisten ja Jumalan välillä vaan varustamaan miehiä ja naisia kuulemaan suoraan Jumalalta.

Viisauden sanat ovat paras apu profetoimisen "kiusausta" vastaan silloin kun sinulla ei ole mitään Jumalalta saatua profeetallista sanottavaa. Lähes aina viisauden sanat ovat hyödyllisempiä kuin profetia. Kylmä totuus on, että kukaan ei tarvitse ketään itsensä ja Jeesuksen välille. Ikääntyessäni olen vähemmän ja vähemmän kiinnostunut profetioiden jakamisesta ja enemmän kiinnostunut auttamaan uskovia kehittämään läheinen suhde Pyhän Hengen kanssa ja kasvamaan armolahjojen käytössä. Mentorointi ja valmennus ovat joitakin viisauden sanojen pääkäyttöalueita. Jokainen mentorointisuhde on ainutlaatuinen, ja jokainen kerta kun tapaamme mentoroitavamme, Pyhä Henki on kykenevä antamaan viisaudestaan, jota Hän on kerännyttänyt meihin kokemuksiemme kautta, silloin kun olemme seuranneet Häntä.

Monien kristittyjen mielessä viisauden sanat voivat kuulostaa vähemmän vaikuttavilta kuin tiedon sanat tai profetia, mutta usein ne ovat paljon hyödyllisempiä.

11

HENKIEN EROTTAMISEN LAHJA

Helluntailiike syntyi Pyhän Hengen vuodatuksesta, mutta ei vienyt kauan ennen kuin sen johtajien piti alkaa taistella demonisia vaikututuksia vastaan.

William Seymour viittasi väärennöksiin ja petollisiin henkiin saarnoissaan. On selvää, että hän kohtasi molempia Azusa-kadulla.

Seymour oli tietoinen siitä, että monet tulivat Azusa-kadulle imitoiden Pyhän Hengen työtä. Hänen reaktionaan oli Raamatun opiskeleminen huolellisemmin.

Seymour sanoi:

> Meidän tulee jakaa Kirjoituksia oikein ja verrata jakeita toisiin jakeisiin päästäksemme eroon epätietoisuudesta, ja jotta petollinen opetus tai väärä opetus eivät hiivi sisälle.[1]

Ikävä kyllä huolellinen Raamatun opiskelu ei ole osa karismaattista kulttuuria, ja monet uskovat luottavat siihen, että pastorit opiskelevat Raamattua heidän puolestaan nostaen käytännössä usein johtajien sanat Raamatun auktoriteetin yläpuolelle.

Yksi Azusa-kadun suurimpia uhkia olivat spiritualistit, jotka olivat viehättyneet herätyksestä. Seymour osoitti heitä ja kutsui heitä väärentäjiksi. Heidän mukanaolonsa takia helluntailaisuus nähtiin pian "vapaana rakkautena", joka oli naisten "vapautusliike".

Vapaa rakkaus antoi naisille vapauden valita seksipartnerinsa. Kaikki spiritualistit eivät olleet vapaan rakkauden kannattajia, mutta lähes kaikki vapaan rakkauden kannattajat olivat spiritualisteja.

Azusa-kadun missioon kerääntyi joukko tunnettuja spiritualisteja.[2]

Jos opiskelet Azusa-kadun herätyksen historiaa, huomaat, että Jumalan antama herätys ei automaattisesti suojele meitä demonisilta vaikutteilta. Tämän takia on elintärkeää, että jokainen armolahjoja käyttävä opiskelee Raamattua huolellisesti.

Esim. Branham opetti, että sairaudet olivat demonien tuomia ja ulosajoi demoneja uskovista. Mutta jos luemme Raamattua, ymmärrämme pian, että tämä ei ole raamatullista opetusta. Kuitenkin monet uskovat seurasivat Branhamia, sillä he nostivat Branhamin sanan Raamatun yläpuolelle.

Raamattu opettaa monia asioita demoneista. Mutta Uudessa testamentissa ei ole yhtään tapausta, jossa uskovan sairaus olisi ollut demonin aiheuttama. Paholainen haluaa meidän kuitenkin uskovan, että demoninen sairaus voi kiduttaa uskovaa.

On toinen asia, että syntimme voivat tuoda sairautta elämäämme huonojen elämäntapavalintojen kautta, ja ihmiskunnan kollektiiviset synnit tuovat sairauksia jopa viattomille.

Mutta pahat henget voivat hyökätä mieltämme ja ajatusprosessejamme vastaan ja tämän kautta vaikuttaa elämäämme.

MIKÄ ON HENKIEN EROTTAMISEN LAHJA?

Henkien erottamisen lahja on kyky erottaa hengellisiä vaikutuksia ja läsnäoloja elämässämme ja ympäristössämme.

Kirje heprealaisille 4:12 sanoo:

> Sillä Jumalan sana on elävä ja voimallinen ja terävämpi kuin mikään kaksiteräinen miekka ja tunkee lävitse, kunnes se erottaa sielun ja hengen, nivelet sekä ytimet, ja on sydämen ajatusten ja aivoitusten tuomitsija.

Jumalan Sanan opiskelu antaa meille erottamiskykyä, ja ensimmäiseksi se alkaa tuoda sitä omiin motivaatioihimme, näyttäen, mikä on sielusta ja mikä Pyhästä Hengestä.

Tämä ei ole se varsinainen henkien erottamisen lahja, mutta perustavanlaatuinen erottamiskyky, jonka jokainen uskova tarvitsee elämässään. Tietääksesi mikä elämässäsi on Jumalasta, sinun pitää myös tietää mikä on omasta sielustasi. Ja Jumalan Sana yhdessä Pyhän Hengen kanssa alkaa tuomaan tätä erottelua, jotta kykenet ymmärtämään omat motivaatiosi selvemmin. Mutta vaikka Sanan tunteminen on välttämätöntä henkien erottamisen armolahjan toimimiselle, itse lahja on Jumalan läsnäolossa vietettyjen pitkien aikajaksojen sivutuote.

Henkien erottamisen armolahja syntyy Jumalan läsnäolossa. Se on profeetallinen armolahja ja hyödyllinen vain silloin, kun se toimii profetian armolahjan ja Jumalan äänen kuulemiskyvyn kanssa. Jos et kykene kuulemaan Jumalan ääntä, et voi laittaa henkien erottamisen armolahjaa hyödylliseen käyttöön, ja se voi jopa johtaa sinua harhaan, sillä voit helposti tulkita väärin syyt hengelliseen häiriötilaan. Kun herkistyt Jumalan läsnäolon tuntemisessa, tulet myös herkemmäksi ympärillämme vaikuttavien demonisten läsnäolojen tuntemisessa.

Voit olla tietoinen demonisista läsnäoloista, mutta tämä ei ole välttämättä henkien erottamisen armolahja. Esim. monet taiteilijat ovat hengellisesti herkkiä. Meediot voivat joskus aistia demonien läsnäolon. Mutta ainoastaan Pyhän Hengen voiman ja läsnäolon kautta voimme alkaa erottamaan, mitä nämä voimat todella ovat. Tietoisuus demonisista olennosta, mikä ei ole tullut Jumalalta, on vaarallista, sillä sinulla ei ole hengellistä voimaa vastustaa ja erottaa demonisia petoksia ilman Pyhää Henkeä.

Suomen ilma on suhteellisen puhdasta. Mutta joka kerta kun laskeudun Heathrowin lentokentälle, huomaan miten saastunutta Lontoon ilma on. Mutta totun siihen pian ja kohta en huomaa sitä ollenkaan. Tarvitset puhdasta ilmaa erottaaksesi saastuneen ilman. Samoin tarvitset Jumalan läsnäolon kokemista ennen kuin alat erottaa ympärilläsi olevat demoniset vaikutukset. Vasta koettuamme jotain Jumalasta tulemme tietoiseksi syntisyydestämme. Useimmat ihmiset eivät ole tietoisia syntisyydestään vaan ajattelevat olevansa vanhurskaampi kuin keskivertoihminen.

Evankeliumissa Luukkaan mukaan opetuslapset ovat kalastaneet läpi yön ilman saalista. Jeesus kehottaa heitä lähtemään uudestaan kalaan.

Niin Simon vastasi ja sanoi hänelle: "Mestari, koko yön me olemme tehneet työtä emmekä ole mitään saaneet; mutta sinun käskystäsi minä heitän verkot".

Ja sen tehtyään he saivat kierretyksi suuren joukon kaloja, ja heidän verkkonsa repeilivät.

Niin he viittasivat toisessa venheessä oleville tovereilleen, että nämä tulisivat auttamaan heitä; ja he tulivat. Ja he täyttivät molemmat venheet, niin että ne olivat uppoamaisillaan.

Kun Simon Pietari sen näki, lankesi hän Jeesuksen polvien eteen ja sanoi: "Mene pois minun tyköäni, Herra, sillä minä olen syntinen ihminen". (Luuk. 5:5-8)

Tämä oli ihmesaalis. Tähän asti Pietari oli ehkä ajatellut olevansa hyvä mies, mutta nyt hän tuli akuutin tietoiseksi syntisyydestään, sillä hän kohtasi Jumalan yliluonnollisen voiman. Mutta ei vaikuta siltä, että Jeesus olisi edes maininnut synti-sanan.

Vasta kun minusta tuli Jeesuksen opetuslapsi aloin ymmärtää kuinka syntinen todella olin. Tämä oli sen tähden, että Pyhä Henki otti valtaan temppelinsä, ja Hänen valonsa alkoi paistaa elämäni pimeimpiin nurkkiin.

MITÄ RAAMATTU OPETTAA DEMONEISTA?

Minulla on ollut monia kokemuksia Saatanan valtakunnasta, sillä olen sodassa sitä vastaan. Mutta kun alamme opettamaan sielunvihollisesta ja hänen valtakunnastaan, meidän pitää aina alkaa Kirjoituksista eikä kokemuksistamme varmistaaksemme, että mikään Saatanan juoni ei voi pettää meitä, sillä kokemuksemme voivat olla harhaanjohtavia.

Evankeliumissa Johanneksen mukaan 8:44 Jeesus kertoo fariseuksille:

> Te olette isästä perkeleestä, ja isänne himoja te tahdotte noudattaa. Hän on ollut murhaaja alusta asti, ja totuudessa hän ei pysy, koska hänessä ei totuutta ole. Kun hän puhuu valhetta, niin hän puhuu omaansa, sillä hän on valhettelija ja sen isä.

HENKIEN EROTTAMISEN LAHJA

Jos Saatana on valheen isä, on hyvin mahdollista, että monet kokemukset, joita ihmisillä on Saatanasta, ovat vain valheita.

Kun Saatana kiusasi Jeesusta erämaassa, Jeesus kieltäytyi kuuntelemasta häntä silloinkin, kun Saatana siteerasi Raamattua. Hän tiesi, että jos Saatana luki Raamattua, hän vääristäisi sitä jollain tavalla. Hän tiesi, että paholainen oli valehtelija ja murhaaja, ja että Saatanalla oli käytössään suuri armeija omankaltaisiaan.

Kirje heprealaisille 12:22 kertoo:

> Vaan te olette käyneet Siionin vuoren tykö ja elävän Jumalan kaupungin, taivaallisen Jerusalemin tykö, ja kymmenien tuhansien enkelien tykö...

(Suom. huom. Tämä enkelien lukumäärä käännetään useimmiten sanalla *lukematon*.) Raamatun mukaan on niin paljon enkeleitä, että niitä ei voi edes laskea.

Johanneksen ilmestys 12:7-9 kertoo taivaassa käydystä sodasta:

> Ja syttyi sota taivaassa: Miikael ja hänen enkelinsä sotivat lohikäärmettä vastaan; ja lohikäärme ja hänen enkelinsä sotivat, mutta eivät voittaneet, eikä heillä enää ollut sijaa taivaassa. Ja suuri lohikäärme, se vanha käärme, jota perkeleeksi ja saatanaksi kutsutaan, koko maanpiirin villitsijä, heitettiin maan päälle, ja hänen enkelinsä heitettiin hänen kanssansa.

Niin Saatana heitettiin ulos häntä seuranneiden enkelien kanssa. Ja Johanneksen ilmestys 12:3-4 antaa meille Saatanaa seuranneiden enkelien osuuden taivaan joukoista:

> Ja näkyi toinen merkki taivaassa, ja katso: suuri, tulipunainen lohikäärme, jolla oli seitsemän päätä ja kymmenen sarvea, ja sen päissä seitsemän kruunua; ja sen pyrstö pyyhkäisi pois kolmannen osan taivaan tähtiä ja heitti ne maan päälle.

Tämä on kolmasosa lukemattomista enkeleistä. Se on suuri lukumäärä, ja Johanneksen ilmestyksen mukaan nämä pimeät enkelit – demonit – ovat nyt maan päällä.

Raamattu viittaa Saatanaan Beelsebulina – kärpästen herrana – joka lähettää demonilauman jokaisen Jeesusta seuraavan kimppuun. Mutta miksi emme voi nähdä niitä, jos ne ovat kaikkialla maan päällä? Kirje heprealaisille 1:14 antaa meille vastauksen:

> Eivätkö he kaikki ole palvelevia henkiä, palvelukseen lähetettyjä niitä varten, jotka saavat autuuden periä?

Kirjoittaja kertoo enkeleistä, mutta demonit olivat ennen enkeleitä – kuten Pyhä Henki, enkelit ja demonit ovat henkiä, mikä tarkoittaa sitä, että niillä ei ole fyysistä ruumista. Mutta toisin kuin Pyhän Hengen, demonien ja enkelien henkiruumis on rajallinen. Ne ovat meille näkymättömiä, mutta tämä ei tarkoita sitä, etteivätkö ne olisi ympärillämme. Evankeliumi Matteuksen mukaan 4:11 kertoo, mitä tapahtui sen jälkeen, kun Jeesusta kiusattiin erämaassa:

> Silloin perkele jätti hänet; ja katso, enkeleitä tuli hänen tykönsä, ja he tekivät hänelle palvelusta.

On aikoja, jolloin Jumala poistaa vihollisen painostuksen lähettämällä enkelinsä, kuten silloin kun enkeli saapui vahvistamaan Jeesusta Öljymäellä juuri ennen kuin Juudas petti Hänet:

> Niin hänelle ilmestyi taivaasta enkeli, joka vahvisti häntä. (Luuk. 22:43)

Enkelit ovat puolellamme taistelussa, ja usein Jumala lähettää niitä meitä vahvistamaan. Hänen armeijansa taistelee aina puolestamme. Tämä on näkymätön taistelu, jota emme voi nähdä paljain silmin, mutta me voimme aistia sen olemassaolon henkien erottamisen armolahjan avulla. Mutta meillä on oma kova taistelu. Paavali sanoo Kirjeessä efosolaisille 6:12:

> Sillä meillä ei ole taistelu verta ja lihaa vastaan, vaan hallituksia vastaan, valtoja vastaan, tässä pimeydessä hallitsevia maailmanvaltiaita vastaan, pahuuden henkiolentoja vastaan taivaan avaruuksissa.

HENKIEN EROTTAMISEN LAHJA

Tämä on taistelu sinun ja maailmanvaltiaiden välillä; se on lähietäisyydellä käytävä painiottelu, jossa haistaa vastustajan hien ja veren.

Heprean kielen sana *stn*, joka lausutaan Saatanana, merkitsee vastustajaa juurimerkityksessä "asettaa eteen estämään" tai "estää". Neil Forsyth, englannin kielen professori Lausannen yliopistossa, selittää:

> Useimmiten juurisanan *stn* käyttö Vanhassa testamentissa viittaa tällaiseen pimeämpään merkitykseen; oletuksena on yleensä, että polku on oikea ja vastustaja väärässä. Mutta sana ei välttämättä viittaa hengellisiin vastustajiin. Esim. Ensimmäisessä kuningasten kirjassa sana viittaa tavalliseen, maalliseen vastustajaan: "Niin Herra nostatti Salomolle vastustajaksi (saatana) edomilaisen Hadadin".
> Samassa luvussa Resonia, Damaskuksen kuningasta, kutsutaan "Israelin saatanaksi" Salomonin kaikkina päivinä.[3]

Jumala harvoin estää meitä suoraan, silloin kun Hän haluaa kasvattaa meitä hengellisesti; sen sijaan Hän sallii paholaisen tekevän näin. Kun Hän koetteli Jobia, Hän ei tuonut suoraan kärsimystä Jobin elämään. Sen sijaan Hän poisti suojeluksensa.

Mutta paholainen yrittää usein estää meitä muiden ihmisten kautta, ja meidän tulee muistaa, että emme taistele lihaa ja verta vastaan. Henkien erottamisen armolahja auttaa meitä siirtämään huomiomme edomilaisesta Hadadista Saatanaan, joka ohjailee asioita kulissien takana.

Taivaan tähdet, jotka heitettiin maahan, vaikuttavat olleen kolmannes enkeleistä, jotka menettivät taivaallisen kunnian mutta eivät kaikkea hengellistä voimaansa. Profeetta Jesaja paljasti heidän johtajansa sydämen ajatukset:

> Kuinka olet taivaalta pudonnut, sinä kointähti, aamuruskon poika! Kuinka olet maahan syösty, sinä kansojen kukistaja! Sinä sanoit sydämessäsi: "Minä nousen taivaaseen, korkeammalle Jumalan tähtiä minä istuimeni korotan ja istun ilmestysvuorelle, pohjimmaiseen Pohjolaan. Minä nousen

pilvien kukkuloille, teen itseni Korkeimman vertaiseksi."
Mutta sinut heitettiin alas tuonelaan, pohjimmaiseen
hautaan. (Jes. 14:12-15)

Hesekiel viittaa Jumalan sanoin Saatanaan, joka työskenteli
kulissien takana Tyyron kaupungissa:

> Sinä olit kerubi, laajalti suojaavainen, ja minä asetin sinut
> pyhälle vuorelle; sinä olit jumal'olento ja käyskentelit
> säihkyväin kivien keskellä. Nuhteeton sinä olit vaellukseltasi
> siitä päivästä, jona sinut luotiin, siihen saakka, kunnes sinussa
> löydettiin vääryys. Suuressa kaupankäynnissäsi tuli sydämesi
> täyteen väkivaltaa, ja sinä teit syntiä. Niin minä karkoitin
> sinut häväistynä Jumalan vuorelta ja hävitin sinut, suojaava
> kerubi, pois säihkyväin kivien keskeltä. Sinun sydämesi
> ylpistyi sinun kauneudestasi, ihanuutesi tähden sinä kadotit
> viisautesi. Minä viskasin sinut maahan. (Hes. 28:14-17)

Voimme vain kuvitella, minkälaisen hengellisen vastustuksen
muurin Paavalin piti murtaa, ennen kuin hän innoittui kirjoittamaan:

> Sentähden ottakaa päällenne Jumalan koko sota-asu,
> voidaksenne pahana päivänä tehdä vastarintaa ja kaikki
> suoritettuanne pysyä pystyssä.
> Seisokaa siis kupeet totuuteen vyötettyinä, ja olkoon
> pukunanne vanhurskauden haarniska, ja kenkinä jaloissanne
> alttius rauhan evankeliumille.
> Kaikessa ottakaa uskon kilpi, jolla voitte sammuttaa
> kaikki pahan palavat nuolet, ja ottakaa vastaan pelastuksen
> kypäri ja Hengen miekka, joka on Jumalan sana. Ja tehkää
> tämä kaikella rukouksella ja anomisella, rukoillen joka aika
> Hengessä ja sitä varten valvoen kaikessa kestäväisyydessä ja
> anomisessa kaikkien pyhien puolesta. (Ef. 6:13-18)

On uskovia, jotka näkevät paholaisen kaikkialla, ja tietyssä mielessä
he ovat oikeassa, sillä paholaisen armeija toimii kaikkialla, mutta
usein he näkevät paholaisen väärissä asioissa, kuten kulttuurin
alueella. He painivat yhä lihan ja veren kanssa, vaikka he

HENKIEN EROTTAMISEN LAHJA 201

uskovatkin, että he painivat demonisia maailmanvaltiaita vastaan. Suurempi ongelma on, että monet karismaattisessa liikkeessä mukana olevat palvovat yliluonnollista, ja heitä pelottaa minkään kritisoiminen, sillä he eivät halua loukata Pyhää Henkeä. Heille kaikki yliluonnollinen on Jumalasta. Toiset taas tulevat siihen johtopäätökseen, että kaikki yliluonnollinen aktiviteetti on joko demonista tai ihmisten keksimää, ja sulkevat tämän alueen kokonaan elämästään. Mutta yliluonnollisen poissulkeminen on virhe, sillä se ei pysäytä paholaisen työskentelemistä vaan ryöstää meiltä Pyhän Hengen antamat yliluonnolliset aseet ja tekee seurakunnasta altavastaajan taistelussa vihollista vastaan.

ONKO IISEBEL-HENKEÄ OLEMASSA?

Karismaattisessa liikkeessä on uskomus Iisebel-hengen olemassaolosta, ja vallitsevan käsityksen mukaan Iisebel-henki näyttää olevan läsnä kaikkialla. Usein tämä opetus jättää epäselväksi sen, onko Iisebel-henki yksittäinen henki vai demonien laji.

William Branham saarnasi usein "Iisebel-henkeä" ja "Iisebeluskontoa" vastaan[4], ja hän varmasti levitti tätä oppia enemmän kuin monet muut saarnaajat. Osatekijänä oli se, että hänellä näytti olevan huono käsitys naisista. Branhamin ajattelussa Iisebel-henki oli kapinan ja viettelyn henki, joka vaivasi naisia.

Mutta suuri osa Iisebel-opetusta antaa yhdelle pahalle hengelle, joka saattaa olla olemassa tai sitten ei, liian paljon valtaa, ja perustuu kahden Raamatun viittauksen väärinymmärtämiseen. Raamattu itse ei edes mainitse Iisebel-henkeä, joten sen olemassaolosta puhuminen on parhaimmillaan vain spekulaatiota.

Kuningatar Iisebelin tarina, johon kaikki opetus Iisebel-hengestä perustuu, löytyy Ensimmäisestä ja Toisesta Kuningasten kirjasta. Iisebel oli foinikialainen prinsessa ja Etbaalin, Tyyron kuninkaan tytär. Iisebel meni naimisiin pohjoisen kuningaskunnan Israelin kuninkaan Ahabin kanssa aikana, jolloin Israel oli jakautunut kahtia Israeliin pohjoisessa ja Juudaan etelässä.

Ahab oli kuningas Omrin poika. Omri oli nostanut pohjoisen kuningaskunnan Israelin suureen valta-asemaan ja tehnyt Samariasta pääkaupunkinsa. Hänen historiallisuudestaan todistavat muinaiset kaiverrukset nk. Moabilaisten kivessä ja Shalmaneser III:n mustassa obeliskissa.

Raamatun mukaan Ahab ja Iisebel tukivat Baalin ja Aseran epäjumalien palvontaa, ja he rakensivat niille pyhättöjä Samariassa, mikä oli "pahaa Jumalan silmissä".

Ensimmäinen kuningasten kirja 18 kertoo, että Iisebel määräsi kaikki Jahven profeetat Israelissa tapettavaksi, ja että hänen kuningattarellisen pöytänsä antimista nautti 450 Baalin ja 400 Aseran profeettaa. Jahven profeetta Elia oli kuitenkin paennut Iisebelin vainoa, ja hän haastoi kuningas Ahabin vaatien Baalin ja Aseran profeettojen tulevan kilpailemaan Karmel-vuorelle. Pakanajumalien profeetat ja Elia tapasivat "kaiken kansan" edessä, ja Elia määräsi kahden alttarin pystyttämisen, yhden Baalille ja yhden Jahvelle omistetun. Molemmilla alttareilla uhrattiin härkä. Baalin seuraajat rukoilivat jumalaansa lähettämään tulen polttamaan uhri, mutta mitään ei tapahtunut. Kun Elia rukoili Jahvea, tuli lankesi heti taivaasta ja poltti koko uhrin, minkä tähden kansanjoukko heittäytyi maahan huutaen "Herra on Jumala." Elia määräsi israelilaiset ottamaan kiinni Baalin profeetat, ja heidät kaikki teurastettiin hänen määräyksestään. Iisebel vannoi tappavansa Elian kostoksi.

Uskomus Iisebel-hengestä jonkinlaisena pelon henkenä ja profeettojen perivihollisena perustuu tähän Raamatun kertomukseen. Eikä ole vaikea nähdä, miten houkutteleva teoria raivoavasta Iisebel-hengestä voi olla nykyajan profeetoille, joiden palvelutyötä usein vastustetaan seurakunnassa. On selvää, että monet profeetat voivat samaistua Eliaan!

Raamatullinen kertomus kuningatar Iisebelistä on lyhyt, ja monilla karismaattisilla opettajilla on paljon enemmän sanottavaa Iisebel-hengestä kuin Raamattu. Minusta vaikuttaa siltä, että monet profeetalliset hahmot projisoivat omat pahat kokemuksensa Iisebel-henkeen, josta tulee jonkinlainen Saatanan ykkösapulainen ja joka tekee Saatanan työn silloin kun hän itse on liian kiireinen.

On monia syitä siihen, minkä tähden karismaattisen liikkeen nyky-ymmärrys Iisebel-hengestä on vahingollinen.

HENKIEN EROTTAMISEN LAHJA   203

Ensimmäiseksi opetusta Iisebel-hengestä on väärinkäytetty alistamaan naisia seurakunnassa.

Toiseksi ymmärtääksemme, mitä oikeasti tapahtui kuningas Ahabin, kuningatar Iisebelin ja Elian välillä, meidän pitää esittää tärkeä kysymys: miksi Ahab meni naimisiin Iisebelin kanssa? Ensimmäinen kuningasten kirja 16:29-33 kertoo:

> Ahab, Omrin poika, tuli Israelin kuninkaaksi Aasan, Juudan kuninkaan, kolmantenakymmenentenä kahdeksantena hallitusvuotena; sitten Ahab, Omrin poika, hallitsi Israelia Samariassa kaksikymmentä kaksi vuotta.
>
> Mutta Ahab, Omrin poika, teki sitä, mikä on pahaa Herran silmissä, enemmän kuin kaikki hänen edeltäjänsä.
>
> Ei ollut siinä kylliksi, että hän vaelsi Jerobeamin, Nebatin pojan, synneissä, vaan hän otti myös vaimokseen Iisebelin, siidonilaisten kuninkaan Etbaalin tyttären, ja rupesi palvelemaan Baalia ja kumartamaan sitä. Ja hän pystytti alttarin Baalille Baalin temppeliin, jonka hän oli rakentanut Samariaan.
>
> Ahab teki myös aseran. Ja Ahab teki vielä paljon muuta ja vihoitti Herraa, Israelin Jumalaa, enemmän kuin kukaan niistä Israelin kuninkaista, jotka olivat olleet ennen häntä.

Ahabista ei tullut paha sen jälkeen kun hän nai Iisebelin. Hän nai Iisebelin sen tähden, että hän oli paha. Muinaisina aikoina kuninkas vain harvoin nai prinsessan sen tähden, että hän rakastui prinsessaan. Olihan heillä jo jalkavaimoja ja rakastajattaria seksiä varten.

Vaikuttaa selvältä, että kuten useimmat aikakautensa kuninkaat, Ahab ei todennäköisesti mennyt naimisiin rakkauden tähden. Sen sijaan Ahab nai Iisebelin, koska hän halusi tehdä liiton Tyyron kanssa.

Tyyro oli yksi maailman rikkaimmista kaupungeista. Jesaja profetoi Tyyrosta Jesajan kirjassa 23:7-9:

> Onko tämä teidän remuava kaupunkinne, jonka alku on hamasta muinaisajasta, jonka jalat kuljettivat sen kauas muukalaisena asumaan? Kuka on tämän päättänyt Tyyron

osalle, kruunujen jakelijan, jonka kauppamiehet olivat ruhtinaita, kauppiaat maanmainioita? Herra Sebaot on sen päättänyt, häväistäkseen kaiken koreuden korskan, saattaakseen kaikki maanmainiot halveksituiksi.

Tyyron rikkaudet eikä Iisebelin kauneus olivat se tekijä, joka houkutteli Ahabin tekemään liiton Tyyron kanssa. Ja Tyyron mammona sai Ahabin palvomaan baaleja. Ja näiden baalien taustalla toimivat demoniset olennot eikä Iisebel-henki antoivat energiaa Iisebelin raivolle.

Johanneksen ilmestys 2:18-29 viittaa Iisebeliin, kun Jeesus puhyy Tyatiran seurakunnalle:

> Ja Tyatiran seurakunnan enkelille kirjoita: "Näin sanoo Jumalan Poika, jolla on silmät niinkuin tulen liekki ja jonka jalat ovat niinkuin kiiltävä vaski: Minä tiedän sinun tekosi ja rakkautesi ja uskosi ja palveluksesi ja kärsivällisyytesi ja että sinun viimeiset tekosi ovat useammat kuin ensimmäiset. Mutta se minulla on sinua vastaan, että sinä suvaitset tuota naista, Iisebeliä, joka sanoo itseään profeetaksi ja opettaa ja eksyttää minun palvelijoitani harjoittamaan haureutta ja syömään epäjumalille uhrattua. Ja minä olen antanut hänelle aikaa parannuksen tekoon, mutta hän ei tahdo parannusta tehdä eikä luopua haureudestaan.
>
> Katso, minä syöksen hänet tautivuoteeseen, ja ne, jotka hänen kanssaan tekevät huorin, minä syöksen suureen ahdistukseen, jos eivät tee parannusta ja luovu hänen teoistansa; ja hänen lapsensa minä tappamalla tapan, ja kaikki seurakunnat saavat tuntea, että minä olen se, joka tutkin munaskuut ja sydämet; ja minä annan teille kullekin tekojenne mukaan. Mutta teille muille Tyatirassa oleville, kaikille, joilla ei ole tätä oppia, teille, jotka ette ole tulleet tuntemaan, niinkuin ne sanovat, saatanan syvyyksiä, minä sanon: en minä pane teidän päällenne muuta kuormaa; pitäkää vain, mitä teillä on, siihen asti kuin minä tulen.
>
> Ja joka voittaa ja loppuun asti ottaa minun teoistani vaarin, sille minä annan vallan hallita pakanoita, ja hän on kaitseva heitä rautaisella valtikalla, niinkuin saviastiat heidät särjetään – niinkuin minäkin sen vallan Isältäni sain – ja

HENKIEN EROTTAMISEN LAHJA 205

minä annan hänelle kointähden. Jolla on korva, se kuulkoon, mitä Henki seurakunnille sanoo."

Pintatasolla tämä näyttää selvältä aistillisuuden ja seksuaalisuuden kautta tapahtuvalta viettelyltä, mutta jos olet tietoinen historiallisesta kontekstista, ymmärrät, että Tyatiran kristityt eivät olleet ollenkaan pakanatemppeleissä tapahtuneen seksin viettelemiä. Sen sijaan he olivat pakanoiden rahan viettelemiä.

Useimmissa kreikkalaisissa kaupungeissa kaupankäynti tapahtui pakanatemppelien hallinnoimilla alueilla. Näin oli myös Tyatirassa. Jos et ottanut osaa pakanatemppelin kulttimenoihin, olit käytännössä toisen luokan kansalainen, etkä voinut olla kauppakiltojen jäsen.

Ja Tyatira oli kauppakiltojen varaan rakennettu kaupunki.

Juutalaiset olivat se ainoa ryhmä, joka pystyi tekemään kauppaa kuulumatta mihinkään pakanatemppelikiltaan, sillä Rooman imperiumi oli myöntänyt heille erivapauksia. Alunperin kristityt nähtiin yhtenä juutalaisena lahkona, ja nämä juutalaisten erivapaudet suojelivat heitä, mutta Johanneksen ilmestyksen kirjoittamisen aikoihin juutalaiskristityt oli jo erotettu synagoogista. He olivat nyt uusi, oma ryhmänsä, joilla ei ollut suojelevia erivapauksia.

Näyttää siltä, että Johannes viittaa historialliseen henkilöön Iisebelinä, joka oli kehittänyt teologian, joka oikeutti osallistumaan pakanatemppelialueilla tapahtuvaan kaupankäyntiin.

Iisebelin teologia, jota hänen virkaveljensä levittivät Tyatiran seurakunnassa, olisi ollut erityisen puoleensavetävä kiltoihin kuuluville uskoville. Kiltojen jäsenyyden hylkääminen olisi tuonut mukanaan taloudellisen hädän. Kiltoihin kuuluminen edellytti kuitenkin pakanoiden uskonnollisiin juhliin osallistumista.

Kiusaus tehdä kompromissi eikä kristillisen uskon ehdoton seuraaminen oli liian suuri monille seurakunnan jäsenille.

Niinpä Tyatiran uskovat olivat valmiita tekemään kompromissin seksuaalisuuden ja jumalanpalveluksen alueilla rahan takia. Ja jos emme ymmärrä tätä, emme ymmärrä mitään Jeesuksen sanomasta Tyatiran kristityille.

Tänään osa karismaattista seurakuntaa pelkää yhtä demonia, joka saattaa olla olemassa. Mutta jos jotain Iisebel-hengen kaltaista on olemassa, kyseessä on itse asiassa suuri demonien joukko eikä vain yksi demoni. Ja jos ne ovat olemassa, niiden päätyönä on luoda savuverho mammonan henkien operoimiselle.

Kuten Tyatiran uskovat, mekin usein teemme kompromisseja evankeliumin julistamisessa rahan takia. Olemme luoneet teologian, joka antaa meille siihen oikeuden. Tämän päivän karismaattinen liike on täysin tyytyväinen teologiaan, joka antaa mahdollisuuden palvella sekä Jumalaa että rahaa, vaikka Jeesus sanoikin selvästi, että tämä ei ole mahdollista. Se oikea Iisebelin toimintaan liittyvä kysymys on, olemmeko tehneet rahan tähden kompromisseja Jeesuksen opetuksiin liittyen – kuten Ahab ja jotkut Tyatiran uskovat.

Ja monet kristityt opettajat eivät kykene näkemään yhteyttä rahan ja seksuaalisen synnin välillä, yhteyttä, joka on kuvitettu niin selvästi Iisebelin avulla Johanneksen ilmestyksessä.

Paavali kirjoittaa Ensimmäisessä kirjeessä Timoteukselle 6:6-10:

> Ja suuri voitto onkin jumalisuus yhdessä tyytyväisyyden kanssa. Sillä me emme ole maailmaan mitään tuoneet, emme myös voi täältä mitään viedä; mutta kun meillä on elatus ja vaatteet, niin tyytykäämme niihin. Mutta ne, jotka rikastua tahtovat, lankeavat kiusaukseen ja paulaan ja moniin mielettömiin ja vahingollisiin himoihin, jotka upottavat ihmiset turmioon ja kadotukseen. Sillä rahan himo on kaiken pahan juuri; sitä haluten monet ovat eksyneet pois uskosta ja lävistäneet itsensä monella tuskalla.

Karismaattinen liike on lävistänyt itsensä monella tuskalla sen tähden, että me rakastamme rahaa. Ja koska me rakastamme rahaa, monet himot hallitsevat meitä, ja altistumme helposti monille demonisille vaikutteille. Käymme tulitaistelua näitä himoja vastaan taistelemalla puolittain kuvitteellista Iisebel-henkeä vastaan, mutta emme ole todella vapaita ennen kuin jätämme mammonan orjuuden.

HENKIEN EROTTAMISEN ARMOLAHJA RAAMATUSSA

Voimme nähdä henkien erottamisen armolahjan toimimisen monissa Raamatussa kerrotuissa tilanteissa.

Apostolien teoissa 5:1-11 Pietari haastaa Ananiaan ja Safiiran, jotka valehtelivat antaneensa pois koko talon myyntihinnan. Tämän takia he molemmat kuolivat. Pietari sanoo jakeessa 3:

> Ananias, miksi on saatana täyttänyt sinun sydämesi, niin että koetit pettää Pyhää Henkeä?

Epäilemättä Pietari käytti henkien erottamisen armolahjaa, vaikka hän ei ehkä kutsunutkaan sitä nimeltä.

Apostolien teoissa 16:16-19 Paavalin ollessa Filippissä, orjatyttö, jossa oli tietäjähenki, seurasi Paavalia ja hänen kumppaneitaan huutaen, että he olivat korkeimman Jumalan palvelijoita ja että he julistaisivat filippiläisille pelastuksen tien.

Paavali kuunteli häntä kolme päivää, mutta lopulta hän suuttuneena käski henkeä jättämään tytön. Tämän jälkeen orjatytön isännät, jotka tienasivat runsaasti hänen ennustamisestaan, valittivat kaupungin hallitusmiehille, jotka heittivät Paavalin vankilaan.

Tämä on yksi Pyhän Hengen työn mielenkiintoisimmista esimerkeistä Raamatussa. Miksi Paavali ei ajanut demonia ulos heti? Miksi hän odotti kolme päivää?

Uskon, että henkien erottamisen armolahjan avulla Paavali oli epäluuloinen siitä syystä, minkä tähden demoninen henki laittoi orjatytön julistamaan jotain, mikä näytti pinnallisesti tukevan Paavalin asiaa.

Lopulta Paavali luultavasti ajoi demonin ulos, sillä hän ei halunnut hyväksyä demonin todistusta. Mutta näyttää siltä, että demoninen henki yritti saada Paavalin reagoimaan, ja se onnistui. Tämän takia Paavali ja hänen kumppaninsa heitettiin vankilaan.

Onneksi Jumala voitti vihollisen ja käytti Paavalia tuomaan filippiläisen vanginvartijan uskoon. Mutta me voimme nähdä vihollisen monimutkaisen juonen toiminnassa, sillä mikään ei ole miltä se näyttää.

Ymmärrätkö, miten tärkeä henkien erottamisen armolahja on? Lopulta Paavali reagoi suuttuneena uskoen ehkä Jumalan kykenevän pelastamaan hänet mistä tahansa vaikeudesta.

RIIVAAJIEN ULOSAJAMINEN

Useimmat kristityt näkevät riivaajien ulosajamista vain elokuvissa, mutta sen vaikuttaa olleen yleistä Jeesuksen aikoina. Evankeliumissa Luukkaan mukaan 8:26-33 Jeesus ajaa ulos miehestä suuren joukon demoneja:

> Ja he purjehtivat gerasalaisten alueelle, joka on vastapäätä Galileaa. Ja kun hän oli noussut maihin, tuli häntä vastaan kaupungista mies, jossa oli riivaajia; ja hän ei ollut pitkään aikaan pukenut vaatteita ylleen eikä asunut huoneessa, vaan haudoissa.
>
> Kun hän näki Jeesuksen, parkaisi hän ja lankesi maahan hänen eteensä ja huusi suurella äänellä: "Mitä sinulla on minun kanssani tekemistä, Jeesus, Jumalan, Korkeimman, Poika? Minä rukoilen sinua: älä minua vaivaa."
>
> Sillä hän oli käskemäisillään saastaista henkeä menemään ulos siitä miehestä. Sillä pitkät ajat se oli temponut häntä mukaansa; hänet oli sidottu kahleisiin ja jalkanuoriin, ja häntä oli vartioitu, mutta hän oli katkaissut siteet ja kulkeutunut riivaajan ajamana erämaihin.
>
> Niin Jeesus kysyi siltä sanoen: "Mikä on nimesi?" Hän vastasi: "Legio"; sillä monta riivaajaa oli mennyt häneen.
>
> Ja ne pyysivät häntä, ettei hän käskisi heidän mennä syvyyteen. Niin siellä oli vuorella suuri sikalauma laitumella; ja ne pyysivät häntä, että hän antaisi heille luvan mennä sikoihin. Ja hän antoi niille luvan. Niin riivaajat lähtivät ulos miehestä ja menivät sikoihin. Silloin lauma syöksyi jyrkännettä alas järveen ja hukkui.

Tämä on se ainoa kerta, kun Raamatussa mainitaan Jeesuksen kysyvän demonin nimeä. Jotkut ovat tehneet tästä yksittäistapahtumasta periaatteen väittäen, että meidän tulisi aina kysyä demonin nimeä silloin kun ajamme niitä ulos.

HENKIEN EROTTAMISEN LAHJA 209

Mutta kun Jeesus tapasi Legion, Hän oli todennäköisesti hämmentynyt, sillä Hän ei kyennyt tunnistamaan demonia. Mutta tämä johtui siitä, että niitä oli niin monta.

Useimmiten Jeesus ei kysynyt riivaajien nimiä, sillä Hän erotti heti minkälaisesta hengestä oli kysymys.

Evankeliumissa Matteuksen mukaan 17:14-23 Jeesus ajaa ulos pojasta kuuron ja mykän hengen. Pojan isä väittää pojan olevan hullu. Evankeliumin Markuksen mukaan 9:14-29 versiossa tarinasta isä sanoo, että poika on mykän hengen riivaama.

Mikä on syynä tarinan kahteen versioon? On todennäköistä, että isä, joka oli epätoivoisen huolestunut pojan hyvinvoinnista, tiesi pojan olevan riivattu, mutta oli monia yhteiskunnallisia syitä joiden tähden olisi ollut parempi kertoa pojan olevan hullu. Mutta en usko, että voisimme tämän takia päätellä, että sairaudet olisivat luonteeltaan demonisia, sillä tarinan molemmat versiot tekevät selväksi, että opetuslapset olivat tietoisia kyseessä olleen riivattuna olemisen sivuvaikutukset eikä sairaus.

Mutta evankeliumit sisällyttävät riivaajien ulosajamisen voimallisten tekojen armolahjaan, joten palaamme asiaan myöhemmin. On kolme periaatetta, jotka löytyvät Raamatusta. Evankeliumi Luukkaan mukaan 10:17 kertoo:

> Niin ne seitsemänkymmentä palasivat iloiten ja sanoivat: "Herra, riivaajatkin ovat meille alamaiset sinun nimesi tähden".

Jeesuksen nimessä on voima ja auktoriteetti demonien yli, ja ajamme ne ulos Hänen auktoriteetissaan. Joskus tämä prosessi kestää kauemmin kuin haluaisimme. Evankeliumissa Matteuksen mukaan 17:20 Jesus selittää, minkä tähden opetuslapset eivät kyenneet ajamaan demonia ulos:

> Niin hän sanoi heille: "Teidän epäuskonne tähden; sillä totisesti minä sanon teille: jos teillä olisi uskoa sinapinsiemenenkään verran, niin te voisitte sanoa tälle vuorelle: 'Siirry täältä tuonne', ja se siirtyisi, eikä mikään olisi teille mahdotonta".

YLILUONNOLLINEN RAKKAUS

Ystäväni, joka työskenteli pappina ja josta tuli herätysjulistaja, kertoi minulle että hän ei ollut koskaan kohdannut ketään aidosti riivattua länsimaissa. Tämä johtuu todennäköisesti Jeesuksen nimen pitkäaikaisesta vaikutuksesta lännessä. Mutta siitä tulee yleisempää mitä enemmän kristinusko menettää vaikutustaan.

Riivattuna oleminen liittyy useimmiten okkultismin harjoittamiseen, mutta okkultismia ilmenee monien uskontojen kannattajien ja jopa nimikristittyjen joukossa. Ehkä okkultismin harjoittaminen, mikä oli juutalaisuudessa kiellettyä kuolemanrangaistuksen uhalla, oli se syy, minkä takia mykän hengen riivaaman pojan isä oli haluton antamaan tätä informaatiota vapaaehtoisesti kenellekään.

Jeesus sanoo Evankeliumissa Luukkaan mukaan 11:24-26:

> Kun saastainen henki lähtee ihmisestä, kuljeksii se autioita paikkoja ja etsii lepoa; ja kun ei löydä, sanoo se: "Minä palaan huoneeseeni, josta lähdin". Ja kun se tulee, tapaa se sen lakaistuna ja kaunistettuna. Silloin se menee ja ottaa mukaansa seitsemän muuta henkeä, pahempaa kuin se itse, ja ne tulevat sisään ja asuvat siellä. Ja sen ihmisen viimeiset tulevat pahemmiksi kuin ensimmäiset.

Jeesuksen mukaan ei ole mitään hyötyä demonin ulosajamisesta, jos riivattu ei ole valmis hyväksymään Jeesuksen herrautta.

En usko, että meidän tulisi etsiä riivattuja osoittaaksemme Jumalan voimaa. Mutta jos nämä henkiolennot tuovat itsensä julki seurakunnassasi tai ympäristössäsi, on hyvä tietää, että voit luottaa täysin Jeesuksen nimen voimaan. Joten riivattujen etsimisen sijasta haluan keskittyä kolmeen pääaseeseen, joita sielunvihollinen käyttää meitä vastaan. Ne löytyvät helposti Raamatusta, mutta on kestänyt vuosia ennen kuin olen ymmärtänyt, miten ne toimivat.

PAHOLAISEN KOLME PÄÄASETTA

Paholaisen kolme pääasetta ovat pelko, synti ja petos. Evankeliumissa Johanneksen mukaan 8:44 Jeesus sanoo, että paholainen on murhaaja ja valehtelija. Murhaajana hän hyökkää meitä kohti väkivaltaisesti, ja tämä tuo mukanaan pelkoa. Valehtelijana hän ympäröi meidät

HENKIEN EROTTAMISEN LAHJA

petoksella. Ja Eedenin puutarhan kiusauksista lähtien hän on aina houkutellut meitä tekemään syntiä.

Kaikki nämä kolme asetta saavat energiansa niihin liittyvästä demonisesta läsnäolosta. Jumalan läsnäolo on rajaton, mutta enkelien ja demonien hengellinen läsnäolo on rajallinen, ja niiden läsnäolo on laadullisesti erilainen kuin Jumalan.

Jumalan läsnäolo tuottaa hedelmää, ja niin tekee myös vihollisen läsnäolo, mutta tämä läsnäolo tuottaa pilaantunutta hedelmää, jos annamme sen vaikuttaa elämäämme.

Kirje galatalaisille 5:22-23 ilmoittaa, että Jumalan läsnäolon hedelmä elämässämme on rakkaus, ilo, rauha, pitkämielisyys, ystävällisyys, hyvyys, uskollisuus, sävyisyys ja itsensähillitseminen.

Jos annamme demonisen läsnäolon vaikuttaa elämäämme, sen hedelmä on pelko, synti ja petos. Uskon jokaisen demonin omaavan kaikki nämä kolme demonisen läsnäolon asetta – pelon, synnin ja petoksen – mutta me koemme tämän demonisen läsnäolon demonien kullakin hetkellä vallitsevan toimintatavan kautta.

Kirjeessä efesolaisille 2:1-3 Paavali kirjoittaa demonisten voimien kokonaisvaltaisesta läsnäolosta ympärillämme ja siitä kuinka se tuo synnin elämäämme:

> Ja Jumala on eläviksi tehnyt teidät, jotka olitte kuolleet rikoksiinne ja synteihinne, joissa te ennen vaelsitte tämän maailman menon mukaan, ilmavallan hallitsijan, sen hengen hallitsijan, mukaan, joka nyt tekee työtään tottelemattomuuden lapsissa, joiden joukossa mekin kaikki ennen vaelsimme lihamme himoissa, noudattaen lihan ja ajatusten mielitekoja, ja olimme luonnostamme vihan lapsia niinkuin muutkin.

Tämä ei tarkoita sitä, että me voimme syyttää paholaista kaikesta synnistä elämässämme, mutta meidän tulee ymmärtää, että paholainen toimii houkuttelemalla *lihaa* – sitä kaikkea, mikä ei ole elämässämme Jumalan vallan alla. Järkemme ja tunteemme kuuluvat usein lihan alueelle, sillä ne eivät ole automaattisesti Jumalan vallan alla. Mutta Paavali sanoo myös, että vihollisen läsnäolo on yhtä läpitunkeva kuin ilma, jota hengitämme. Se ympäröi meitä aina. Kiitos Jumalalle, että Hän on antanut meille Pyhän Hengen asumaan pysyvästi sisimmässämme!

Ympäröivä demoninen ilmapiiri tekee vaikeammaksi uskoa Jumalan Sanaan, saa meidät unohtamaan Hänen lupauksensa ja yrittää irrottaa meidät Pyhän Hengen virrasta sisimmässämme tekemällä vaikeaksi kokea Jumalan läsnäoloa.

Seurakunta tarvitsee henkien erottamisen armolahjaa tänään kipeästi, mutta lahjaan liittyvät monet haasteet. Lahja tekee sinut tietoiseksi sielunvihollisen toiminnasta ympärilläsi mutta myös toisten ihmisten elämässä. Tämä voi olla emotionaalisesti kuluttavaa, ja henkien erottamisen armolahjassa toimiminen voi tuntua joskus kuin kaupungin viemäriverkoston läpi kävelemiseltä ruumis osittain jäteveden peittämänä.

Paavali kirjoittaa Toisessa kirjeessä korinttilaisille 2:10-11:

> Mutta kenelle te jotakin anteeksi annatte, sille minäkin; sillä mitä minä olen anteeksi antanut – jos minulla on ollut jotakin anteeksiannettavaa – sen olen anteeksi antanut teidän tähtenne Kristuksen kasvojen edessä, ettei saatana pääsisi meistä voitolle; sillä hänen juonensa eivät ole meille tuntemattomat.

Miten Paavali tuli tietoiseksi Saatanan juonista? Tämä tapahtui varmasti kokemusten kautta, kun hän puolusti itseään ja taisteli niitä vastaan Pyhän Hengen voimassa.

Yksi karismaattisen liikkeen suurista ongelmista on se, että emme uudista jatkuvasti mieltämme Raamatun avulla vaan hyväksymme kaikki yliluonnolliset asiat edes ajattelematta, että voisimme tarvita erottelukykyä. Mutta paholainen ja hänen demoninsa ovat myös yliluonnollisia. Ja niin ovat niiden työt.

Jos halajat yliluonnollista, paholainen tulee antamaan sinulle yliluonnollista, mutta yliluonnollinen tulee vain pettämään sinut.

Minusta on kauhistuttavaa, että monet karismaatikot näyttävät halukkaalta hyväksymään jopa demonien todistuksen, jos se on riittävän innostava! Mutta sielunvihollisen tuoman yliluonnollisen hyväksyminen avaa petoksen ovet elämäämme, ja pitkällä aikavälillä tämä tuo tuhon.

Ensimmäinen ase: pelko

Sielunvihollinen taitaa hyökkäyksen, joka perustuu tunteittemme manipulointiin. Tämä perustuu siihen, että tunteemme ovat paljon kietoutuneempia uskomuksiimme kuin me ajattelemme. Vaikuttamalla tunteisiimme sielunvihollinen voi vaikuttaa siihen, mitä me uskomme, ja tämän kautta vaikuttaa käytökseemme. Filosofian professori Robert C. Solomon kirjoittaa tunteiden filosofiasta:

> Uskomukset ja tunteet liittyvät toisiinsa monin eri tavoin: uskomus emootion ennakkoehtona tai edellytyksenä ja uskomus emootion tuotteena (esim. toiveajattelun tai rationalisoinnin).[5]

Tämä on aika valaiseva näkökulma. En ole varma, tapahtuuko tämä sinulle, mutta kun mielialani on masentunut, tosiasiat näyttävät erilaisilta kuin silloin kun mielialani on optimistinen. Kun tunnen olevani masentunut, mikään ei näytä mahdolliselta; kun olen toivorikas, jopa mahdoton näyttää mahdolliselta.

Päättelen aivan eri tavalla, kun olen täynnä toivoa kuin silloin kun tunnen olevani masentunut. Tämä johtuu siitä, että tunteemme vaikuttavat uskomuksiimme. Ne vaikuttavat ajatteluprosesseihimme syvällä tavalla ja ilmenevät ajatuksissamme.

Paavali kirjoittaa Kirjeessä roomalaisille 12:2:

> Älkääkä mukautuko tämän maailmanajan mukaan, vaan muuttukaa mielenne uudistuksen kautta, tutkiaksenne, mikä on Jumalan tahto, mikä hyvää ja otollista ja täydellistä.

Kirjeessä efesolaisille 4:20-24 Paavali sanoo, että "mielemme henki" vaatii jatkuvaa uudistusta:

> Mutta näin te ette ole oppineet Kristusta tuntemaan, jos muutoin olette hänestä kuulleet ja hänessä opetusta saaneet, niinkuin totuus on Jeesuksessa: että teidän tulee panna pois vanha ihmisenne, jonka mukaan te ennen vaelsitte ja joka

turmelee itsensä petollisia himoja seuraten, ja uudistua mielenne hengeltä ja pukea päällenne uusi ihminen, joka Jumalan mukaan on luotu totuuden vanhurskauteen ja pyhyyteen.

Hengellä täytetty mielentilasi on jatkuvasti petollisten himojen, pelon ja argumenttien pommituksen kohteensa. Nämä hyökkäykset tulevat sisältämme – sieltä, mitä Paavali kutsuu lihaksi – mutta myös demonisilta olennoilta.

Paavali kirjoittaa Toisessa kirjeessä korinttilaisille 10:3-5:

> Vaikka me vaellammekin lihassa, emme kuitenkaan lihan mukaan sodi; sillä meidän sota-aseemme eivät ole lihalliset, vaan ne ovat voimalliset Jumalan edessä hajottamaan maahan linnoituksia. Me hajotamme maahan järjen päätelmät ja jokaisen varustuksen, joka nostetaan Jumalan tuntemista vastaan, ja vangitsemme jokaisen ajatuksen kuuliaiseksi Kristukselle...

Yksi sielunvihollisen meitä vastaan käyttämistä pääaseista on pelon täyttämien argumenttien ampuminen. Nämä ovat joitakin niistä palavista nuolista, jotka Paavali kehottaa meidät pysäyttämään uskon kilvellä Kirjeessä efesolaisille 6:13-18. Niiden päämääränä on irrottaa mielemme Pyhän Hengen jatkuvasta läsnäolosta. Jos ne saavuttavat päämääränsä, sielunvihollinen tietää, että hän tulee kukistamaan meidät.

Nämä palavat nuolet eivät ole vain faktoja; niiden polttoaine on demoninen myrkky. Hyväksymme ne, sillä ne vaikuttavat tosiasiallisilta, mutta parhaimmillaankin ne ovat vain osatotuuksia ja täynnä pelkoa ja muita negatiivisia emootioita, kuten suuttumus ja syyllisyydentunne.

Pelolla ja syyllisyydellä pommittamisen tarkoituksena ei ole välttämättä alistaa meitä niiden valtaan vaan tehdä meidät alttiiksi synnille ja petokselle, sillä sielunvihollinen käyttää meidän psykologisia puolustusmekanismejamme meitä itseämme vastaan.

Ainoa tapa voittaa demoninen pelko ja syyllisyys ovat Jumalan läsnäolo ja lupaukset; kaikki ilman Pyhää Henkeä tapahtuvat

HENKIEN EROTTAMISEN LAHJA

itsepuolustusyritykset voivat johtaa tuhoavaan tai riippuvaiseen käyttäytymiseen.

Psykologia paljastaa paljon sisäisestä dynamiikastamme, vaikka se onkin kykenemätön ymmärtämään hengellistä maailmaa.

Robert C. Solomon kirjoittaa:

> Mutta uskomus on liian taipumuksellinen tavoittaakseen emootion olemuksen, ajatukset ovat liian jaksoittaisia tunteille, jotka osoittautuvat usein kestävämmiksi prosesseiksi kuin jaksot. Siten ajatus voi katkaista ja ilmentää emootiota, mutta emootio ei ole itsessään prosessi.[6]

Jos hengität sisään ilmavaltojen prinssin ja hänen palvelijoidensa tuottamaa demonista pelkoa, pelon tunteesta itsestään tulee pelon täyttämien ajatusten tehdas, ja pelon täyttämä mielesi alkaa tehdä paholaisen työn hänen puolestaan.

Minulla on henkien erottamisen armolahja, ja huomaan usein kuinka demoninen häiriötila yrittää ympäröidä mieleni kuin kupla tai sfääri ja alkaa sekaantua ajatusprosesseihini tuottaen joukon pelkoja ja negatiivisia emootioita.

Kun olen tämän demonisen pilven alla, voin esim. matkalla töihin pelätä joukkoa asioita ihmissuhteiden rikkoutumisesta taloudelliseen perikatoon, tai mitä tahansa muuta riippuen siitä, mitä uutisotsikkoja luen aamulehdestä. On kuin pelon ilmapiiri kykenisi löytämään tiensä syvälle ajatusprosesseihini löytäen jopa syvimmät alitajuiset pelkoni ja pukien ne selviksi sanoiksi.

Sielunvihollinen ei välttämättä syötä minulle näitä yksittäisiä pelon täyttämiä ajatuksia. Sen sijaan hän ympäröi minut hengellisellä ilmapiirillä, joka alkaa syöttää mielikuvitustani ja järkeilyn prosessejani. Hänen ei tarvitse lukea mieltäni vaan ainoastaan ympäröidä se läsnäolollaan, ja mielikuvitukseni tekee sen lopun työn.

Tämä sama prosessi voi toimia yöllä silloin kun demoninen ilmapiiri alkaa sekaantua uniimme.

Robert C. Solomon kirjoittaa:

Siten tunteet ovat kuin arviointeja. Ja tunteisiin kuuluu välttämättä arviointi.[7]

Järkemme ja tunteemme eivät ole kokonaan erossa toisistaan. Yleisen käsityksen vastaisesti tunteet ja ajatukset eivät syrjäytä toisiaan. Sen sijaan arviointi ja tunteet ovat kietoutuneet tiukasti toisiinsa. Robert C. Solomonin mukaan:

> Tunteet ovat hyvinkin samanlaisia kuin uskomukset. Voimme selittää tämän samanlaisuuden sillä, että tunteet ovat arviointeja – normatiivisia ja usein moraalisia arviointeja.[9]

Niinpä sielunvihollinen hyökkää usein uskoamme vastaan manipuloimalla tunteitamme, jotka alkavat vääristää uskoamme, mikä alkaa vuorostaan vaikuttamaan käyttäytymiseemme. Mutta koska tunteet ja uskomukset ovat niin kietoutuneita toisiinsa, sielunvihollinen voi myös hyökätä tunne-elämäämme vastaan argumenttien avulla – tämä prosessi voi toimia myös toisinpäin.

Apostoli Paavalin mukaan monet argumentit ovat hengellisesti ladattuja. Hän kirjoittaa:

> Sillä meidän sota-aseemme eivät ole lihalliset, vaan ne ovat voimalliset Jumalan edessä hajottamaan maahan linnoituksia. Me hajotamme maahan järjen päätelmät ja jokaisen varustuksen, joka nostetaan Jumalan tuntemista vastaan, ja vangitsemme jokaisen ajatuksen kuuliaiseksi Kristukselle ja olemme valmiit rankaisemaan kaikkea tottelemattomuutta, kunhan te ensin olette täysin kuuliaisiksi tulleet. (2. Kor. 10:4-6)

Tunteet näyttävät myös käyttäytyvän kuin argumentit. Robert C. Solomon kirjoittaa:

> Tunteet ovat itse asiassa arviointeja, jotka ovat toimijan mielessä erityisen tärkeitä... Tästä syystä tunteilla on ratkaiseva rooli päätöksenteossa.[10]

HENKIEN EROTTAMISEN LAHJA

Jos vihollinen voi vaikuttaa tunteisiisi, hän voi vaikuttaa päätöksentekoosi. Robert C. Solomon päättää:

> Emootiot ovat käsitteiden, uskomusten, asenteiden ja halujen järjestelmä, ja ne ovat lähes kaikki riippuvaisia kontekstista, historiallisesti kehittyneitä ja kulttuurisesti erityisiä.[11]

Meidän kuusi perustunnettamme ovat pelko, inho, yllätyksentunne, suru, ilo ja suuttumus. Sielunvihollinen voi manipuloida jokaista näistä tunteista ja heikentää näin uskoamme. Keskityn pelkoon, sillä se on yksi sielunvihollisen pääaseista. Mutta paholainen voi käyttää jokaista näistä tunteista erottamaan meidät Jumalan läsnäolosta.

Espanjalainen sosiologi Manuel Castells kirjoittaa:

> Tuntemukset prosessoivat emootioita mielessämme yhteydessä muistoihin.[12]

Huomaan usein, kuinka sielunvihollinen yrittää käyttää muistojani minua vastaan. Tuomalla tietynlaisia muistoja mieleeni mutta vääristämällä niitä sielunvihollinen yrittää vääristää näihin muistoihin liittyvää emootiota ja ajatuksia.

Poikani opiskeli anglikaanikirkon ala-asteella Chelseassa ennen kun hän meni yläasteelle sisäoppilaitokseen Lontoon ulkopuolella. Ala-aste oli todella hyvätasoinen, ja minulla on monia kauniita muistoja siitä, kun vein hänet kouluun ja toin takaisin bussilla numero 49. Jonkin aikaa sen jälkeen kun hän siirtyi yläasteelle, tunsin kummittelevan ja masentavan tunteen hänen poissaolostaan aina kun liikuin hänen vanhan koulunsa läheisyydessä. Se oli tunne siitä, kuinka olin menettänyt peruuttamattomasti ne ajat, jotka olimme viettäneet yhdessä.

Mutta sitten Pyhä Henki alkoi puhua minulle tästä asiasta, ja aloin ymmärtää kuinka sielunvihollinen oli käyttänyt muistojani minua vastaan yrittäen tuoda masennusta asioiden kautta, joista minun olisi pitänyt itse asiassa olla iloinen. Ymmärsin kuinka sielunvihollinen yritti vääristää muistoni ryöstääkseensä minulta ilon.

Manuel Castells kirjoittaa:

> Ihmismieltä luonnehtii sen kyky tulevaisuuden ajattelemiseen, mikä on sen kyky ymmärtää tulevaisuuden tapahtumia aivojen tuottamien karttojen avulla.[13]

Tunteemme vaikuttavat siihen, miten käsitämme tulevaisuuden. Pelko tekee tulevaisuudesta toivottomalta tuntuvan. Ateisti ja existentialistinen filosofi Jean Paul Sartre kirjoittaa:

> Realismin, naturalismin ja materialismin merkitys on menneisyydessä: nämä kolme filosofiaa ovat menneisyyden kuvausta, mutta ikään kuin se olisi nykyhetki.[14]

Silloin kun sielunvihollinen taistelee Jumalan lupauksia vastaan elämässäsi, hän johtaa sinut keskittymään esim. materiaalisiin ja taloudellisiin rajoituksiisi. Jos hän onnistuu saamaan sinut ajattelemaan elämääsi pääasiallisesti materiaalisin käsittein, hän voi helposti tappaa Jumalan antamat unelmat elämässäsi tuomalla determinismin tunteen, niin että sinusta tulee menneisyyden vanki. Hän kuiskaa korvaasi: "Katso elämääsi. Asiat voivat muuttua, mutta ne tulevat muuttumaan niin hitaasti, että et tule koskaan saapumaan siihen tulevaisuuteen, jonka Jumala on luvannut." Mutta Jumala on moninkertaistamisen mestari. Hän ei moninkertaista siemeniä yhdestä kahteen vaan yhdestä kolmeenkymmeneen tai sataan. Evankeliumi Matteuksen mukaan 13:8 sanoo:

> Ja toiset putosivat hyvään maahan ja antoivat sadon, mitkä sata, mitkä kuusikymmentä, mitkä kolmekymmentä jyvää.

Mutta sielunvihollinen kertoo meille, että onnistumme moninkertaistamaan ainoastaan yhdestä kahteen, ja tämäkin vain silloin kun yritämme kaikkemme. Nehemia kertoi niille juutalaisille, jotka itkivät, kun papit lukivat Lakia ääneen ensimmäistä kertaa Jerusalemissa:

HENKIEN EROTTAMISEN LAHJA

Ja älkää olko murheelliset, sillä ilo Herrassa on teidän väkevyytenne. (Neh. 8:10)

Ilo on Hengen hedelmä ja välttämätön taistelussamme vihollista vastaan. Apostoli Paavali kirjoittaa Ensimmäisessä kirjeessä korinttilaisille 13:13:

> Niin pysyvät nyt usko, toivo, rakkaus, nämä kolme; mutta suurin niistä on rakkaus.

Toivo, usko ja rakkaus ovat kaikki Jumalan Itsensä ominaisuuksia, ja tämän takia, kun olemme täynnä Henkeä, me olemme myös täynnä toivoa. Ja toivo on paras ase masennusta ja epätoivoa vastaan. Mutta tulevaisuuden pelko on tulevaisuuden toivon vastakohta.

Ymmärrätkö nyt, minkä takia paholainen rakastaa pelkoa levittäviä profetioita? Ymmärrätkö nyt, minkä tähden media ei ikinä saa kylläkseen tuhosta ja synkeydestä? Paholainen rakastaa pelon ajatustehtaiden ruokkimista, sillä hän haluaa meidän elävän pelon ilmapiirissä. Manuel Castells kirjoittaa:

> Kielikuvat ovat kriittisiä kielen (siten inhimillisen kommunikaation) ja aivojen hermosolujen verkon yhdistämisessä. Rakennamme kertomuksia kielikuvien kautta.[15]

Sielunvihollinen hyökkää tunteitamme vastaan värittääkseen ne kertomukset ja kielikuvat, joiden kautta me ymmärrämme elämämme ja liittämällä emootiomme vääristyneisiin muistoihin, jotka perustuvat todellisuuteen vain osittain.

Totuus on se, että mitä tahansa menneisyydessä tapahtuikin, Jumala on silti vielä kanssamme, ja menneisyyskin oli Jumalan hallussa. Ja tulevaisuuskin on Hänen valtansa alla.

Saatana on pelon asiantuntija, sillä hän on elänyt pelossa tuhansia vuosia. Saatana ja hänen demoninen armeijansa tuntevat pelon jokaisen vivahteen. He ovat olleet Jumalan läsnäolossa, he tietävät kuka Jumala todella on, ja he tietävät, että eräänä päivänä he joutuvat tuomiolle. Apostoli Jaakob kirjoittaa:

> Sinä uskot, että Jumala on yksi. Siinä teet oikein; riivaajatkin
> sen uskovat ja vapisevat. (Jaak. 2:19)

Demonit pelkäävät Jumalaa, ja tämä pelko menee heidän ytimeensä. Tämän takia ne eivät voi tehdä muuta kuin välittää pelkoa. Ja demoninen henki, joka levittää pelkoa, levittää myös kapinaa, epäuskoa ja valheita.

Koska ahdistus ja pelko tuntuvat epämiellyttäviltä, ihmiset yrittävät päästä niistä eroon monin eri tavoin. Emme koe negatiivisia emootioita vain passiivisesti; yritämme myös säädellä näitä negatiivisia emootioita positiivisia tuntemuksia lisäämällä.[16]

Kaikki hengelliset johtajat ovat suurimman osan aikaa vihollisen hyökkäyksen kohteena, mutta monet eivät ole edes teologisesti avoimia ajatukselle, että negatiiviset, yliluonnolliset voimat voisivat vaikuttaa heihin. Tämän takia he vastaavat yliluonnollisiin hyökkäyksiin luonnollisesti lääkiten oireita mutta ei koskaan kohdaten ongelman todellista syytä. Tämä voi johtaa kaikenlaiseen riippuvaiseen ja tuhoavaan käyttäytymiseen, mukaan lukien alkoholismi, seksiaddiktiot, pornografia ja huumeiden käyttö.

Monet kristityt johtajat antavat vaikutelman siitä, että he rukoilevat aktiivisesti, mutta tosiasiassa he rukoilevat aivan liian vähän henkien erottamisen armolahjan kehittämiseksi.

Paavali ei vaatinut täysirattiutta, sillä hän rohkaisi Timoteusta juomaan hieman viiniä vatsansa takia, mutta hän muistuttaa meitä alkoholin vaaroista Kirjeessä efesolaisille 5:18:

> Älkääkä juopuko viinistä, sillä siitä tulee irstas meno, vaan täyttykää Hengellä...

Monet syrjähypyt ovat alkaneet juomalla väärässä seurassa. Itse voin ottaa lasin viiniä turvallisessa seurassa, mutta maksan hinnan jokaisesta lasista – olen huomannut, että henkien erottamisen armolahja tylsistyy noin kahdeksi tunniksi, ja sen jälkeen minun pitää usein rukoilla saadakseni takaisin hengellisen vallan ympäristöstäni.

HENKIEN EROTTAMISEN LAHJA

Monet kristityt johtajat juovat taistellakseen demonisen painostuksen aiheuttamaa ahdistusta vastaan, mikä ei auta vaan tekee tilasta pahemman. Sen sijaan heidän tulisi viettää aikaa rukouksessa ja hengellisessä sodankäynnissä.

Danielin kirjassa Daniel rukoilee kahdenkymmenenyhden päivän ajan, ja lopulta arkkienkeli Gabriel saapuu ilmoittaen hänelle, että Danielin rukoukseen vastattiin heti, mutta että hän oli viivästynyt, sillä hänen piti taistella tiensä Persian prinssin armeijan läpi. Danielin kirja 10:2-3 sanoo:

> Niinä päivinä minä, Daniel, murehdin kolmen viikon päivät. Herkullista ruokaa minä en syönyt, ei liha eikä viini tullut minun suuhuni, enkä minä voidellut itseäni öljyllä, ennenkuin kolmen viikon päivät olivat loppuun kuluneet.

Kokemukseni on, että et voit käydä hengellistä sodankäyntiä tehokkaasti, jos käytät vähänkin alkoholia, ja kun koen voimakasta hengellistä vastustusta, en käytä minkäänlaista alkoholia, sillä minulla ei ole aikaa hukattavana hengellisen erottelukyvyn puutteeseen. Mutta en usko, että meidän pitää olla lakihenkisiä tässä asiassa, sillä lakihenkisyys tappaa elämämme Hengessä vieläkin tehokkaammin kuin alkoholi.

Daniel ei paastonnut täysin, mutta on merkillepantavaa, että se Vanhan testamentin valaisevin välähdys taivaallisesta sodasta tuli silloin, kun hän ei käyttänyt alkoholia.

Samoin monet lääkärin määräämät lääkkeet näyttävät kykenevän tylsistämään henkien erottamisen armolahjan.

Ahdistus tuo mukanaan kaikenlaisia negatiivisia sivuvaikutuksia. Esim. se vähentää avoimuutta uusille ideoille kognitiivisen jähmettämisen ja muutoksen vastustamisen kautta.[17]

Niinpä pelko on myös hyökkäys Jumalan meille antamaa luovuuden lahjaa vastaan.

Kognitiivinen psykologiantutkimus osoittaa, että kova stressi ja ahdistus liittyvät vääristyneeseen informaation prosessointiin ja taipumukseen keskittyä uhkaavalta näyttävään informaatioon.[18]

Karismaattisessa kristillisyydessä pelko johtaa usein väärien profetioiden uskomiseen, ja on olemassa koko väärän profetian teollisuus, joka tekee rahaa pelon avulla. Monet uskovat ovat riippuvuussuhteessa pelkoa levittäviin profetioihin silloinkin, kun he tiedostavat, että samojen profeettojen aikaisemmat profetiat ovat osoittautuneet vääriksi. Tämä johtuu siitä, että heidän ajattelutapansa on pelon täyttämä.

Ensimmäinen Johanneksen kirje 4:18 kertoo:

> Pelkoa ei rakkaudessa ole, vaan täydellinen rakkaus karkoittaa pelon, sillä pelossa on rangaistusta; ja joka pelkää, se ei ole päässyt täydelliseksi rakkaudessa.

Tämä ei ole tuomion sana niille, jotka tuntevat pelkoa, vaan rohkaisun sana. Mutta eikö olekin mielenkiintoista, että apostoli Johannes esittää pelon Jumalan vihollisena, joka pitää voittaa Jumalan voiman avulla?

Ajattelin ennen, että elämäni pikkupeloilla ei ole mitään merkitystä. Mutta ymmärrän nyt, että pelko voi tuoda helposti tottelemattomuuden elämäämme. Aabraham lankesi pelon takia. Kuningas Saul lankesi ja menetti voitelunsa pelon takia.

Pelko tuo myös mukanaan muita emootioita ja pakottaa mielemme pois Pyhän Hengen valtaan alistumiselta. Se heikentää vastustuskykyämme demonisia voimia ja synnin valtaa vastaan. Joskus paholainen vain vihaa nähdä siunatun uskovan ja haluaa ryöstää hänen ilonsa, joten hän hyökkää häntä vastaan pelon avulla.

On monia negatiivisia tunteita, mutta pelko on ehkä yksi tuhoisimmista, ja se on hyvin petollinen, sillä me emme aina ymmärrä sen avaavan oven demonisille vaikutuksille elämässämme.

Toinen ase: synti

Paholaisen toinen pääase on synti. Lopulta pelon valtaan alistuminen johtaa syntiin, vaikkakaan synti ei tarvitse pelkoa ollakseen aktiivinen lihan – meidän syntisen luontomme – takia.

Joitakin vuosia sitten olin pitkähkön demonista pelkoa ja pelottelua vastaan käydyn taistelujakson lopussa. Hengellinen ilmapiiri tuntui hieman kevyemmältä, ja yhtenä päivänä arvuuttelin, mitä sielunvihollinen pistäisi seuraavaksi tielleni. Minun ei tarvinnut mietiskellä pitkään, sillä Pyhä Henki antoi minulle pikaisen vastauksen.

"Ensin hän antaa sinulle mitä et halua; sitten hän antaa sinulle mitä haluat."

Vei vuosia ennen kuin ymmärsin tarkkaan, mitä tämä tarkoittaa. Aluksi ajattelin tämän tarkoittavan sitä, että vaikeuksien aikajakson jälkeen paholainen kiusaisi minua menestyksellä. Tämä on usein totta, mutta ei mitä Pyhä Henki tarkoitti.

Olen juuri kuvannut yhtä vihollisen pääansaa, ja hän käyttää sitä meitä vastaan monta kertaa päivässä.

Silloinkin, kun me olemme täynnä Henkeä, meillä on sielu ja luonnolliset inhimilliset tunteet, ja vihollinen taitaa mielemme luonnollisten prosessien huijaamisen.

Minun on pitänyt vastustaa sielunvihollista monien hengellisten häiriötilojen aikajaksojen läpi, ja tämän kautta koen nykyään demoniset hyökkäykset kuin jonkinlaisena negatiivisena ja demonisena voimakenttänä. Olen oppinut vastustamaan näitä demonisia voimakenttiä Hengessä, mutta niillä on silti vaikutus sieluuni. Pyhä Henki minussa puolustaa minua näitä demonisia hyökkäyksiä vastaan, mutta ne vaikuttavat silti sieluuni ja tunne-elämääni. Vaikka aktiivinen uskon kilven käyttäminen suojeleekin minua, tunnen silti näiden demonisten voimakenttien negatiivisen painostuksen.

Tämä on kuin vihollisen valtaaman alueen läpi kävelemistä ja vihollisen kohtaamista lähietäisyydessä aina silloin tällöin. Tämä on raskasta tunne-elämälle.

Olen oppinut, että olen kaikkien eniten altistunut synnin voimalle lähes heti sen jälkeen kun demoninen hyökkäys on ohi, ja positiiviset tunteet alkavat palautua. On ikään kuin painostuksen katoaminen aikaansaisi sen, että sieluni ottaa kokonaan vallan, ja minusta tulee tilapäisesti sielullinen kristitty. Huokaan helpotuksesta, mutta sitten ymmärrän että sielunvihollisen painostavaa hyökkäystä seuraa palautuvia positiivisia tunteita viettelevä hyökkäys. Et välttämättä ymmärrä tätä, jos alat liittämään demoniset hyökkäykset pelkoon, ja unohdat hänen hyökkäävän myös viettelyn avulla.

Ensin hän antaa sinulle, mitä et halua, sen jälkeen hän antaa sinulle mitä haluat. Sieluni ei tahdo pelkoa ja painostusta, mutta se tahtoo monia muita asioita. Paavali kirjoittaa:

> Ja ottakaa vaari oikeasta hetkestä, sillä aika on paha. Älkää sentähden olko mielettömät, vaan ymmärtäkää, mikä Herran tahto on. (Gal. 5:16-17)

Negatiivisen hengellisen hyökkäyksen jälkeen positiivisten emootioiden taso on matala, ja sielumme halajaa jotain ilmapiiriä parantavaa. Tämä on se hetki, jolloin me olemme erityisen alttiita lihan himoille.

Mutta ahdistus ja pelko eivät ainoastaan saa meitä etsimään fyysisiä tai emotionaalisia nautintoja; ne saavat meidät myös reagoimaan negatiivisesti.

Vuosien ajan oloni oli ärtynyt aina, kun me olimme lähdössä lennolle. Olen normaalisti aika huoleton, mutta perheen vieminen lentokentälle oli minulle jotenkin erityisen stressaavaa, ja reagoin usein kärsimättömästi suuttumuksella kaikkiin viivästyksiin aikataulusta. Vuosien ajan ajattelin, että tämä johtui matkustukseen liittyvästä stressistä ja siitä, että lennolta myöhästyminen voi olla kallista.

Mutta kun aloin käyttää henkien erottamisen lahjaa, ymmärsin että useimmiten kun valmistauduimme lentoon, kouriintuntuva demoninen ilmapiiri laskeutui ympärillemme. Tämä negatiivinen ilmapiiri sai minut reagoimaan vihaisesti.

Päätin, että en reagoisi tähän negatiiviseen ilmapiiriin ollenkaan. Keskityin vain hiljaa olemiseen ja Pyhän Hengen läsnäoloon sisimmässäni, ja tämä pahan läsnäolo alkoi kadota yleensä noin kahdenkymmenen minuutin sisällä. Kun tämä pahan läsnäolo oli ympärillämme, pienestäkin erimielisyydestä tuli iso riita. Kun se poistui, poistui erimielisyyskin. Ajattelemme usein sielunvihollisen hyökkäävän vain palvelutyötämme vastaan. Mutta hän hyökkää aina perhettämme ja ihmissuhteitamme vastaan, sillä haaksirikko näillä alueilla voi sabotoida koko elämämme. Jaakobin kirje 3:6 kertoo:

HENKIEN EROTTAMISEN LAHJA

Myös kieli on tuli, on vääryyden maailma; kieli on se meidän jäsenistämme, joka tahraa koko ruumiin, sytyttää tuleen elämän pyörän, itse syttyen helvetistä.

Sielunvihollinen etsii aina aukkoa puolustuksessamme, kätkettyjä heikkouksia ja sydämemme haavoja. Jos hän saa demonisen tulen kytkettyä noihin heikkouksiin, hän voi saada helvetin voiman räjähtämään meissä.

Tämä ei tarkoita sitä, että Pyhä Henki jättää meidät tai että meistä tulisi demoneilla riivattuja; me emme vain enää elä Pyhän Hengen voimassa mutta annamme sielunvihollisen vaikuttaa tekoihimme samalla tavalla kuin Pietari, joka nuhteli Jeesusta, joka kertoi opetuslapsille, että Hän tulee kuolemaan kohta ristillä:

> Mutta hän kääntyi ja sanoi Pietarille: "Mene pois minun edestäni, saatana; sinä olet minulle pahennukseksi, sillä sinä et ajattele sitä, mikä on Jumalan, vaan sitä, mikä on ihmisten". (Matt. 16:23)

Toinen Saatanan juoni on pommittaa meitä syyllistävillä ajatuksilla. Näillä syyllistävillä ajatuksilla on raskaan musertava vaikutus, ja niiden hyväksyminen on erittäin vahingollista. Onneksi seurakunnissa on paljon enemmän opetusta armosta kuin ennen. Mutta näiden syyllistävien ajatusten seurauksena meistä voi tulla tunnottomia luonnollisille ajatuksille syyllisyydestä, jos me totumme näihin hyökkäyksiin. Monissa seurakunnissa tämä on johtanut selvästi synnillisten tapojen hyväksymiseen. Monet opettajat, jotka ovat ennen painottaneet pyhityselämää, eivät tänään enää huolestu synnistä omassa elämässään tai seurakunta-elämässä. Jos hylkäät kaikki syyllisyyteen liittyvät ajatukset ja määrittelet ne vihollisen hyökkäyksenä, poistat yhden tärkeän Jumalan antaman puolustusmekanismin - omantunnon. Tämän tähden meidän tulee vastustaa näitä hyökkäyksiä Pyhän Hengen eikä mielemme voimassa, sillä luonnollisella mielellä puolustaminen näitä hyökkäyksiä vastaan johtaa joko masennukseen tai epäherkkyyteen suhteessa tapasynteihin.

Kolmas ase: valhe

Paholaisen kolmas pääase meitä vastaan on valhe. Yhdessä Raamatun hätkähdyttävimmistä luvuista Jeesus sanoo:

> Kavahtakaa vääriä profeettoja, jotka tulevat teidän luoksenne lammastenvaatteissa, mutta sisältä ovat raatelevaisia susia. Heidän hedelmistään te tunnette heidät. Eihän orjantappuroista koota viinirypäleitä eikä ohdakkeista viikunoita?
> Näin jokainen hyvä puu tekee hyviä hedelmiä, mutta huono puu tekee pahoja hedelmiä. Ei saata hyvä puu kasvaa pahoja hedelmiä eikä huono puu kasvaa hyviä hedelmiä. Jokainen puu, joka ei tee hyvää hedelmää, hakataan pois ja heitetään tuleen. Niin te siis tunnette heidät heidän hedelmistään.
> Ei jokainen, joka sanoo minulle: "Herra, Herra!", pääse taivasten valtakuntaan, vaan se, joka tekee minun taivaallisen Isäni tahdon. Moni sanoo minulle sinä päivänä: "Herra, Herra, emmekö me sinun nimesi kautta ennustaneet ja sinun nimesi kautta ajaneet ulos riivaajia ja sinun nimesi kautta tehneet monta voimallista tekoa?" Ja silloin minä lausun heille julki: "Minä en ole koskaan teitä tuntenut; menkää pois minun tyköäni, te laittomuuden tekijät". (Matt. 7:15-23)

Jeesus ei kiellä, etteivät nämä ihmiset olleet saavuttaneet suuria asioita Hänen nimessään. Mutta Hän sanoo, että Hän ei koskaan tuntenut heitä. Voiko olla kauhistuttavampaa kohtaloa kuin uskoa, että palvelet Jumalaa – jopa ihmein ja merkein – ja ymmärtää viimeisenä päivänä, että se oli kaikki turhaan? Tämä on sielunvihollisen valheen mestarityö.

Paholaisella ei ole ongelmia sinun kanssasi, jos hän kykenee pettämään sinut. Hän vain antaa sinun ymmärtää viimeisenä päivänä, että olit harhaanjohdettu.

Oletko koskaan kohdannut julistajia, jotka vaikuttavat käyttävän armolahjoja, mutta joilla ei näytä olevan ollenkaan rakkautta omassa elämässään? Nämä palvelutyön tekijät rukoilevat vain lavalla,

HENKIEN EROTTAMISEN LAHJA 227

mutta heidän oma rukouselämänsä on kuollut. Ensimmäinen Johanneksen kirje 4:1-6 sanoo:

> Rakkaani, älkää jokaista henkeä uskoko, vaan koetelkaa henget, ovatko ne Jumalasta; sillä monta väärää profeettaa on lähtenyt maailmaan.
> Tästä te tunnette Jumalan Hengen: jokainen henki, joka tunnustaa Jeesuksen Kristukseksi, lihaan tulleeksi, on Jumalasta; ja yksikään henki, joka ei tunnusta Jeesusta, ei ole Jumalasta; se on antikristuksen henki, jonka olette kuulleet olevan tulossa, ja se on jo nyt maailmassa.
> Lapsukaiset, te olette Jumalasta ja olette voittaneet heidät; sillä hän, joka teissä on, on suurempi kuin se, joka on maailmassa. He ovat maailmasta; sentähden he puhuvat, niinkuin maailma puhuu, ja maailma kuulee heitä.
> Me olemme Jumalasta. Joka tuntee Jumalan, se kuulee meitä; joka ei ole Jumalasta, se ei kuule meitä. Siitä me tunnemme totuuden hengen ja eksytyksen hengen.

Johanneksen mukaan Jumalan profeetat tunnustavat, että Jeesus tuli lihassa. Paavalin tavoin hän näyttää taistelleen leviävää gnostilaista harhaoppia vastaan. Paavali kirjoittaa Ensimmäisessä kirjeessä korinttilaisille 12:1-3:

> Mutta mitä hengellisiin lahjoihin tulee, niin en tahdo, veljet, pitää teitä niistä tietämättöminä. Te tiedätte, että kun olitte pakanoita, teitä vietiin mykkien epäjumalien luo, miten vain tahdottiin. Sentähden minä teen teille tiettäväksi, ettei kukaan, joka puhuu Jumalan Hengessä, sano: "Jeesus olkoon kirottu", ja ettei kukaan voi sanoa: "Jeesus olkoon Herra", paitsi Pyhässä Hengessä.

Väärä profeetta voi sanoa helposti, että Jeesus on Herra, mutta Paavali viittaa todennäköisesti henkilöön, joka ilmentää hengen vallassa olemiseen liittyvää ekstaattista käyttäytymistä. Mikäli tällainen henkilö ei voi julistaa Jeesuksen herrautta, hän ei ole Pyhällä Hengellä vaan demonisella hengellä täytetty.

Näyttää siltä, että jopa riivatut olivat saapuneet Korintin seurakuntaan!

Kääntäjillä on vaikeuksia kääntää kreikan kielen sanat *anathema Iesous*, ja monesti ne käännetään "Jeesus on/olkoon kirottu", mutta todellisuudessa tämän ilmaisun merkitys on epäselvä. Mutta jos sitä vertaa kreikkalaisiin kirouskaiverruksiin, näyttää siltä, että ne pitäisi kääntää sanoilla "Kirotkoon Jeesus".[19]

Tämä olisi loogista tekstissä esiintyvien monien taikuuteen ja esignostilaisiin vaikutuksiin tehtyjen viittausten perusteella. Yksinkertaistaen Paavali sanoo, että toisin kuin pakanat, jotka käyttivät maagisia kaavoja kiroamaan vihollisiaan, et voi kirota ihmisiä, jos puhut Pyhässä Hengessä.

MINNE JUMALA RAKENTAA SEURAKUNNAN SINNE PAHOLAINEN RAKENTAA KAPPELIN

Uskonpuhdistaja Martti Luther sanoi, että minne Jumala rakentaa seurakunnan, sinne paholainen rakentaa kappelin. Azusa-kadun herätyksen lisäksi Etelä-Kalifornia on ollut monien muiden uskonnollisten liikkeiden syntypaikka. Katherine Tingley perusti teosofisen temppelin Point Lomaan, ja tällä liikkeellä oli suuri vaikutus New Age -liikkeeseen.

Kaliforniassa oli myös Mary Baker Eddyn kristillisen tieteen temppeli.

Jeesus-liike alkoi San Franciscossa 1960-luvun loppupuolella, ja se vahvisti karismaattisessa liikkeessä yleistyvää ihmeet ja merkit -painotusta. Mutta se alkoi samalla San Franciscon alueella kuin New Age -liike ja okkultismia rakastava hippiliike.

Lontoon Kensingtonin ja Chelsean kaupunginosa, jossa olen asunut yli kahdenkymmenen vuoden ajan, on synnyttänyt Alfa-kurssin Holy Trinity, Bromptonissa ja 1980-luvun loppupuolen ja 1990-luvun räjähdysmäisen seurakuntien istuttamisliikkeen Kensington Templessä. Mutta vain muutaman sadan metrin päässä Kensington Templestä on yksi nykyajan Wicca-liikkeen päähaarojen syntypaikka, joka perustettiin samoihin aikoihin.

On selvää, että missä tahansa Jumala toimii yliluonnollisella tavalla, sielunvihollinen on luomassa väärennettyä liikettä naapurissa yrittäen tuoda sen mukaan seurakuntaan. Ja liian usein etsimme

HENKIEN EROTTAMISEN LAHJA 229

paholaista maailmasta, mutta olemme täysin sokeita ja tietämättömiä hänen toiminnastaan seurakunnassa.

Henkien erottamisen armolahja on varmasti yhdeksästä armolahjasta kaikken väärinymmärretyin. Tänään sitä tarvitaan enemmän kuin koskaan, sillä se on suojelijamme ja holhoojamme yliluonnollisessa maailmassa.

Helluntaiherätyksen syntypaikan Azusa-kadun seurakunnan pastori William J. Seymour sanoi:

> Korintin seurakunta oli yksi Paavalin eniten lahjoilla varustetuista seurakunnista, ja samoin tänään, missä seurakunnalla on paljon lahjoja, ainut suoja petoksen henkiä vastaan on Jumalan Sanan opettaminen oikein, jotta emme tule kiihkoilijoiksi.[20]

Sielunvihollinen voi pettää meidät monin eri tavoin. Paljosta tästä petoksesta voi varjeltua Raamatun opiskelun ja säännöllllisen rukouselämän avulla. Mutta jos käytät Hengen lahjoja, sielunvihollinen hyökkää Jumalalta vastaanottamisen lahjaasi vastaan valheen aseella. Esim. hän yrittää houkutella sinut hyväksymään valheen profeetallisena ilmestyksenä, jotta alkaisit hyväksymään materiaalia väärästä lähteestä. Hän saavuttaa tämän syöttämällä mieleesi ajatuksia, jotka kuulostavat ilmestyksiltä.

Elin läpi ajanjakson, jolloin melkein joka päivä mieleeni tuli ajatuksia, jotka säteilivät epämääräistä hengellistä voimaa. Tavallisesti niiden sisältö oli, että jotain tiettyä tulisi tapahtumaan. Ne kuulostivat profeetallisilta ajatuksilta, mutta kuulin heti toisen sisäisen äänen, joka huusi suurella voimalla: "Se ei ollut Minä!" Tämä oli Pyhän Hengen ääni. Näin tapahtui usein, ja aloin ymmärtää, että sielunvihollinen oli hyökkäämässä profetian armolahjaani vastaan väärillä ilmestyksillä.

Väärän ilmestystiedon hyväksyminen tuhoaa lopulta kykysi kuulla Jumalalta tai tekee sinusta väärän profeetan.

Jumalan läsnäolo kantaa Hänen sanojaan. Hylkää kaikki ilmestyksiltä kuulostavat ajatukset, jos ne eivät saavu käärittynä Hänen läsnäoloonsa. Tämä suojaa sinua monilta vaikeuksilta, sillä sielunvihollinen yrittää siepata lisääntyvän hengellisen avoimuutesi.

Jumalalta, sielusta ja vihollisesta tulevilla ajatuksilla on kaikilla energiaa, mutta niillä on kaikilla selvästi erilainen läsnäolo. Kun opit erottamaan ajatuksen takana toimivan energialähteen luonteen, opit myös erottamaan sen alkuperän.

Kaikki, mitä Pyhä Henki sanoo, tulee käärittynä Hänen läsnäoloonsa. Paholainen voi naamioitua valon enkeliksi, mutta hän ei kykene väärentämään Jumalan läsnäoloa.

Sielunvihollisen sanat ovat joko täynnä myrkkyä tai silloin kun hän naamioituu valon enkeliksi, kuin tyhjiä kuoria, ilman elämää. Niillä on levottomuuden läsnäolo.

Sielunvihollinen voi lukea Raamattua ääneen, kuten Hän teki Jeesukselle Häntä kiusatessaan, mutta hän ei kykene koskaan tuottamaan sitä ainutlaatuista rauhan ja energian tunnetta, joka on osa Jumalan läsnäoloa.

HÄIRITSEVÄT UNET

Usein uskovat alkavat avautua henkien erottamisen armolahjalle unien kautta. He alkavat näkemään häiritseviä unia, joilla vaikuttaa olevan demoninen alkuperä. Mutta useimmiten demoniset olennot eivät tuota näitä unia; itse asiassa uneksija reagoi alitajuisesti demoniseen vaikutukseen elämässään ja visualisoi tämän vaikutuksen unien kautta.

Jos näet unia, jotka vaikuttavat demonisen häiriön tuotteilta, käsitä ne mahdollisuutena alkaa kehittämään piilevää henkien erottamisen armolahjaasi.

Pohdi niitä paikkoja joissa olet vieraillut ja ihmisiä joita olet tavannut hiljattain. Voisiko millään niistä olla demonisia vaikutuksia? Jos tapaan kenenkään, jolla on demonisia vaikutteita ympärillään, tai käyn paikassa, johon liittyy voimakkaita demonisia yhteyksiä, tämä näyttäytyy melkein poikkeuksetta unimaailmassani.

Olin kerran matkalla töihin kun sain puhelinsoiton. Soittaja oli ystävä, jonka olin tavannut kristillisessä konferenssissa noin viikkoa aikaisemmin. Tapasin hänet myöhemmin samana päivänä. Kun juttelimme, hän avautui menneisyydestään ja ajasta ennen hänen kääntymistään kristinuskoon. Kuulin kuinka hänen vanhempansa olivat altistaneet hänet okkultismille nuoresta iästä lähtien. Annoin

HENKIEN EROTTAMISEN LAHJA 231

hänelle profetian tapaamisen lopussa. Noin puolen tunnin kuluttua syvä levottomuuden ja masennuksen tunne alkoi vallata mieltäni. Muutamia tunteja myöhemmin oli selvää, että olin voimistuvan demonisen hyökkäyksen kohteena. Kun saavuin kotiin, menin rukoilemaan, sillä olin hämmentynyt siitä, mitä oli tapahtumassa. Noin kymmenen minuutin rukouksen jälkeen muistin tapaamiseni ja ymmärsin, että kokemani demoninen läsnäolo liittyi jollain tavalla häneen.

Soitin hänelle, ja hän kertoi olleensa voimakkaan demonisen painostuksen kohteena, ja kuinka hänen oli ollut melkein mahdoton rukoilla. Rukoilin hänen puolestaan ja ajoin kaikki demoniset vaikutteet ulos hänen elämästään.

Noin kymmenen minuutin päästä demoninen painostus jätti minut ja Pyhän Hengen vapaus saapui. Ajattelin tämän episodin päättyneen.

Vuorokautta myöhemmin olin vuoteessa valmiina nukkumaan. Aloin tuntea voimakkaan demonisen häiriötilan makuuhuoneessa. Suljin silmäni ja näin kuinka kolme mustaa hahmoa saapuivat. Ne seisoivat hiljaa vuoteeni ympärillä. Avasin silmäni. Ne olivat vielä siellä. Olin väsynyt, joten nukahdin. Sinä yönä näin kauheimpia mahdollisia unia lasten murhista ja muita hirvittäviä asioita, joita en halua muistaa. En ollut ikinä ennen nähnyt tämänlaisia iljettävyyksiä unissani. Olenkin oppinut henkien erottamisen armolahjan kautta, että monet ahdistusta täynnä olevat levottomat unet ovat ympäristössämme olevan demonisen läsnäolon sivutuotteita.

IHMISTEN HENGELLISEN TILAN EROTTAMINEN

Henkien erottamisen armolahja auttaa erottamaan ihmisten hengellisen tilan. Joskus koet, että johonkin ihmiseen liittyy jotain väärää. Tämä ei tarkoita sitä, että sinun pitäisi mainita tästä heille tai kenellekään muulle, mutta tämä auttaa olemaan varovainen, kun varovaisuutta tarvitaan.

Olin kerran neuvottelemassa suurehkoa kauppaa erään henkilön kanssa, kun tunsin että minun ei pidä luottaa tähän henkilöön. En tehnyt kauppaa, mutta eräs tuntemani henkilö teki tämän kaupan. Tämä neuvottelukumppani rikkoi jokaisen lupauksen hän antoi ystävälleni, ja tämä aiheutti monia ongelmia. Tämä ei tarkoita sitä, että sinun pitää koskaan syyttää ketään mistään vain tuntemistesi perusteella. Se tarkoittaa vain sitä, että etenet varovaisemmin kuin normaalisti ja tutkit kaiken huolellisesti.

Negatiivisen hengellisyyden erottamiseen liittyen tämä voi olla vain syvä epämukava olo. Mutta tämä lahja ei toimi pelkästään pahoihin hengellisiin vaikutuksiin liittyen, mutta voit myös usein erottaa Jumalan ystävät ja tuntea heti, että he ovat luotettavia, sillä he kuuluvat samaan Kristuksen perheeseen.

Olen joskus nähnyt ihmisten syntejä kuvallisessa muodossa. Tapasin erään pastorin säännöllisesti, ja lähes jokainen kerta näin saastaisia symboleita ja kuvia hänen suunsa ympärillä. Kun rukoilin tämän takia, Pyhä Henki puhui ja kertoi hänen avioliittonsa olevan kuollut. Muutaman vuoden päästä hän jätti vaimonsa, ja paljastui, että hänellä oli ollut monia avioliiton ulkopuolisia suhteita.

Tapasin erään pastorin säänöllisesti, ja erään tapaamisen aikana minua alkoi oksettaa. Tämä oli fyysinen reaktio demoniseen syntiin hänen elämässään. Tuntui ikään kuin hänen elämässään vaikuttava demoni olisi potkaissut minua vatsaan. En puhunut ääneen hänen synnistään, vaikka Jumala nimesikin sen, mutta uskon Jumalan näyttäneen sen suojellakseen minua. Kukaan ei silloin tiennyt tästä synnin otteesta hänen elämässään; tämä tuli tietoon vasta myöhemmin.

HENKIEN EROTTAMISEN ARMOLAHJAN KEHITTÄMINEN

Olen löytänyt yhdeksän askelta täysin toimivan henkien erottamisen armolahjan kehittymisessä.

1. Raamatun opiskeleminen päivittäin
Jos haluat kehittää henkien erottamisen armolahjan, sinun tulee opiskella Raamattua säännöllisesti. Jumala on antanut meille ilmestyksensä Kirjoituksissa. Raamatun säännöllinen lukeminen alkaa tuomaan elämäämme hengellistä erottelukykyä. Joosuan kirjassa 1:8 Jumala puhuu Joosualle, joka valmistautuu luvattuun maahan saapumiseen ja vihollisten kohtaamiseen:

Älköön tämä lain kirja sinun suustasi poistuko, vaan tutkiskele sitä päivät ja yöt, että tarkoin noudattaisit kaikkea, mitä siihen on kirjoitettu, sillä silloin sinä onnistut teilläsi ja silloin sinä menestyt.

Ainoastaan silloin, kun opiskelemme Kirjoituksia ahkerasti, voimme menestyä vihollistemme kukistamisessa.

2. Jumalan läsnäolon elämäntyylin vaaliminen
Raamatun lukeminen on välttämätöntä, mutta se ei riitä. Meidän pitää viettää aikaa Jumalan todellisessa läsnäolossa ja oppia avaamaan elävän veden lähteet – Pyhän Hengen läsnäolo ja voima – sisimmässämme.

Henkien erottamisen armolahja vaatii sisäisen ja alituisen Pyhän Hengen läsnäolon virran toimiakseen. Se kuluttaa ehkä enemmän energiaa kuin mikään muu armolahja. Voi joskus tuntua siltä kuin kävelisit kaupungilla kantaen aktiivista, hengellistä ydinvoimalaa sisimmässäsi!

3. Tunteiden erottaminen
Sen avulla, mitä Raamattu opettaa tunteistamme ja Jumalan armon ja Pyhän Hengen voiman avulla, voit erottaa ja analysoida tunteitasi.

Monet uskovat laiminlyövät tunteidensa ja motivaatioidensa ymmärtämisen yrittäen taistella negatiivisia tunteita vastaan uskon avulla. Mutta meidän pitää ymmärtää tunne-elämäämme ja sen dynamiikkaa. Jos koet olosi masentuneeksi, älä jätä tätä huomiotta vaan tunnusta se ja yritä ymmärtää masennuksen syy. Mikä on tuonut masennuksen? Onko sillä jokin erityinen syy? Tai jos olet vihainen, minkä tähden olet vihainen? Kaiva syvemmälle kuin pinnallisten motivaatioiden tasolle. Monien sielullisten ja lihallisten reaktioiden taustalla ovat useimmiten unohdetut kokemukset – muistot, jotka ohjaavat käyttäytymismallejamme ja vaikuttavat niihin huomaamatta.

4. Negatiivisten tunteiden ja elämysten vastustaminen uskon ja Jumalan läsnäolon avulla

Mutta omien tunteidemme ja motivaatioidemme analysointi ei riitä. Meidän pitää oppia käyttämään uskon kilpeä ja kätkeytyä Jumalan läsnäoloon. Psalmi 27:5 sanoo:

> Sillä hän kätkee minut majaansa pahana päivänä, hän suojaa minua telttansa suojassa, korottaa minut kalliolle.

Jumalan läsnäolo on kilpemme ja suojamme Saatanan juonia vastaan.

5. Erota tunteet niitä voimistavasta demonisesta voimasta

Kun etsit Jumalan läsnäolon kilven suojaa, huomaat ajan kuluessa kuinka tunteet ja ladatut osatotuudet, joita sielunvihollinen käyttää hyökkäyksissään, alkavat irtautua niiden taustalla vaikuttavasta demonisesta voimasta. Kun ne irtautuvat voimanlähteestään, ne alkavat menettää otettaan sinusta.

6. Demonisten voimien kokeminen negatiivisina voimakenttinä tai sfääreinä

Kun koet tämän irtaantumisen tunteen, voit alkaa kokemaan demoniset hengelliset olennot jonkinlaisina negatiivisina voimakenttinä. Alat kokemaan kuinka niiden paine lisääntyy ja vähentyy mielessäsi. Ne saapuvat kuin rantaa lyövät aallot myrskyn alkaessa, mutta hitaasti, kunhan vastustat niitä lujasti, ne alkavat vetäytyä.

Jotkut näistä demonisista emootioista murtautuvat vielä väkisin puolustuksen läpi erityisesti silloin kun hyökkäykset ovat voimakkaita.

Mutta tässä vaiheessa sinun ei tarvitse eikä pidä olla minkäänlaisessa vuorovaikutuksessa näiden emootioiden ja demonisesti varattujen ajatusten kanssa. Sen sijaan sinun tulee odottaa uskon kilven alla ja Jumalan läsnäolossa, kunnes hyökkäyksen voimakkain vaihe on ohi, ja sen jälkeen voit rukoilla ja alkaa vastahyökkäyksen.

HENKIEN EROTTAMISEN LAHJA

Odottaessasi sinun tulee keskittyä löytämään uudelleen ja ylläpitämään Pyhän Hengen voiman ja läsnäolon virta elämässäsi. Et enää taistele vihollisen voimia vastaan aktiivisesti vaan keskityt Herraan, ja Hänen läsnäolonsa taistelee puolestasi.

Psalmi 46:11 kehottaa:

> Heretkää ja tietäkää, että minä olen Jumala...

Tässä vaiheessa ymmärrät, että paholaisen päämääränä on irrottaa sinut Pyhän Hengen läsnäolon virrasta elämässäsi. Mutta olet Pyhän Hengen temppeli, ja sinun ei tarvitse ikinä jättää Hänen temppeliään. Sen sijaan voit piiloutua Hänen läsnäoloonsa.

Tässä paikassa elämän myrskyt eivät järkytä mieltäsi enää samalla tavalla kuin aikaisemmin. Ne saattavat vielä moukaroida sinua, mutta Herra ja Hänen läsnäolonsa ovat turvasi.

7. Armolahjan käytön oppiminen

Henkien erottamisen armolahja on sekä arkielämää että palvelutyötä varten. Rukoillessani odotan demonisten henkien tuoman myrskyn etääntymistä ennen kuin harjoitan aktiivista profeetallista kuulemista. Arkielämässäni vastustan sitä tapaa, jolla demoninen häiriötila yrittää pakottaa minut reagoimaan. Palvelutyössäni tarkkailen hengellistä ympäristöäni ja toimin ottaen sen huomioon.

Arkielämässä on tilanteita, joilla on täysin erilainen lopputulos riippuen hengellisestä ilmapiiristä.

Voit usein erottaa demonisen vaikutuksen läsnäolon ja toiminnan kokoustilassa, sillä sinua pommitetaan epäpuhtailla ja negatiivisilla ajatuksilla tai pelolla ja lannistavalla mielialalla. Koen usein demonisten voimien läsnäolon kuin kouriintuntuvana, raskaana seinänä, joka yrittää huutaa ja kertoa minulle, että sitä ei voi murtaa.

Yksi suurimpia yliluonnollisuuteen liittyvistä haasteista on se, että myös sielunvihollinen toimii tässä ulottuvuudessa. Tämä tuo vaikeuksia erityisesti profetian armolahjan käytön alueella.

Usein, kun palvelen seurakunnassa, koen vahvaa hengellistä vastustusta. Tässä tilanteessa en hyväksy tai jaa mitään uutta ilmestystä vaan toimin luottaen Sanan ilmoitukseen ja erityisiin profeetallisiin ilmestyksiin, jotka Jumala on antanut ennen tilaisuutta. Tunnustelen ilmapiiriä henkien erottamisen armolahjan avulla. Astun profeetalliseen virtaan vasta kun tunnen, että hengellinen vastarinta poistuu.

Profeetallinen palvelutyö on palvelutyötä Jumalan läsnäolossa, ja jos en koe Hänen läsnäoloaan, en voi vastaanottaa profeetallista ilmoitusta.

Tähän on kaksi syytä. Ensin, voit tulla petetyksi. Toiseksi, vaikka et itse tulisikaan petetyksi, kuuntelijasi voivat tulla petetyksi.

Evankeliumi Matteuksen mukaan 13:19 sanoo:

> Kun joku kuulee valtakunnan sanan eikä ymmärrä, niin tulee paha ja tempaa pois sen, mikä hänen sydämeensä kylvettiin. Tämä on se, mikä kylvettiin tien oheen.

Olen huomannut, että monesti ihmiset eivät ole vastaanottavaisia sanalle, ja paha tulee ja tempaa sanan pois ennen kuin sillä on aikaa minkäänlaiseen vaikutukseen.

Mutta voin "moukaroida" ilmapiiriä sillä ilmoituksella, jonka Jumala on antanut minulle etukäteen ja luoda uuden ilmapiirin, jossa kuulijoista tulee vastaanottavaisia. Tämän takia on tärkeää valmistautua palvelutyöhön rukouksessa, jotta sinulla on luottamus jakaa se sana, jonka Jumala on antanut etukäteen, riippumatta siitä, miten paljon sielunvihollinen yrittää pelotella. Tällaisessa palvelutyössä voin viettää tuntikausia Pyhän Hengen puhuessa minulle tapahtumasta etukäteen, mutta tämä antaa minulle vain kyvyn jakaa Hänen antamansa sana uskollisesti.

8. Jatkuvan hengellisen häiriötilan sietäminen
Yksi vaikeimmista tähän armolahjaan liittyvistä asioista on se, että tunnet ja koet näitä hengellisiä häiriötiloja usein, mikä voi olla rasittavaa tunne-elämälle ja jopa fyysisesti. Usein meitä kutsutaan elämään ja palvelemaan ympäristöissä, joissa synti on rakentanut linnakkeita ihmisten elämään, joten tästä ei voi aina paeta helposti. Meidän pitää vain oppia sietämään emotionaalista epämukavuutta.

HENKIEN EROTTAMISEN LAHJA

9. Opi lepäämään jälleen Jumalan läsnäolossa
Tarvitsemme säännöllisiä lepoaikoja Jumalan läsnäolossa. Muista, että palvelutyösi ei ole vain sotaa vaan sen ytimessä on lepo Jumalan läsnäolossa ja yhteys Hänen kanssaan. Psalmi 23:5 kertoo:

> Sinä valmistat minulle pöydän minun vihollisteni silmien eteen.

Maailmassa ja ympärillämme on paljon hengellistä levottomuutta. Joskus meidän tulee vastustaa näitä ympärillämme toimivia demonisia voimia voimakkaasti, toisinaan jättää ne rauhaan.

Kun erikoisjoukkojen sotilaat laskeutuvat vihollislinjojen taakse, heillä on selvä tehtävä. He eivät taistele vihollisen kanssa matkalla tähän tehtävään, ellei vihollinen ole estämässä tämän tehtävän toteuttamista. Sinut on kutsuttu siirtämään pois tieltä jokainen estävä hengellinen vuori, mutta jättää tien vierellä olevat vuoret rauhaan. Joosuan kirjassa 1:7, kun Jumala antaa Joosualle ohjeita luvatun maan valtaamiseksi, Hän sanoo:

> Ole vain luja ja aivan rohkea ja noudata tarkoin kaikessa sitä lakia, jonka minun palvelijani Mooses on sinulle antanut; älä poikkea siitä oikealle äläkä vasemmalle, että menestyisit, missä ikinä kuljetkin.

Sielunvihollinen yrittää aina harhauttaa ja saada meidät mukaan taisteluihin, jotka saavat meidät jättämään tehtävämme. Ja ellet ole varovainen henkien erottamisen lahjan käytön suhteen, vihollinen tulee käyttämään sitä sinua vastaan.

Evankeliumi Markuksen mukaan 1:35-38 kertoo:

> Ja varhain aamulla, kun vielä oli pimeä, hän nousi, lähti ulos ja meni autioon paikkaan; ja siellä hän rukoili. Mutta Simon ja ne, jotka olivat hänen kanssaan, riensivät hänen jälkeensä; ja löydettyään hänet he sanoivat hänelle: "Kaikki etsivät sinua". Ja hän sanoi heille: "Menkäämme muualle, läheisiin kyliin, että minä sielläkin saarnaisin, sillä sitä varten minä olen tullut".

Ennen kaikkea vihollinen vastustaa kykyämme palvoa Jumalaa, ihmissuhteitamme ja sitä tarkoitusta, minkä tähden synnyimme tähän maailmaan. Mutta Jeesus ei antanut edes ihmisten näennäisten tarpeiden johtaa Häntä pois rukouksesta ja päämäärästään.

Mitä opetuslapset sanoivat todellisuudessa oli se, että Jeesus oli suosittu ja että he pitivät Jeesuksen kaverina olemiseen liittyvästä kuuluisuudesta, mutta Jeesus ei välittänyt tästä.

Paholainen taitaa näennäistarpeiden ja myrskyjen tuottamisen. Meidän pitää rakastaa ihmisiä. Mutta meidän pitää myös varmistaa, että olemme jatkuvasti täynnä Pyhää Henkeä, sillä muuten me alamme ammentamaan omasta kaivostamme, joka kuivuu nopeasti, emmekä enää anna Jumalan läsnäolon elävän vesien virtojen kulkea lävitsemme.

Hengellisen sodankäynnin aikoina voi tapahtua, että alat liittämään Jumalan voimakkaan läsnäolon sodankäyntiin. Kun tämä tapahtuu minulle, Jumalan läsnäolon kokeminen saa minut levottomaksi ja väsyneeksi, sillä odotan huolestuneena sitä sielunvihollisen hyökkäystä, josta tiedän Jumalan suojelevan minua. Tämän takia meidän pitää aina löytää uudelleen Jumalan läsnäolon antama ilo.

HENKIEN EROTTAMISEN ARMOLAHJAN KÄYTTÖ RUKOUSPALVELUSSA

Henkien erottamisen armolahja on elintärkeä tehokkaassa profeetallisessa palvelutyössä ja erityisesti tilanteissa, joissa sinulla ei ole aikaa etsiä Jumalan johdatusta Hänen läsnäolossaan.

Esim. jos palvelet käyttäen profetian armolahjaa, eteen tulee aina suuri joukko ihmisiä rukoiltavaksi. Et ole ehkä tavannut ketään näistä ihmisistä aikaisemmin. Käytän armolahjaa näiden ihmisten hengellisen tilan erottamiseen. Joskus saan heille profetian, mutta erotan, että he eivät ole hengellisesti valmiita vastaanottamaan sitä, sillä heidän sitoutumisensa Jeesukseen ei ole riittävän vahva. Jumalalla on suunnitelma Heidän elämälleen, mutta he eivät ole vielä valmiita vastaanottamaan sitä. Toisinaan uskovat pyytävät minua vahvistamaan profetian he kertovat jonkun muun antaneen heille, mutta erotan, että he vain naamioivat sydämensä halun uskonnollisella kielenkäytöllä. On huolestuttavaa, miten monet ihmiset ajat-

HENKIEN EROTTAMISEN LAHJA

televat, että profeetan siunaus voi muuttaa kaiken silloinkin, kun Jumala on eri mieltä heidän kanssaan. Joskus erotan, että ihmiset valehtelevat; toisinaan erotan synnin heidän elämässään.

Kerron heille vain harvoin mitä näen. Sen sijaan käytän mitä erotan materiaalina diagnostisille, suorille mutta armollisille kysymyksille, mistä tahansa asiasta onkaan kysymys. Loppujen lopuksi nämä ihmiset ovat etsimässä Jumalaa ainakin jollakin tasolla, vaikka he eivät olekaan valmis paljastamaan sydämensä salaisuuksia. Ensimmäinen Pietarin kirje 4:8 sanoo:

> Ennen kaikkea olkoon teidän rakkautenne toisianne kohtaan harras, sillä "rakkaus peittää syntien paljouden".

Henkien erottamisen armolahja ei ole ihmisten paljastamisen armolahja vaan lahja, jonka avulla ihmiset vapautetaan.

Jos koet, että jonkun elämässä on demonisia vaikutuksia, toimi seuraavalla tavalla:

1. *Etene varovasti kunnes olet varma*

On sallittua ja viisasta edetä hitaasti. Henkien erottamisen armolahjan käyttäminen tuntuu joskus kuin valoisasta pimeään huoneeseen astumiselta. Vie hieman aikaa ennen kuin silmät sopeutuvat, mutta pian alamme erottamaan huoneen kalusteet.

2. *Kysy kysymyksiä äläkä profetoi*

Yksi kaikista tuhoisimmista työtavoista on sen "profetoiminen", mitä näet henkien erottamisen tai tiedon sanojen armolahjojen avulla. Tämä tuo ihmiset tuomion alle. Tämän tähden sinun ei pidä lähes koskaan kertoa rukoiltavalle yksityiskohtaisen tarkasti mitä näet. Sen sijaan käytä mitä näet raaka-aineena kysymyksille.

3. *Älä anna pimeyden sanella palvelutyösi luonnetta*

Paholainen on valehtelija, ja usein hän yrittää sanella palvelutyösi tavan ympäröimällä sinut petoksella, pelolla tai epämukavilla tunteilla. Jos annat hänen pettää sinut, reagoit mihin tahansa hän projisoi sinuun tai siihen, jonka puolesta rukoilet. Tämän sijasta tarkkaile rukoiltavaa, hengellistä levottomuutta ympärilläsi ja Pyhän Hengen virtaa sisimmästäsi. Sinun pitää tiedostaa kaikki kolme. Älä reagoi sielunvihollisen työskentelyyn vaan alistu Pyhän Hengen työhön sisimmässäsi.

4. Odota Pyhän Hengen virtaa sisimmästäsi
Jumalan läsnäolo suojelee sinua ja ohjaa kaikkeen totuuteen. Jeesus sanoo Evankeliumissa Johanneksen mukaan 14:26:

> Mutta Puolustaja, Pyhä Henki, jonka Isä on lähettävä minun nimessäni, hän opettaa teille kaikki ja muistuttaa teitä kaikesta, minkä minä olen teille sanonut.

Sinun pitää odottaa Auttajan saapumista. Odota Pyhän Hengen läsnäolon virtaa ennen kuin yrität mennä asioiden ytimeen.

5. Rukoile Hengen virrassa
Jokainen demonisen läsnäolon tai vaikutuksen kohtaaminen on hengellinen taistelu. Tämän takia sinun pitää rukoilla ja palvella vain Pyhän Hengen virrassa.

6. Rukoile jälkeenpäin
Jokainen vihollisen kohtaaminen on rasittava. Jos menet töihin Lontoon viemäriverkostoon ja sen jälkeen kotiin, peset varmasti itsesi tarkkaan ennen kuin annat suukon vaimollesi! Samoin henkien erottamisen armolahjan käyttäminen vaatii rukousta jälkeenpäin. Muuten demonisten vaikutusten kohtaamisella muiden elämässä on negatiivinen vaikutus omassa elämässäsi.

Jos et ole varovainen, alat kantamaan sitä masennusta, ahdistusta, pelkoa tai niitä negatiivisia ajatuksia niiden ihmisten elämässä, joiden puolesta olet rukoillut. Me palvelemme usein ihmisiä, jotka ovat kuoleman varjon laaksossa. Palvelemisen jälkeen meidän ei tule jäädä laaksoon vaan kiivetä takaisin Jumalan läsnäolon vuorelle.

12

USKON LAHJA

Jos opiskelet ajatushistoriaa, ymmärrät pian että teologisia ajatuksia ja kehyksiä ei ole muovannut ainoastaan Raamattu vaan ne heijastavat myös kunkin aikakauden vallitsevia sekulaareja ja uskonnollisia ideologioita joko ne hyväksymällä tai niitä vastustamalla. Mutta sekä mukautumisen että hylkäämisen kautta yhteiskunnan vallitsevat ajatusmallit vaikuttavat usein teologiaan ja kristilliseen ajatteluun.

Esim. Paavalin kirjeet vastustavat juutalaisen lakihenkisyyden ja kreikkalaisen filosofian ja pakanuuden yhdistämistä kristinuskoon. Jos emme ymmärrä hänen taistelleen kahdella tai jopa kolmella rintamalla, eikä vain yhdellä, ymmärrämme hänen kirjeensä helposti väärin.

On aikakausia, jotka ovat vaikuttaneet teologiaan syvällä tavalla, mutta ne kysymykset, joihin teologit ovat vastaneet, eivät ole enää ajankohtaisia. Esim. keskiajan teologien keskittyminen logiikkaan vaikuttaa meihin tänäänkin syvästi, mutta me emme ole edes tietoisia tästä vaikutuksesta.

Usein vain ajan kuluminen antaa meille selvän perspektiivin siihen, mikä on Jumalasta ja mikä on ainoastaan erityisen älyllisen aikakauden tuote.

Yksi karismaattiseen kristillisyyteen voimakkaasti vaikuttanut virtaus on Uskon Sana -liike, ja se vaikutti parantamisherätykseen erittäin voimakkaasti. Tämä on selvää monille, mutta mikä on kadonnut 1800-luvun ja 1900-luvun alkupuolen usvaan on se, että Uskon Sana -liikkeen syntyyn vaikutti syvällä tavalla Uusi ajatus (New Thought). Kristinuskon historian apulaisprofessori Kate Bowler Duke Divinity Schoolissa Yhdysvalloissa kirjoittaa Uudesta ajatuksesta:

> Uusi ajatus edustaa joukkoa ajattelijoita ja metafyysisiä ideoita, jotka ilmaantuivat 1880-luvulla aikakauden voimallisimpina mielen voiman puolestapuhujina. Uuden ajatuksen kolmesta näkökulmasta tuli perusta 1900-luvun ymmärrykseen mielen voimasta.[1]

Ensiksi Uusi ajatus korosti yhteyttä Jumalan ja ihmiskunnan välillä käsittäen niiden eron ainoastaan relatiivisena eikä absoluuttisena.[2]
Bowler kirjoittaa:

> Koska monet Uuden ajatuksen kannattajat hyödynsivät kristillisiä käsitteitä, he ymmärsivät "pelastuksen" ihmiskunnan potentiaalin paljastumisena eikä Jumalan ylhäältä käsin tapahtuvana työnä.[3]

Uusi ajatus käsitti fyysisen maailman alisteisena mielelle ja alkoi käsittää uskon todellisuutta taivuttavana voimana:

> Toiseksi Uusi ajatus opetti, että maailma pitäisi kuvitella uudelleen ajatuksena eikä aineena. Hengellinen maailma muodosti absoluuttisen todellisuuden, ja fyysinen maailma oli mielen projektio.[4]

Kolmanneksi Uusi ajatus opetti ihmisten omaavan Jumalan luovien ajatusten ja sanojen voiman:

> Kolmanneksi Uusi ajatus väitti ihmisten jakavan Jumalan kyvyn luoda ajatuksen voimalla. Ihmiset muovasivat maailmojaan ajatuksillaan samalla tavalla kuin Jumala loi maailman ajatuksen voimalla. Positiiviset ajatukset saivat aikaan positiivisia olosuhteita ja negatiiviset ajatukset saivat aikaan negatiivisia olosuhteita.[5]

USKON LAHJA

Phineas P. Quimbyyn (1802–66) viitataan useimmiten Uuden ajatuksen kantaisänä tai ensimmäisenä kannattajana. Portlandissa, Mainessa syntynyt Quimby oli oppimaton kelloseppä. Todistettuaan mielen voimaa parantaa hypnoosin, suggestion ja lumevaikutuksen kautta Quimby alkoi harjoittaa hypnoosia ja alkoi uskoa, että sairaus oli vain mielessä. Hän avasi toimiston mielen avulla parantamista varten Portlandissa, Mainessa vuonna 1859. Yksi Quimbyn oppilaista oli Mary Baker Eddy, joka perusti kristillisen tieteen liikkeen.[6]

E.W. Kenyon, jota pidetään Uskon Sanan isänä, toi Uuden ajatuksen ymmärrykseen parantamisesta. F.F. Bosworth, joka työskenteli myöhemmin Branhamin kanssa, toi Uuden ajatuksen viitekehityksen parantamisherätyksiin. Myöhemmin Uuden ajatuksen painopiste siirtyi parantamisesta vaurauteen.[7] Tämä sama siirtymä tapahtui kristittyjen leirissä, mikä johti menestysteologiaan.

On tärkeä ymmärtää, että Uskon Sanan ymmärrys uskosta perustuu osittain uskoon ihmismielen kyvystä taivuttaa materiaalista todellisuutta. Uskon sana nähtiin uskon lakina tai "uskonvoimana".

Mutta tämä on selvästi erilainen ymmärrys uskon luonteesta kuin Raamatussa, jossa usko annetaan Jumalalta ja uskon lahja on Pyhän Hengen antama armolahja.

Uskon Sanan opetuksessa puhutaan paljon "hengen miehestä" (spirit man). Tämä perustuu Kenyonin opetukseen "hengellisestä miehestä", joka on uudestisyntynyt, mutta toisin kuin apostoli Paavali, joka opettaa meidän olevan Hengen temppeleitä, Kenyonin opetuksessa uudestisyntynyt henkemme säilyttää kontrollin. Tämä johtaa hyvin erilaiseen ymmärrykseen uskosta kuin Raamatussa. Mutta koska usko on niin huonosti määritelty sana – käytämme sitä sekä pelastavasta uskosta että uskon armolahjasta – kun joku puhuu uskosta, me usein hyväksymme opetuksen kritiikittä.

MIKÄ ON USKON LAHJA?

Uskon lahja ei ole sama kuin pelastava usko, vaikkakin jopa pelastavakin usko on lahja.

Ensimmäisen Samuelin kirjan 14. luvussa Joonatan, kuningas Saulin poika, ja hänen palvelijansa lähestyvät filistealaisten linnaketta. Filistealaiset sortavat koko Israelia, ja israelilaisilla on vain yksi miekka. Se on Joonatanin kädessä:

> Ja Joonatan sanoi palvelijalle, joka kantoi hänen aseitansa: "Tule, menkäämme lähelle noiden ympärileikkaamattomain vartiostoa; ehkä Herra on tekevä jotakin meidän puolestamme, sillä ei mikään estä Herraa antamasta voittoa harvojen kautta yhtä hyvin kuin monien".
> Hänen aseenkantajansa vastasi hänelle: "Tee, mitä mielessäsi on. Lähde, minä seuraan sinua mielesi mukaan."
> Niin Joonatan sanoi: "Katso, me menemme tuonne, lähelle noita miehiä, ja näyttäydymme heille. Jos he sanovat meille näin: 'Olkaa hiljaa, kunnes me tulemme teidän luoksenne', niin me seisomme alallamme emmekä lähde nousemaan heidän luoksensa. Mutta jos he sanovat näin: 'Nouskaa tänne meidän luoksemme', niin me nousemme, sillä silloin Herra on antanut heidät meidän käsiimme; tämä olkoon meillä merkkinä." (1. Sam. 14:6-10)

He näkevät merkin, hyökkäävät linnakkeeseen ja tuovat voiton israelilaisille. Emme näe Joonatanin toimivan samalla tavalla kaikissa tilanteissa, mutta jostain syystä hän uskoo Jumalan antavan heille voiton linnakkeesta. Hän pyytää Jumalalta merkkiä, mikä on järjetön merkki, sillä linnakkeeseen hyökkääminen olisi näyttänyt hulluudelta, ja merkki annetaan.

Useimmat meistä olisivat pyytäneet merkin olevan kaikkien filistealaisten pakenemisen!

Daavid toimii samalla tavalla, kun hän hyökkää Goljatia vastaan. Ensimmäisessä Samuelin kirjassa 17:26 Daavid sanoo:

> Sillä mikä tuo ympärileikkaamaton filistealainen on häpäisemään elävän Jumalan taistelurivejä?

Mutta tämä rämäpäinen usko syntyy syvästä ilmestyksestä. Lopultakin uskon lahja ammentaa syvästä ymmärryksestä siitä, kuka Jumala on ja mitä Hän kykenee tekemään, mutta tämä usko annetaan yleensä erityisessä tilanteessa. Tämän uskon taustalla on Pyhän Hengen voima. Sen kohde ei ole sattumanvarainen

USKON LAHJA

vaan ilmoitettu. Evankeliumissa Markuksen mukaan 11:23 Jeesus kertoo opetuslapsille:

> Totisesti minä sanon teille: jos joku sanoisi tälle vuorelle: "Kohoa ja heittäydy mereen", eikä epäilisi sydämessään, vaan uskoisi sen tapahtuvan, minkä hän sanoo, niin se hänelle tapahtuisi.

On todennäköistä, että Jeesus viittasi Temppelivuoreen ja siihen liittyvään uhrikulttiin, ja sen jälkeen Hän heitti tämän vuoren mereen kuolemalla ristillä.

Mutta tekstillä on toinenkin merkitys – jos Jumala antaa sinulle uskon siirtää tietyn vuoren, kykenet siirtämään tämän vuoren – mutta et mitä tahansa vuorta. Uskon lahjalla on tietty kohde.

Uskon lahja on erityinen usko erityisiä asioita varten. Kirje heprealaisille 11:1 sanoo:

> Mutta usko on luja luottamus siihen, mitä toivotaan, ojentautuminen sen mukaan, mikä ei näy.

Uskolla on erityinen kohde: emme voi käyttää sitä mitä tahansa varten. Tämän takia aito profeetallinen sana vapauttaa usein uskon lahjan ainoastaan tiettyä asiaa varten, mutta ei mihinkään muuhun.

Brittiläisen Elim Pentecostal Churches -helluntailiikkeen perustaja George Jeffreys kirjoittaa:

> Tiedämme näin annetun uskon nostaneen Jumalan palvelijat täysin itsensä yläpuolelle, kunnes he kykenivät uskomaan, että mahdoton voi tapahtua. Tiedämme myös näiden samojen miesten olleen yhtä avuttomia kuin lapset ilman tätä lahjaa.
>
> Yhtenä hetkenä saarnaaja rukoilee sairaiden puolesta tavallisella uskolla ilman mitään näkyviä tuloksia; seuraavana hetkenä hän liikkuu heitä kohti tällä erityisellä uskolla varustettuna, ja avuttomat ramparikot parantuvat, ja jopa saarnaaja itse on hämmästynyt. Ilman tätä erityistä uskoa hän saattaa tuntea olonsa heikoksi ja väsyneeksi jopa pienimmän kokoontumisen edessä, mutta sillä varustettuna

hän tuntee jättimäisten kokousten olevan kämmenellään. Tämä erityinen uskon laatu näytetään annettavan tietyille Jumalan palvelijoille suuren tarpeen aikoina.[8]

Kirje heprealaisille 11 antaa meille ehkä parhaan kuvan uskon lahjan toimimisesta Raamatussa. Se osoittaa, että vain Jumalan sanalla on luova voima, ja me ymmärrämme tämän uskon kautta:

> Uskon kautta me ymmärrämme, että maailma on rakennettu Jumalan sanalla, niin että se, mikä nähdään, ei ole syntynyt näkyväisestä. (Hepr. 11:3)

Kirje heprealaisille 11 näyttää uskon lahjan johtavan tiettyihin tekoihin. Jokainen luvussa mainittu uskon sankari uskoi erityiseen Jumalan lupaukseen:

> Uskon kautta uhrasi Aabraham, koetukselle pantuna, Iisakin, uhrasi ainoan poikansa, hän, joka oli lupaukset vastaanottanut ja jolle oli sanottu: "Iisakista sinä saat nimellesi jälkeläisen", sillä hän päätti, että Jumala on voimallinen kuolleistakin herättämään; ja sen vertauskuvana hän saikin hänet takaisin. (Hepr. 11:17-19)

Aabrahamin usko olisi ollut hulluutta ilman erityistä Jumalan lupausta. Näemme kuinka uskon lahja saa aina voimansa Jumalan antamasta ilmestyksestä. Kirje heprealaisille 11:30 kertoo:

> Uskon kautta kaatuivat Jerikon muurit, sittenkuin niiden ympäri oli kuljettu seitsemän päivää.

Näemme kuinka uskon lahjaa voi käyttää erityiseen ilmoitukseen perustuen. Et voi käyttää sitä kaikissa tilanteissa sattumanvaraisesti tai mielesi mukaan.

Palataan Matteuksen versioon vuoren siirtämisestä. Markus asettaa Jeesuksen opetuksen vuoren siirtämisestä uskon kautta viikunapuun kontekstiin. Mutta Matteus sijoittaa sen tilanteeseen, jossa demoni ajetaan ulos nuoresta pojasta:

USKON LAHJA

Ja kun he saapuivat kansan luo, tuli hänen tykönsä muuan mies, polvistui hänen eteensä ja sanoi: "Herra, armahda minun poikaani, sillä hän on kuunvaihetautinen ja kärsii kovin; usein hän kaatuu, milloin tuleen, milloin veteen. Ja minä toin hänet sinun opetuslastesi tykö, mutta he eivät voineet häntä parantaa."

Niin Jeesus vastasi ja sanoi: "Voi sinä epäuskoinen ja nurja sukupolvi, kuinka kauan minun täytyy olla teidän kanssanne? Kuinka kauan kärsiä teitä? Tuokaa hänet tänne minun tyköni."

Ja Jeesus nuhteli riivaajaa, ja se lähti pojasta, ja poika oli siitä hetkestä terve.

Sitten opetuslapset menivät Jeesuksen tykö eriksensä ja sanoivat: "Miksi emme me voineet ajaa sitä ulos?"

Niin hän sanoi heille: "Teidän epäuskonne tähden; sillä totisesti minä sanon teille: jos teillä olisi uskoa sinapinsiemenenkään verran, niin te voisitte sanoa tälle vuorelle: 'Siirry täältä tuonne', ja se siirtyisi, eikä mikään olisi teille mahdotonta". (Matt. 17:14-20)

Tämä on osittain arvoituksellinen tarina, ja sen mahdolliset tulkinnat ovat usein johtaneet meitä harhaan. Se antaa vaikutelman, että uskollamme on kapasiteetti saavuttaa, mitä tahansa haluamme, kunhan meillä on vain oikeanlainen usko. Mutta kertomus pitää nähdä yhteydessä kirjan kymmenenteen lukuun, jossa Jeesus lähettää kaksitoista opetuslasta ja antaa heille vallan ajaa ulos demoneja. Tämä oli erityinen toimeksianto: Jeesus oli antanut heille auktoriteetin yli demonien.

Niinpä on selvää, että Jeesus nuhteli heitä sen tähden, että heiltä puuttui usko Jeesuksen auktoriteettiin. Opetuslapset eivät ymmärtäneet vieläkään, kuka Jeesus oli ja mihin Hänen auktoriteettinsa perustui.

Mielestäni jokaisella uskovalla tulisi olla uskon lahja, ja tosiasiassa jokainen uskova tarvitsee sen, ja jokaisella uskovalla on se ainakin joitakin asioita varten. Kokemukseni perusteella uskon lahjan voi vapauttaa neljän tekijän kautta:

1. Jumalan tunteminen

Koska profetian armolahja on pääasiallinen lahjani, tukeudun usein siihen, kun tarvitsen enemmän uskoa. Mutta joitakin aikoja sitten pyysin Jumalalta ilmestystä elämääni liittyen ja sain yksinkertaisen vastauksen. Pyhä Henki vain sanoi: "Luota Minuun." Aluksi tämä oli ärsyttävää. Kuinka voisin luottaa Jumalaan, jos Hän ei kerro minulle, mitä tulee tapahtumaan?

Mutta sitten ymmärsin, että mielessäni oli tapahtunut lähes huomaamaton muutos. Olin alkanut luottaa profeetalliseen ilmoitukseen, kun Jumala halusi minun luottavan Häneen ja Hänen uskollisuuteensa. Mitä Hän sanoi oli se, että minun pitäisi tuntea Hänet jo paremmin tässä vaiheessa ja tietää että Hän on uskollinen, ja että minun ei tulisi pyytää Häntä selittämään Hänen suunnitelmansa jokaista yksityiskohtaa. Häneen luottamisen tulisi riittää minulle. Psalmi 23:1 sanoo:

> Herra on minun paimeneni, ei minulta mitään puutu.

Jumalan tunteminen riitti Daavidille siihen, että hän tiesi Jumalan huolehtivan hänen jokaisesta tarpeestaan.

2. Jumalan Sanan tunteminen

Usein uskon lahja aktivoituu kun luemme Raamattua, ja Pyhä Henki alkaa muistuttaa meitä Hänen lupauksistaan.

Tämän takia Raamatun lukeminen on niin tärkeää. Kuinka voit uskoa Jumalan lupauksiin, jos et tiedä mitä ne ovat?

3. Profeetalliset lupaukset

Profeetalliset sanat, näyt ja unet aktivoivat uskon lahjan niiden toteutumiseksi. Oma uskon lahjani on ollut pääosin profeetallisten sanojen voimistama. Minulla on luja usko tiettyihin ja erityisiin asioihin, mutta minun on vaikea löytää uskoa asioihin, joista Jumala ei ole minulle puhunut.

4. Jumalan läsnäolossa oleminen

Tämä on hieman erilaista kuin Jumalan tunteminen. Voit tuntea

Jumalan, mutta et vietä aikaa Hänen läsnäolossaan. Mutta joka kerta kun vietät aikaa Jumalan läsnäolossa, uskon lahja aktivoituu elämässäsi.

USKO JA PARANTUMINEN

Yksi karismaattisessa liikkeessä kohtaamistamme ongelmista on se, että monet yrittävät käyttää kaikkia armolahjoja uskon kautta, kun tosiasiassa uskon lahja on vain yksi yhdeksästä lahjasta.

Puhumme usein uskolla parantajista, mikä antaa vaikutelman siitä, että usko tuo parantumisen. Mutta on parempi käyttää terveeksitekemisten lahjoja, kun kyseessä on sairaiden puolesta rukoileminen.

Mutta kieltämättä monissa tilanteissa usko näyttää tuoneen parantumisen ainakin evankeliumien kertomuksissa, ja tarvitsemme tietenkin uskoa terveeksitekemisten lahjojen toimimiseksi.

Mutta evankeliumien ja Apostolien tekojen välillä on huomattava siirtymä.

Evankeliumien aikoina Jeesus lähetti apostolit omalla, delegoidulla auktoriteetillaan varustettuina. Opetuslapsia ei ollut vielä kastettu Pyhällä Hengellä. Tämän takia evankeliumien parantumiskertomukset eivät ole välttämättä yhtä hyödyllisiä malleja parantamisen palvelutyölle kuin monet ajattelevat.

Jeesus kertoi opetuslapsilleen viimeisenä yönä ennen ristiinnaulitsemistaan:

> Kuitenkin minä sanon teille totuuden: teille on hyväksi, että minä menen pois. Sillä ellen minä mene pois, ei Puolustaja tule teidän tykönne; mutta jos minä menen, niin minä hänet teille lähetän. (Joh. 16:7)

Näetkö millaisen eron Pyhä Henki tuo? Opetuslapset eivät enää ammenna Jeesuksen delegoidusta auktoriteetista; he kantavat nyt Pyhää Henkeä, jolla on kaikki auktoriteetti.

On selvä ero Hengellä täytetyn seurakunnan ja ainoastaan Jeesuksen nimen delegoidussa voimassa toimivan opetuslasten joukon dynamiikassa.

Ne opetuslapset, jotka luottivat Jeesuksen nimen voimaan, kykenivät ajamaan ulos demoneja vain rukouksen ja paaston voimalla; Pyhällä Hengellä täytetyt uskovat ajoivat demonit ulos heti Hengen voimassa. Jos katsot mitään riivaajien ulosajosta kertovia kauhuelokuvia, ymmärrät pian, että näiden elokuvien papeilla on vain Jeesuksen nimi. Sillä on auktoriteetti mutta ei samantasoinen kuin Hengellä täytetyn uskovan.

Ero näkyy selvästi Apostolien teoissa. Kun Pietari rukoilee ramman miehen puolesta Apostolien teoissa 3:6, hän sanoo:

Jeesuksen Kristuksen, Nasaretilaisen, nimessä, nouse ja käy.

Vuosia myöhemmin kun Paavali rukoilee ramman puolesta Apostolien teoissa 14:10, hän sanoo, "Nouse pystyyn jaloillesi". Ja rampa nousee. Paavali ei edes mainitse Jeesuksen nimeä. Hän kulkee Pyhän Hengen voimassa ja harjoittaa sitä auktoriteettia, jonka Pyhä Henki on antanut hänelle tähän tilanteeseen.

Evankeliumeissa manaajat, jotka eivät olleet opetuslapsia, ajoivat ulos riivaajia Jeesuksen nimessä. Heitä ei oltu kastettu Pyhällä Hengellä, mutta Jeesuksen nimessä itsessään oli voima ajaa ulos riivaajia.

Pelkästään Jeesuksen nimessä on valtava voima, mutta uskomme saa aikaan paljon enemmän, kun olemme Pyhän Hengen täyttämiä.

Ikävä kyllä paljon uskostamme seurakunnissa perustuu tietoon, mutta sillä ei ole Pyhän Hengen voitelua eikä uskon lahjaa. Mutta kun alamme toimia uskon lahjassa, emme toimi enää omassa uskossamme vaan Jumalan uskossa, joka toimii kauttamme. Ja Jumalalla on uskon rajattomat resurssit.

Usko iskee suoraan sielunvihollisen valtakunnan sydämeen tuhoten pelon ja epäuskon. Jumalan voiman kantamana se uskoo mahdottomaan. Mutta tämä usko ei ole sattumanvarainen; sillä on selvä kohde. Se uskoo ainoastaan Jumalan lupauksiin.

Jumalan valtakunnassa ei ole Jumalan Sanasta ja Hänen Hengestään riippumatonta uskoa.

Uskon lahjan ytimessä on järkkymätön usko Jumalan hyvyyteen ja luotettavuuteen, joka virtaa Jumalan läsnäolosta. Syvä usko

USKON LAHJA

nousee vain Jumalan tuntemisesta. Uskosi kasvaa koettelemusten kautta, ja Jumala voi venyttää uskosi kapasiteettia koettelemusten avulla.

Uusi viini tarvitsee uudet astiat, eikä tämä ole missään muualla yhtä selvää kuin uskoon liittyen. Pyhä Henki antaa meille uskon lahjan, mutta tämän uskon säilymiseksi ja kasvamiseksi meissä kapasiteettimme uskoa – usein kaiken todistusaineiston vastaisesti – pitää kasvaa. Paavali ilmentää tätä uskoa Toisessa kirjeessä korinttilaisille 4:7-14:

> Mutta tämä aarre on meillä saviastioissa, että tuo suunnattoman suuri voima olisi Jumalan eikä näyttäisi tulevan meistä. Me olemme kaikin tavoin ahdingossa, mutta emme umpikujassa, neuvottomat, mutta emme toivottomat, vainotut, mutta emme hyljätyt, maahan kukistetut, mutta emme tuhotut.
> Me kuljemme, aina kantaen Jeesuksen kuolemaa ruumiissamme, että Jeesuksen elämäkin tulisi meidän ruumiissamme näkyviin.
> Sillä me, jotka elämme, olemme alati annetut kuolemaan Jeesuksen tähden, että Jeesuksen elämäkin tulisi kuolevaisessa lihassamme näkyviin.
> Niinpä siis kuolema tekee työtään meissä, mutta elämä teissä.
> Mutta koska meillä on sama uskon Henki, niinkuin kirjoitettu on: "Minä uskon, sentähden minä puhun", niin mekin uskomme, ja sentähden me myös puhumme, tietäen, että hän, joka herätti Herran Jeesuksen, on herättävä meidätkin Jeesuksen kanssa ja asettava esiin yhdessä teidän kanssanne.

Paavali kirjoittaa tässä uskon hengestä. Ymmärrätkö nyt miten erilainen uskon lahja on kuin voimatekojen ja terveeksitekemisten lahjat?

Usko toimii usein näkyvän todistusaineiston puutteesta riippumatta; terveeksitekemisten lahjat ja voimatekojen lahjat tuottavat tuloksia heti. Usein uskon lahja auttaa meidät kärsimysten ja koettelemusten aikojen läpi. Se on mahtavin lahja vaikeille ajoille.

Ensimmäinen Pietarin kirje 1:6-9 sanoo:

> Sentähden te riemuitsette, vaikka te nyt, jos se on tarpeellista, vähän aikaa kärsittekin murhetta moninaisissa kiusauksissa, että teidän uskonne kestäväisyys koetuksissa havaittaisiin paljoa kallisarvoisemmaksi kuin katoava kulta, joka kuitenkin tulessa koetellaan, ja koituisi kiitokseksi, ylistykseksi ja kunniaksi Jeesuksen Kristuksen ilmestyessä.
> Häntä te rakastatte, vaikka ette ole häntä nähneet, häneen te uskotte, vaikka ette nyt häntä näe, ja riemuitsette sanomattomalla ja kirkastuneella ilolla, sillä te saavutatte uskon päämäärän, sielujen pelastuksen.

Uskon lahja voi toimia monin eri tavoin elämässämme, mutta se saa aina voimansa Jumalalta. Se suojelee meitä pelkoa ja vihollisen hyökkäyksiä vastaan.

Apostolien teoissa Paavali on pidätetty Jerusalemissa:

> Mutta seuraavana yönä Herra seisoi Paavalin tykönä ja sanoi: "Ole turvallisella mielellä, sillä niinkuin sinä olet todistanut minusta Jerusalemissa, niin sinun pitää todistaman minusta myös Roomassa". (Ap. t. 23:11)

Tämä ilmestys aktivoi uskon Paavalin elämässä, ja hän vetoaa keisariin. Se antaa hänelle uskon selvitä haaksirikosta ilman kenenkään muun hukkumista. Paavali tietää, että tapahtuu mitä tahansa, hän tulee saapumaan elävänä Roomaan – jotenkin – sen takia, että Jumala on luvannut sen.

Jos et ikinä pistä elämääsi peliin, et koskaan kerää uskon palkintoa, ja uskosi ei tule koskaan kasvamaan. Uskomme koettelu voi kuitenkin olla ankaraa, ja monet menettävät toivonsa tässä prosessissa. Uskon lahja kantaa sinua, kunnes vastaanotat sen, mitä Jumala on luvannut sinulle – sekä tässä ajassa että taivaassa.

Meidän pitää asettaa uskon lahja sen oikealle paikalle yhtenä yhdeksästä armolahjasta. Se on elintärkeä, mutta sen sijaan, että se aktivoisi pikaihmeitä, sen päätarkoitus on auttaa meidät vaikeiden aikojen ja koettelemusten läpi, jotta Jumalan päämäärät toteutuisivat elämässämme.

13

VOIMATEKOJEN LAHJA

Jos satut seuraamaan karismaattisen liikkeen tuottamaa mediaa, kuulet pian tarinoita taivaasta ihmisten päälle laskeutuvasta kultapölystä, ihmeenomaisesti ilmestyneistä kultahampaista, yhtäkkiä ilmasta tipahtaneista timanteista ja enkelin sulkien ja ihmeöljyn laskeutumisesta ihmisten päälle. Jotkut kertovat jopa kaukosiirtymisistä toiselle puolella maailmaa. Yksi karismaattinen "ihmeidentekijä" myy liinoja, jotka on väitetysti kyllästetty hänen ruumiinsa luomalla öljyllä.

Tai jos olet katolinen, olet kuullut tarinoita ristiinnaulitsemisen merkeistä ihmisten ruumiissa, itkevistä mariankuvista ja monista pyhäinjäännösten ympärillä tapahtuneista ihmeistä.

Miten meidän pitäisi suhtautua näihin kertomuksiin? Ovatko ne, mitä Raamattu kutsuu merkeiksi? Ovatko ne voimatekojen lahjojen merkkejä? Vai ovatko ne vain keksittyjä tarinoita? Mitä ovat ihmeet?

Yksi ihmeisiin liittyvistä ongelmista on se, että ei kaikki mikä näyttää ihmeeltä ole ihme. Maailma on täynnä maagikkoja ja silmänkääntäjiä, ja ihmettelen usein sitä, miten paljon näitä taikatemppuja löytyykään kristillisistä seurakunnista. Suurimmalle osalle ympäri maailmaa kiertäville ihmetarinoille ei löydy muuta silmännäkijää kuin tarinan kertoja. Tämä on sallittua, kun kyseessä ovat näyt, mutta ihmeiden pitäisi muuttaa fyysistä maailmaa jollain tavalla tai jättää ainakin jotain jälkiä.

Kuulemme yliluonnollisesti luoduista timanteista ja kultapölystä, mutta kukaan ei näytä kykenevän tuottamaan näitä timantteja tarkastettavaksi. Mutta jos Jumalan antama timantti laskeutuisi eteeni taivaasta, en myisi sitä vaan pitäisin sen läpi koko elämäni! Kukaan ei kuitenkaan näytä omistavan näitä timantteja jälkeenpäin, joten emme voi koskaan tutkiskella niitä.

Monet karismaattiset "ihmeidentekijät" muistuttavat gnostilaisuuden kannattajia, kun kyseessä on se, minkälaista Kristusta he väittävät seuraavansa.

Gnostilaiset evankeliumit ovat 100-300-luvuilta peräisin oleva joukko kirjoituksia (yli 50), jotka perustuvat useiden hengellisten opettajien opetuksiin. Nämä evankeliumit eivät ole osa raamatullista kaanonia, mutta osa Uuteen testamenttiin liittyvää apokryfistä kirjallisuutta. On monia syitä siihen, että kirkkoisät hylkäsivät ne epäautenttisina tai väärinä evankeliumeina.

Tuomaksen lapsuusevankeliumi on väärin Tuomaksen nimiin laitettu evankeliumi Jeesuksen lapsuudesta, ja se on peräisin 100-luvulta. Se kuuluu suosittuun kirjallisuuden tyylilajiin, jota tuotettiin tyydyttämään alkukristittyjen nälkää ihmeellisemmille ja hatarammille tarinoille Jeesuksen lapsuudesta kuin Evankeliumi Luukkaan mukaan kykeni tarjoamaan.

Tuomaksen lapsuusevankeliumissa Jeesus toimii kuin taikuri:

> Tämä pieni lapsi Jeesus, kun hän oli 5-vuotias, pelasi puron reunalla: ja hän keräsi veden, joka virtasi altaisiin, ja hän puhdisti ne heti määräten tämän vain sanallaan. Ja tehden pehmeää savea hän muovasi niistä kaksitoista varpusta. Ja oli sapatti kun hän teki nämä (tai loi ne). Ja moni muu lapsi leikki hänen kanssaan.
>
> Ja eräs juutalainen näki, mitä Jeesus oli tekemässä, pelaamassa sapattina, ja hän meni heti hänen isänsä Joosefin luokse kertoen: "Katso, lapsesi on purolla, ja hän on ottanut savea ja muovannut kaksitoista pikkulintua ja saastuttanut sapatin." Ja Joosef tuli paikalle ja näki, ja hän huusi Jeesukselle sanoen: "Miksi teet tämän sapattina, jolloin se ei ole luvallista?"
>
> Mutta Jeesus taputti käsiään ja huudahti varpusille, ja sanoi niille: "Menkää!"
>
> Ja varpuset lähtivät lentoon ja lensivät pois visertäen. Ja kun juutalaiset näkivät tämän, he olivat ihmeissään, ja he

kertoivat päämiehilleen, mitä he olivat nähneet Jeesuksen tehneen.

Gnostilaisissa evankeliumeissa Jeesus tekee ihmeitä sen tähden, että hän voi tehdä niitä, usein vain mahtailun vuoksi. Samoin monet karismaattisessa liikkeessä haluavat tehdä voimatekoja vain pröystäilläkseen ja innostuksen luomiseksi.

Paavali kirjoittaa Ensimmäisessä kirjeessä korinttilaisille 4:18-20:

> Muutamat teistä ovat paisuneet pöyhkeiksi, aivan niinkuin minä en tulisikaan teidän tykönne. Mutta minä tulen pian teidän tykönne, jos Herra tahtoo, ja silloin minä otan selon, en noiden pöyhkeiden sanoista, vaan voimasta. Sillä Jumalan valtakunta ei ole sanoissa, vaan voimassa.

"Ihmeidentekijät" puhuvat paljon voimasta – lavalla – ja jotkut ovat jopa vieneet puheensa voimasta kaduille tallentaen ihmetekonsa videolle – seuraten näin silmänkääntäjiä, jotka veivät illuusiot esiintymislavalta kaduille ennen heitä.

Mutta millaisia nämä ihmiset ovat tosielämässä? Millaisia he ovat, kun he eivät ole lavalla ja esiintymässä? Tunnen monia kristittyjä julistajia, jotka ovat "ihmeidentekijöitä" lavalla, mutta joilla ei ole ollenkaan voimaa normaalielämässä. Tunnen myös monia uskovia, jotka ovat aivan tuntemattomia seurakunnissa, mutta jos joku pyytää heitä rukoilemaan tosielämässä, he ottavat haasteen vastaan ja heidän rukouksensa tuo todellisen muutoksen.

Kun kuulen karismaattiselle markkinapaikalle saapuneesta uudesta ihmeidentekijästä, tutkiskelen ensin heidän teologiaansa. Mitä he opettavat itse asiassa? Jos heidän opetuksensa perustuu esim. ihmisen kykyyn taivuttaa todellisuutta, ei heiltä kulu paljon energiaa uskoa ihmisen kykyyn taivuttaa totuutta ja faktoja.

MITÄ IHMEET OVAT?

Vuosia sitten ajoin vanhalla autolla suomalaisella pikatiellä ja menetin kontrollin. Auto alkoi pyöriä ja osui tiekaiteeseen tien toisella puolella. Tämä oli onnekasta, sillä tiekaide, joka oli käytössä vain tässä kaarteessa, esti pyörimisen alas jyrkännettä ja autoa iskeytymästä metsän moniin suuriin puihin alapuolella. Auto kimposi tiekarteesta ja törmäsi vastaantulevan auton kylkeen. Tämäkin oli onnekasta, sillä jos kyseessä olisi ollut suora yhteentörmäys, sekä minä että toisen auton ajaja olisivat kuolleet. Törmäyksen voima sai autoni tekemään kuperkeikan, minkä jälkeen se vielä pyöri tiellä. Kun auto pysähtyi, riipuin turvavyöstä pää alaspäin.

Ratissa oli verta, ja näin tuulilasin rippeet edessäni. Pääsin ulos autosta ja huomasin polttoaineen valuvan ulos tankista. Pysäytin kaiken liikenteen, ja muita autoilijoita alkoi tulla ulos autoistaan. He tulivat avuksi. Makasin maantiellä helpottuneena siitä, että olin elossa, ja odotin ambulanssia.

Palomiehet saapuivat ensin paikalle. Ensimmäinen tuli luokseni ja nojasi ylitseni. Hän sanoi:

> On ihme, että olet elossa.

Tällä tiellä oli vain yksi reitti, jonka autoni voi ottaa ja joka voisi pitää minut elossa sen jälkeen kun menetin auton hallinnan. Mutta tämä reitti ei ollut suora, sillä auton piti kimmota tiekaiteesta juuri oikeaan aikaan iskeäkseen vastaantulevan auton kylkeen – mutta ei eteen. Ja jos se ei olisi iskeytynyt toiseen autoon, se olisi voinut tehdä kuperkeikan vastakkaisen tiekaiteen yli ja iskeytyä puuhun tai kallioon.

Tämä oli yksi elämäni käännekohdista. Ymmärsin, että selviytymiseni elossa tästä kolarista saattoi merkitä sitä, että elämälläni voi olla jokin suurempi tarkoitus.

Mutta oliko onnekas pakoni ihme? Ja vaikka Jumala olikin mukana, voinko kutsua sitä ihmeeksi? Vai voidaanko se laskea hyvän onnen ansioksi?

Ennen kuin jätämme asian, kannattaa miettiä kahta asiaa. Ensiksi palomies oli varmasti nähnyt satoja kolariautoja. Hän oli asiantuntija. Jos käyt lääkärillä, ja hän kertoo että elossaolemisesi on ihme, uskoisitko häntä?

Toiseksi kolariin liittyy mielenkiintoinen yksityiskohta. Olin lähes täysin vahingoittumaton – lukuunottamatta syvää haavaa vasemmassa kyynärpäässäni, joka neulottiin umpeen sairaalassa. Se parani mutta jätti jälkeensä näkyvän, ruman arven. Kirjassani *Viisi askelta: taistelu profetian armolahjasta* kerron neljästäkymmenestä tavasta Jumala käytti sitä, miten löysin vaimoni, opettamaan minua profetian armolahjasta. Vaimollani on samanlainen arpi vasemmassa kyynärpäässään lähes samassa paikassa – aivan toisenlaisen onnettomuuden tuloksena. Olen aina ajatellut, että meidät merkittiin toisillemme.

Evankeliumi Johanneksen mukaan viittaa ihmeisiin merkkeinä, ja minulle tämä oli merkki siitä, että elämälläni on tarkoitus. Ja minulle tämä arpi on merkki kahdesta asiasta – eloonjäämisen ihmeestä ja siitä miten Jumala toi minut ihmeellisesti yhteen vaimoni kanssa – Hänen tarkoituksiaan varten.

Mutta tässä ihme riippuu tarkkailupisteestä. Tarkkailupisteeni on Jumalan kyky tietää kaikki etukäteen ja Hänen kykynsä täyttää tarkalleen se, mitä Hän on luvannut.

Joku muu voi tarkastella tilannetta eikä nähdä ollenkaan ihmettä. Ja sekulaarimaailma on yhtä mieltä siitä, että ihmeiden maailma on kutistumassa, kun me tiedämme enemmän ja enemmän maailmankaikkeudesta. Vallitseva sekulaarinäkemys on se, että ihmeitä ei ole olemassa vaan ainoastaan luonnollisia tapahtumia, joita ei ole vielä selitetty.

Mutta tässä luvussa puhumme voimatekojen lahjasta. En tehnyt voimatekoa; olin sen kohde. Mutta tekikö isäni voimateon? Jumala oli kertonut hänelle kaksi viikkoa aikaisemmin, että joutuisin onnettomuuteen, ja hän oli rukoillut kaiken aikaa turvallisuuteni puolesta.

RATIONALISMI JA IHMEET

Helluntailaisia ja karismaatikkoja lukuunottamatta suuri osa protestanteista suhtautuu aika epäilevästi voimatekojen lahjaan, vaikkakin he ovat vähemmän skeptisiä kun kyseessä on Jumalan kyky tehdä ihmeitä.

Suuresta osasta länsimaisista uskovista on huomaamattaan tullut rationalistisen filosofian uhreja. Rationalistisen maailmankatsomuksen mukaan ihminen itse voi ymmärtää maailmankaikkeuden sen alusta alkaen, eikä hänen tarvitse turvautua ulkopuoliseen tietoon tai ilmestyksiin Jumalalta.

Tämän tieteellisen maailmankuvan kehitys heijastui liberaaliteologian kehityksessä. Amerikkalainen teologi ja filosofi Francis Schaeffer kirjoittaa:

> Missä liberaaliteologia oli samana aikakautena? Kuten sanoin, liberaaliteologia vain toisti ympäröivää rationalistista yhteisymmärrystä. Tällä aikakaudella liberaaliteologit olivat myös optimistisia. He uskoivat rationalistisen tieteellisyyden mukaisesti, että he kykenisivät löytämään historiallisen Jeesuksen ja poistamaan yliluonnollisen raamatullisista kertomuksista.
>
> He uskoivat voivansa ottaa järjen, ja soveltamalla sitä Raamattuun löytämään historiallisen Jeesuksen samalla kun he pääsisivät eroon raamatullisten kertomusten yliluonnollisista elementeistä. He olivat olettamuksiltaan naturalisteja, ja yliluonnollinen sai heidät kokemaan olonsa epämukavaksi. Mutta huomioi, että he seurasivat olennaisesti sitä, mitä sekulaariajattelijat olivat jo sanoneet.[2]

Viimeisten vuosisatojen aikana ihmeet on poistettu akateemisesta teologisesta työstä. Mikä on traagista on se, että tieteelliset rationalistit ovat jo pitkän aikaa sitten tunnustaneet, että heidän yrityksensä selittää maailma kokonaan rationaalisten lakien avulla on epäonnistunut, mutta teologia ei ole vastannut tähän kehitykseen. Useimmissa yliopistoissa teologiaa opetetaan yhtenä monista tavoista etsiä osatotuuksia. Tämä on osa rationaalista projektia. Teologiaa suvaitaan, mutta ei silloin kun se tunkeutuu fysiikan ja biologian kaltaisten "oikeiden" tieteiden alueille.

Mutta viime vuosina tieteellinen ymmärryksemme on muuttunut perustavaa laatua olevalla tavalla. Pappi Adrian Low, joka on myös tietokonekoulutuksen professori emeritus Staffordshiren yliopistossa, kirjoittaa 31.7. 2015 *Church Times* -lehden mielenkiintoisessa artikkelissa nimeltä "When God plays biased dice" (Kun Jumala pelaa painotetulla nopalla) kvanttimekaniikasta ja jokaiseen

VOIMATEKOJEN LAHJA

maailmankaikkeuden alkeishiukkaseen rakennetusta sattumanvaraisuudesta. Low sanoo:

> Mitä jos se, minkä Einstein käsitti ärsyttävänä sattumanvaraisuutena onkin se, missä Jumala on alituisesti työssä maailmassa: Jumala vaikuttamassa kaikista pienimpiin asioihin?... Mitä jos Jumalan mahtavuus on se, että jokainen alkeishiukkanen kaikkialla on Jumalan kädessä, ja että ne lait jotka rajoittavat Jumalaa eivät ole Newtonin tai Einsteinin kaavoja vaan pääasiassa hiukkasten liikkeiden todennäköisyydet – tilastot, jotka antavat Jumalalle luontoon suunnitellut välineet olla kanssakäymisessä maailman kanssa?[3]

Paavali ymmärsi jotain hyvin samanlaista mutta ilmestystiedon kautta. Hän kirjoittaa Ensimmäisessä kirjeessä kolossalaisille 1:17:

> Ja hän on ennen kaikkia, ja hänessä pysyy kaikki voimassa.

Kvanttimekaniikka antaa meille tieteellisen mallin maailmankaikkeudesta, jossa olemuksemme perusta voi ainakin periaatteessa olla Jumalan ylläpitämä ja jossa Häntä ei ole suljettu Hänen luomansa maailmankaikkeuden ulkopuolelle. Low lisää:

> Todennäköisyys, että iso pala materiaa siirtyy itsestään pitkän matkan päähän on lähes nolla; se on hyvin harvinainen tapahtuma – mitä isompi pala, sitä harvinaisempaa tämä on. Se on kuin sotilaiden armeijan jokaisen yksilön pyytäminen marssimaan paraatikentällä sattumanvaraiseen suuntaan ja kaikkien valinta marssia samaan suuntaan, niin että koko armeija marssii samaan suuntaan.[4]

Low jatkaa:

> Niinpä viidentuhannen ruokkiminen, tuhoutuneiden solujen parantaminen, myrskyn rauhoittaminen ja veden muuttaminen viiniksi eivät ole fysiikan lakien mukaan mahdottomia: ne ovat vain erittäin harvinaisia.[5]

Hän päättää:

> Mutta jos olet Jumala, ja sinulla on ote hiukkasten maailmankaikkeuteen, sinulla on mahdollisuus pistää tämä harvinaisten hetkien kortti peliin silloin kun haluat.[6]

Lowin mukaan useat suuret ihmeet heikentäisivät ennustavuutta liian paljon, ja on parempi turvautua useimpiin pieniin ihmeisiin. Mutta se, tekeekö Jumala ihmeitä hiukkasten rakenteen kautta vai ei, on meille merkityksetöntä. Mutta on tärkeä ymmärtää, että fysiikan mukaan materiaaliset ihmeet eivät ole tieteellisesti mahdottomia sen tähden, että maailmankaikkeutemme ei ole yhtä suljettu systeemi kuin me usein ajattelemme.

Mutta tämä keskustelu ihmeistä ei ole uusi. Kirkkoisä Augustinus kirjoittaa 400-luvun alkupuolella *The City of God* -kirjassa:

> Miksi, he sanovat, eivät nämä ihmeet, joiden väität toimineen aikaisemmin, toimi enää? Voisin tosiaan vastata ihmeiden olleen välttämättömiä ennen kuin maailma uskoi sen tähden että he voisivat uskoa... Mutta he tekevät näitä vastaväitteitä vain vihjatakseen, että edes nämä aikaisemmat ihmeet eivät tapahtuneet.[7]

Sitten hän etenee luettelemaan joukon parantumisia ja demonien ulosajamisia, jotka vaikuttavat hyvin dokumentoiduilta, ja joista hän on todistanut osan henkilökohtaisesti.

VOIMATEKOJEN LAHJA EVANKELIUMEISSA

Evankeliumissa Johanneksen mukaan ihmeisiin viitataan "merkkeinä", ja ajatuksena on se, että ne todistavat Jeesuksen jumaluudesta.

Ihmeet ja merkit -liikkeen teologia on rakennettu sen ajatuksen varaan, että ihmeet ja merkit ovat välttämättömiä todistamaan evankeliumin autenttisuus. Ja tällä tavoin monet ihmeidentekijät perustelevat oudoimmatkin merkit. "Tämä kaikki tapahtuu näyttämään, että on olemassa yliluonnollinen Jumala", he sanovat.

Mutta meidän tulee olla varovaisia tämän suhteen. Kuten olemme nähneet tässä kirjassa, kaikki yliluonnollinen ei ole automaattisesti Jumalalta.

Jeesus sanoo Evankeliumissa Matteuksen mukaan 24:24:

> Sillä vääriä kristuksia ja vääriä profeettoja nousee, ja he tekevät suuria tunnustekoja ja ihmeitä, niin että eksyttävät, jos mahdollista, valitutkin.

Niinpä me näemme, että ihmeet ja merkit eivät ole automaattisesti merkki siitä, että Jumala on työssä.

Kun arvioimme ihmeidentekijöitä, meidän tulee tarkastella kolmea asiaa: heidän opetuksiaan ja oppiaan, heidän elämäntyyliään ja Jumalan läsnäoloa heidän palvelutyössään. Esim. John Alexander Dowiella, jonka opetuksiin koko ajatus sairauksista demoneina perustuu, ei ollut mitään ongelmia vapaamuurarien temppeleissä opettamisessa, ja lopuksi hän julisti olevansa takaisintullut raamatullinen Elia.[8]

John Alexander Dowie täyttää kaikki väärän profeetan merkit, ja kuitenkin monet uskovat kunnioittavat häntä Jumalan autenttisena profeettana.

Vaikuttaa siltä, että me kykenemme jättämään kaikki Raamatun antamat varoitukset huomiotta silloin kun joku tarjoaa meille sitä, mitä me haluamme.

Evankeliumit kuvaavat kolmenlaisia Jeesuksen tekemiä ihmeitä: riivaajien ulosajamisia, parantamisia ja ihmeitä, jotka vaikuttavat luonnolliseen maailmaan.

Evankeliumi Johanneksen mukaan kuvaa ihmeet merkkeinä, joiden tarkoituksena on auttaa meitä uskomaan. Mutta näiden merkkien ei tule itsessään olemaan riittäviä siihen, että me uskomme.

Karismaattista liikettä vallitsee suuri väärinymmärrys ihmeiden tarkoituksesta. Monet julistavat, että meidän pitää uskoa ihmeisiin – usein vastoin kaikkea todistusaineistoa – koska me uskomme Jeesukseen. Mutta tämä on toisinpäin Uudessa testamentissa – ihmiset uskoivat Jeesukseen sen tähden. että he näkivät ihmeitä.

Evankeliumi Johanneksen mukaan 1:43-50 kertoo, kuinka Jeesus tapasi Natanaelin ensimmäistä kertaa:

> Seuraavana päivänä Jeesus tahtoi lähteä Galileaan; ja hän tapasi Filippuksen ja sanoi hänelle: "Seuraa minua".
> Ja Filippus oli Beetsaidasta, Andreaan ja Pietarin kaupungista. Filippus tapasi Natanaelin ja sanoi hänelle: "Me olemme löytäneet sen, josta Mooses laissa ja profeetat ovat kirjoittaneet, Jeesuksen, Joosefin pojan, Nasaretista".
> Natanael sanoi hänelle: "Voiko Nasaretista tulla mitään hyvää?" Filippus sanoi hänelle: "Tule ja katso".
> Jeesus näki Natanaelin tulevan tykönsä ja sanoi hänestä: "Katso, oikea israelilainen, jossa ei vilppiä ole!"
> Natanael sanoi hänelle: "Mistä minut tunnet?" Jeesus vastasi ja sanoi hänelle: "Ennenkuin Filippus sinua kutsui, kun olit viikunapuun alla, näin minä sinut".
> Natanael vastasi ja sanoi hänelle: "Rabbi, sinä olet Jumalan Poika, sinä olet Israelin kuningas".
> Jeesus vastasi ja sanoi hänelle: "Sentähden, että minä sanoin sinulle: 'minä näin sinut viikunapuun alla', sinä uskot. Sinä saat nähdä suurempia, kuin nämä ovat."

Jeesus näyttää kertovan, että Natanael uskoi Häneen sen tähden, että hän todisti pienen ihmeen, mutta että hän näkisi paljon suurempia ihmeitä.

Johannes kirjoittaa sen jälkeen kun Jeesus muutti veden viiniksi:

> Tämän ensimmäisen tunnustekonsa Jeesus teki Galilean Kaanassa ja ilmoitti kirkkautensa; ja hänen opetuslapsensa uskoivat häneen. (Joh. 2:11)

Ehkä ne ihmeet, jotka ovat tärkeitä elämässäsi, ovat ne, joiden kautta Jeesuksen herruus ilmennetään sinulle henkilökohtaisesti.

Vain pieni osa häävieraista näki tämän ihmeen – vain Jeesusta lähimmät uskoivat Häneen sen tähden, että he todistivat Hänen tekemänsä ihmeen. Professori Christopher D. Marshall näkee ihmeet samanlaisina kuin vertaukset:

VOIMATEKOJEN LAHJA

Miten Markus voi käyttää ihmeitä välittämään haasteen uskolle, ja samalla olla niin moniselitteinen sen vaikutuksen suhteen, mikä ihmeillä on niihin, jotka todistavat niitä? Avaimena siihen on oivallus siitä, että Markukselle ihmeillä on selvästi samanlainen luonne kuin vertauksilla. Ihmeet ovat Jeesuksen toiminnassa samanlaisia kuin vertaukset ovat hänen opetuksessaan: viestejä tai arvoituksia, jotka vaativat tulkintaa.[9]

Evankeliumi Matteuksen mukaan 13:10-15 kertoo vertauksien tarkoituksesta:

> Niin hänen opetuslapsensa tulivat ja sanoivat hänelle: "Minkätähden sinä puhut heille vertauksilla?"
> Hän vastasi ja sanoi: "Sentähden, että teidän on annettu tuntea taivasten valtakunnan salaisuudet, mutta heidän ei ole annettu. Sillä sille, jolla on, annetaan, ja hänellä on oleva yltäkyllin; mutta siltä, jolla ei ole, otetaan pois sekin, mikä hänellä on. Sentähden minä puhun heille vertauksilla, että he näkevin silmin eivät näe ja kuulevin korvin eivät kuule, eivätkä ymmärrä. Ja heissä käy toteen Esaiaan ennustus, joka sanoo: 'Kuulemalla kuulkaa, älkääkä ymmärtäkö, ja näkemällä nähkää, älkääkä käsittäkö. Sillä paatunut on tämän kansan sydän, ja korvillaan he työläästi kuulevat, ja silmänsä he ovat ummistaneet, etteivät he näkisi silmillään, eivät kuulisi korvillaan, eivät ymmärtäisi sydämellään eivätkä kääntyisi ja etten minä heitä parantaisi.'"

Jeesuksen mukaan vertaukset ovat kuin tuomioita. Ne erottavat ne, jotka ovat avoimia Jumalalle niistä, jotka eivät ole. Näyttää siltä, että ihmeet ovat hieman samankaltaisia. Myös ne ovat *tuomioita*.

Paradoksaalisesti karismaattisen liikkeen juhlimat herätyksen aikakaudet ovat myös tuomioita. Olen kokenut kolme suurta herätyksen aikaa, ja mikä on herättänyt huomioni on se, että herätyksen jälkeen tapahtuu aina suuri luopumus, silloinkin kun tämä luopumus näyttää mahdottomalta herätyksen aikana. On ikään kuin Jumala kutsuisi uskovia lähemmäksi ihmeen tai herätyksen avulla, seuraamaan Häntä ehdottomammin kuin aikaisemmin, ja Hän käyttäisi ihmeitä ja herätyksiä pakottamaan meitä tekemään päätöksen. Olen nähnyt sen, että kun Jumala ilmestyy yliluonnollisesti elämässämme, se vie meidät aina joko lähemmäksi tai kauemmaksi Hänestä.

Evankeliumi Matteuksen mukaan 11:20-24 tekee tämän selväksi:

> Sitten hän rupesi nuhtelemaan niitä kaupunkeja, joissa useimmat hänen voimalliset tekonsa olivat tapahtuneet, siitä, etteivät ne olleet tehneet parannusta:
> "Voi sinua, Korasin! Voi sinua, Beetsaida! Sillä jos ne voimalliset teot, jotka ovat tapahtuneet teissä, olisivat tapahtuneet Tyyrossa ja Siidonissa, niin nämä jo aikaa sitten olisivat säkissä ja tuhassa tehneet parannuksen. Mutta minä sanon teille: Tyyron ja Siidonin on tuomiopäivänä oleva helpompi kuin teidän. Ja sinä, Kapernaum, korotetaankohan sinut hamaan taivaaseen? Hamaan tuonelaan on sinun astuttava alas. Sillä jos ne voimalliset teot, jotka ovat tapahtuneet sinussa, olisivat tapahtuneet Sodomassa, niin se seisoisi vielä tänäkin päivänä. Mutta minä sanon teille: Sodoman maan on tuomiopäivänä oleva helpompi kuin sinun."

Elleivät ihmeet tuo katumusta, ne tuovat kovemman tuomion. Mietin joskus sitä, kieltäytyykö Jumala antamasta herätyksiä ja ihmeitä armossaan, sillä Hän tietää, ettemme ole valmiita katumukseen, ja Hän haluaa varjella meidät tuomiolta.

HUOLENPIDON JA LUONNON IHMEET

Kun tarkastelemme evankeliumeissa mainittuja ihmeitä luonnollisessa maailmassa, Jumalan huolenpidon ihmeet näkyvät selvästi. Evankeliumi Markuksen mukaan 8:13-21 kertoo:

> Ja hän jätti heidät ja astui taas venheeseen ja lähti pois toiselle rannalle. Ja he olivat unhottaneet ottaa mukaansa leipää, eikä heillä ollut muassaan venheessä enempää kuin yksi leipä.
> Ja hän käski heitä sanoen: "Varokaa ja kavahtakaa

VOIMATEKOJEN LAHJA

fariseusten hapatusta ja Herodeksen hapatusta".
Niin he puhuivat keskenään siitä, ettei heillä ollut leipää.
Kun Jeesus huomasi sen, sanoi hän heille: "Mitä puhutte siitä, ettei teillä ole leipää? Ettekö vielä käsitä ettekä ymmärrä? Onko teidän sydämenne paatunut? Silmät teillä on, ettekö näe? Ja korvat teillä on, ettekö kuule? Ja ettekö muista: kun minä mursin ne viisi leipää viidelletuhannelle, kuinka monta vakan täyttä palasia te keräsitte?" He sanoivat hänelle: "Kaksitoista".
"Ja kun minä mursin ne seitsemän leipää neljälletuhannelle, kuinka monta vasun täyttä palasia te keräsitte?" He sanoivat: "Seitsemän".
Niin hän sanoi heille: "Ettekö vieläkään ymmärrä?"

Opetuslapset eivät vieläkään ymmärtäneet Jeesuksen tekemän viidentuhannen miehen ruokkimisen ihmeen tarkoitusta: että opetuslapset uskoisivat Jumalan kykyyn pitää heistä huolta kaikissa olosuhteissa.

Viidentuhannen ruokkiminen ja veden muuttaminen viiniksi osoittivat molemmat Jeesuksen herrauden maan yli ja Hänen kykynsä pitää meistä huolen.

Jeesus viittasi tähän, kun Hän sanoi, että jos me etsimme ensin Jumalan valtakuntaa, meille annettaisiin kaikki muu. Joskus Jeesuksen seuraaminen vaatii kaikkien normaalien elinkeinojen hylkäämisen, ja näin opetuslasten piti tehdä helluntain jälkeen, kun he alkoivat levittää evankeliumia kaikkiin kansakuntiin.

Tulisi aika, jolloin he kaikki tulisivat olemaan ihmeiden tarpeessa, ja nämä ihmeet tulisivat ottamaan erilaisia muotoja olosuhteiden mukaan.

Kun Pietari pakeni vankilasta Apostolien tekojen 12. luvussa enkelin avulla, tämä oli ihmeen kautta annettu pako.

On toisenlainen ihme, joka liittyy myös luontoon. Tällaiset ihmeet ovat luonteeltaan usein epäselviä, ja ne vakuuttavat epäilijän vain harvoin. Joitakin vuosia sitten Trafalgar Squarella Lontoossa järjestettiin kärsimysnäytelmä pitkäperjantaina. Päivä oli todella sateinen, ja satoi todella lujasti koko iltapäivän. Mutta tuhannet meistä varmasti rukoilivat, ja viisi minuuttia ennen näytelmän alkua sade pysähtyi. Sade alkoi uudestaan vain muutama minuutti sen jälkeen kun näytelmä oli ohi. Mikä oli mielenkiintoista oli se, että juuri Trafalgar Squaren yläpuolella oli ympyränmuotoinen alue sinistä taivasta, kun muu Lontoon taivas oli pimeiden sadepilvien peittämä ja suurimmassa osaa Lontoota satoi kaatamalla. Ystäväni olivat järjestäneet tapahtuman samaan aikaan vain muutaman kilometrin päässä, ja taivaat olivat avautuneet ja hukuttaneet heidät täysin.

Oliko tämä ihme? Haluan uskoa näin. Mutta mikäli skeptikko on eri mieltä, en näe tätä ongelmana. Mutta sateen puute näytelmän aikana varmasti auttoi monia ihmisiä näkemään hienon evankeliumin sanoman esittämisen.

Olimme kerran Verona Arenalla Italiassa katsomassa ulkoilmaoopperaa. Vaimoni oli unelmoinut tästä jo pitkän aikaa, ja me olimme viimeinkin Veronassa, mutta olimme ikävä kyllä ostaneet liput, joita ei voinut palauttaa, ja alkoi sataa oopperan alussa. Koska kyseessä on ulkoareena ja orkesterin soittovälineet ovat mittaamattoman arvokkaita, esitys voidaan peruuttaa silloinkin, kun taivaalta sataa vain muutama pisara.

Ensimäinen osa keskeytettiin ja aloitettiin uudestaan useita kertoja, kun alkoi sataa kaatamalla, ja orkesteri poistui ja palasi instrumenttiensa kanssa sateen alkamisen ja loppumisen tahdissa. Aloimme rukoilla, kun järjestäjät miettivät esityksen peruuttamista kokonaan. Mutta sitten sade loppui kokonaan. Mutta areenan ympärillä sadat salamat löivät maahan, kun ukkosmyrksy kulki koko ympäröivän alueen läpi, mutta pysyi pois suoraan areenan yläpuolelta. Se oli hieman samanlainen kokemus kuin Trafalgar Squarella mutta myöhään illalla, ja myrsky vältteli areenaa. Mutta lähimmät salamat löivät maahan vain noin kilometrin päässä.

Oliko tämä ihme? Haluan uskoa näin. Mutta sadat areenalla olleet ihmiset varmasti ajattelivat olleensa vain onnekkaita – tai kuka tietää, ehkä monet rukoilivat kanssamme esityksen jatkumisen puolesta!

RIIVAAJIEN ULOSAJAMINEN

Voimatekojen lahja sisälsi Raamatussa riivaajien ulosajamisen.

VOIMATEKOJEN LAHJA

Mikä hankaloittaa ymmärrystämme on se, että evankeliumien ja Uuden testamentin kirjeiden kirjoittamisen aikaan kreikan kielen sana *dunamis* (voimat) viittasi kolmeen asiaan: parantumisiin, ihmeisiin ja riivaajien ulosajoon.[10]

Tämän takia emme voi olla täysin varmoja siitä, onko parantumisten, ihmeiden ja riivaajien ulosajamisen ryhmittäminen vain muinaiskreikan kielen sisäistä logiikkaa vai jotain muuta.

Paavali ei viittaa paljonkaan riivaajien ulosajamiseen, ehkä sen tähden että hän kirjoittaa seurakunnille, ja hänen näkökulmastaan demoniset olennot toimivat lähinnä ulkoisina valtoina ja voimina, sillä Jumala on vapauttanut kansansa sisäisestä painostuksesta – riivattuna olemisesta – ristintyön kautta.

Tämän takia suurin osa Uuden testamentin riivaajien ulosajamisesta tapahtuu joko evankeliumeissa tai Apostolien teoissa, kun apostolit alkavat levittämään evankeliumia.

Evankeliumi Luukkaan mukaan 11:14-22 kertoo:

> Ja hän ajoi ulos riivaajan, ja se oli mykkä; ja kun riivaaja oli lähtenyt, niin tapahtui, että mykkä mies puhui; ja kansa ihmetteli. Mutta muutamat heistä sanoivat: "Beelsebulin, riivaajain päämiehen, voimalla hän ajaa ulos riivaajia".
>
> Toiset taas kiusasivat häntä ja pyysivät häneltä merkkiä taivaasta.
>
> Mutta hän tiesi heidän ajatuksensa ja sanoi heille: "Jokainen valtakunta, joka riitautuu itsensä kanssa, joutuu autioksi, ja talo kaatuu talon päälle. Jos nyt saatanakin on riitautunut itsensä kanssa, kuinka hänen valtakuntansa pysyy pystyssä? Tehän sanotte minun Beelsebulin voimalla ajavan ulos riivaajia. Mutta jos minä Beelsebulin voimalla ajan ulos riivaajia, kenenkä voimalla sitten teidän lapsenne ajavat niitä ulos? Sentähden he tulevat olemaan teidän tuomarinne. Mutta jos minä Jumalan sormella ajan ulos riivaajia, niin onhan Jumalan valtakunta tullut teidän tykönne. Kun väkevä aseellisena vartioitsee kartanoaan, on hänen omaisuutensa turvassa. Mutta kun häntä väkevämpi karkaa hänen päällensä ja voittaa hänet, ottaa hän häneltä kaikki aseet, joihin hän luotti, ja jakaa häneltä riistämänsä saaliin."

Riivaajien ulosajo osoittaa, että Jumalan valtakunta on voimakkaampi kuin Saatanan. Meidän tulee tietää tämä; muuten meillä ei ole rohkeutta seurata Jeesusta ehdoitta.

Joitakin vuosia sitten minulla oli työkaveri, jonka pojasta oli tullut riippuvainen heroiinista, ja työkaverini oli todella huolissaan hänestä. Aloimme tapaamaan säännöllisesti työryhmämme kanssa ja rukoilemaan hänen puolestaan. Yhtenä kertana Pyhä Henki johti meidät ajamaan demonisia voimia ulos hänen elämästään.

Pian sen jälkeen huumekauppiaat tulivat hänen ovelleen ja uhkasivat häntä polvien murskaamisella, sillä hän oli heille velkaa. Hänet pakotettiin jättämään asuinpaikkansa ja menemään vieroitukseen, jossa hänen elämänsä löysi uuden suunnan. Hän löysi uskon uudelleen, valmistui yliopistosta ja meni naimisiin.

Pieni rukousryhmämme, jota johti poikaansa rakastava äiti, tunkeutui vihollisen palatsiin ja otti ryöstösaaliin!

Mutta näemme kuinka kaikki ihmeet tapahtuvat joko *rukouksen* tai *julistamisen* kautta Pyhän Hengen voimassa.

Mikä on mielenkiintoista riivajien ulosajossa ja siihen liittyvässä hengellisessä sodankäynnissä on se, että me voimme käskeä vihollista lähtemään. Raamatussa ei ole yhtään jaetta, joka viittaisi Jumalan tai enkelien käskemiseen, mutta Pyhän Hengen voimassa me voimme käskeä vihollista lähtemään.

Psalmi 91:11-12 sanoo:

> Sillä hän antaa enkeleilleen sinusta käskyn varjella sinua kaikilla teilläsi. He kantavat sinua käsillänsä, ettet jalkaasi kiveen loukkaisi.

Jotkut karismaattiset opettajat väittävät, että me voimme komentaa enkeleitä, mutta tämä ei ole totta. Sen sijaan Jumala käskee enkeleitään, jotka ovat Hänen palvelijoitaan, mutta onneksi Hän käskee heitä usein palvelemaan meitä!

IHMEPARANTUMISET

Terveeksitekemisten lahjat ja voimatekojen lahja ovat osittain päällekkäisiä. Kuten olemme nähneet, evankeliumit käyttävät sa-

VOIMATEKOJEN LAHJA

maa kreikan kielen sanaa viittaamaan parantumisiin ja ihmeisiin. On vaikea sanoa tästä paljoa enemmän, vaikka jotkut pistäisivät todennäköisesti näyttävämmät parantumiset voimatekojen lahjan alueelle. On varmaan järkevää sanoa, että ainakin kuolleista palauttaminen Uudessa testamentissa kuuluu voimatekojen lahjan alueelle. Apostolien teot 20:7-12 kertoo:

> Ja kun viikon ensimmäisenä päivänä olimme kokoontuneet murtamaan leipää, niin Paavali, joka seuraavana päivänä aikoi matkustaa pois, keskusteli heidän kanssansa ja pitkitti puhettaan puoliyöhön saakka.
> Ja monta lamppua oli palamassa yläsalissa, jossa me olimme koolla. Niin eräs nuorukainen, nimeltä Eutykus, istui ikkunalla, ja kun Paavalin puhe kesti niin kauan, vaipui hän sikeään uneen ja putosi unen vallassa kolmannesta kerroksesta maahan; ja hänet nostettiin ylös kuolleena.
> Mutta Paavali meni alas, heittäytyi hänen ylitsensä, kiersi kätensä hänen ympärilleen ja sanoi: "Älkää hätäilkö, sillä hänessä on vielä henki". Niin hän meni jälleen ylös, mursi leipää ja söi; ja hän puhui kauan heidän kanssansa, päivän koittoon asti, ja lähti sitten matkalle.
> Ja he veivät pojan sieltä elävänä ja tulivat suuresti lohdutetuiksi.

On lohduttavaa tietää, että jopa Paavalin oli mahdotonta pitää koko seurakunta hereillä! Mutta jopa tällä hetkellä epäilevä olisi väittänyt tämän olevan luonnollinen palautuminen.

Joitakin vuosia sitten aloimme rukoilla avioparin puolesta. He olivat yrittäneet saada vauvan yli seitsemän vuoden ajan. Rukoilimme heidän puolestaan jonkin aikaa, kunnes he saivat ensimmäisen vauvan. Pian sen jälkeen heillä oli toinen vauva! Heidän rukouksensa varmasti koskettivat Jumalan sydäntä, mutta koska me rukoilimme heidän kanssaan, he nimesivät toisen vauvan Markoksi. Heidän mielestään nämä vauvat olivat ihmelapsia. Yksi Raamatussa toistuva ihme on hedelmättömien naisten synnyttäminen, sillä Jumala kuulee vanhempien rukoukset.

Epäilijöiden tähden monet karismaatikot ovat alkaneet profetoimaan luovista ihmeistä – vastaansanomattomista todisteista Jumalan ihmeellisestä parantavasta voimasta. Heidän käsityksessään Jumalan valtakunnasta, kun Jumalan valtakunta jatkaa tulemistaan, meidän pitäisi saapua tilanteeseen, jossa kukaan ei voisi väittää Jumalan voimaa ja olemassaoloa vastaan. Joten he profetoivat ajasta, jolloin ihmiset tulevat kasvattamaan sisäelimiä, raajoja jne., ja jotkut väittävät näiden asioiden jo tapahtuvan.

Mutta jos tutkit näitä kertomuksia tarkemmin, näyttää siltä, että nämä asiat tapahtuvat aina jossain muussa maassa, ja kenelläkään ei ole tarjottavana koskaan edes visuaalista todistetta. Minusta on mahdoton uskoa, että jos nämä sadat tarinat olisivat totta, saatavilla ei koskaan olisi mitään todistetta näiden luovien ihmeiden tapahtumisesta.

En väitä, etteikö tällaisia ihmeitä voisi tapahtua. En väitä, että niitä ei olisi koskaan tapahtunut. En väitä, etteikö niitä voisi tapahtua juuri nyt. Väitän, että suuri osa näistä kertomuksista ei ole tosia.

Mutta ihmeparantumiset eivät automaattisesti tuo ihmisiä uskoon. Kuten olemme nähneet, ne voivat johtaa kovempaan tuomioon. Evankeliumi Markuksen mukaan 6:1-6 kertoo:

> Ja hän lähti sieltä ja meni kotikaupunkiinsa, ja hänen opetuslapsensa seurasivat häntä.
> Ja kun tuli sapatti, rupesi hän opettamaan synagoogassa; ja häntä kuullessaan monet hämmästyivät ja sanoivat: "Mistä tällä on kaikki tämä, ja mikä on se viisaus, joka on hänelle annettu? Ja mitä senkaltaiset voimalliset teot, jotka tapahtuvat hänen kättensä kautta? Eikö tämä ole se rakentaja, Marian poika ja Jaakobin ja Jooseen ja Juudaan ja Simonin veli? Ja eivätkö hänen sisarensa ole täällä meidän parissamme?" Ja he loukkaantuivat häneen.
> Niin Jeesus sanoi heille: "Ei ole profeetta halveksittu muualla kuin kotikaupungissaan ja sukulaistensa kesken ja kodissaan".
> Ja hän ei voinut siellä tehdä mitään voimallista tekoa, paitsi että paransi joitakuita sairaita panemalla kätensä heidän päälleen. Ja hän ihmetteli heidän epäuskoansa. Ja hän vaelsi ympäristössä, kulkien kylästä kylään, ja opetti.

Jeesuksen naapurit näkivät joitakin näistä ihmeistä, fariseukset todistivat niistä joitakin, mutta kumpikaan ryhmä ei uskonut Jeesukseen. Ja jos heistä oli vaikea uskoa Jeesuksen olevan profeetta, heidän olisi ollut mahdoton uskoa Jeesuksen olevan Jumalan Poika.

Jos jopa Jeesus ei tehnyt vastaansanomattomia ihmeitä, jotka saivat kaikki ihmiset uskomaan Jumalaan, käykö meille yhtään paremmin?

Evankeliumissa Luukkaan mukaan 16:19-31 Jeesus kertoo vertauksen rikkaasta miehestä ja kerjäläisestä, joka pyytää almuja rikkaan miehen portilla. Molemmat siirtyvät ajasta ikuisuuteen, rikas mies tuonelaan ja kerjäläinen paratiisiin. Vertauksessa rikas mies anoo Aabrahamia lähettämään kerjäläisen varoittamaan veljiään, mutta Aabraham vastaa:

> Jos he eivät kuule Moosesta ja profeettoja, niin eivät he usko, vaikka joku kuolleistakin nousisi ylös. (Luuk. 16:31)

VALTAKUNNAN TULEMINEN

Jesaja 35:4-6 profetoi:

> Sanokaa hätääntyneille sydämille: "Olkaa lujat, älkää peljätkö. Katso, teidän Jumalanne! Kosto tulee, Jumalan rangaistus. Hän tulee ja pelastaa teidät." Silloin avautuvat sokeain silmät ja kuurojen korvat aukenevat. Silloin rampa hyppii niinkuin peura ja mykän kieli riemuun ratkeaa; sillä vedet puhkeavat erämaahan ja aromaahan purot.

Tämä on messiaaninen profetia, ja me näemme kuinka ihmeet merkitsevät Jumalan valtakunnan tulemista.

Mutta tämä Jumalan valtakunnan tuleminen pitää tulkita alkuseurakunnan kontekstissa, sillä Apostolien teot ilmentävät, mitä valtakunnan tuleminen tarkoittaa. Ja valtakunnan tulemisesta ja ihmeistä huolimatta lähes kaikki apostolit kuolivat uskonsa takia.

Apostolien teot ei tarjoa meille dominionistista valtakunnan tulemista, josta monet saarnaavat tänään etsien vastaansanomattomia ihmeitä. Tämä on varoitus dominionistiselle seurakunnalle, jonka arkkityyppi on Rooman kirkko Johanneksen ilmestyksessä.

Johanneksen ilmestys 17:1-2 kertoo:

YLILUONNOLLINEN RAKKAUS

> Ja tuli yksi niistä seitsemästä enkelistä, joilla oli ne seitsemän maljaa, ja puhui minulle sanoen: "Tule, minä näytän sinulle sen suuren porton tuomion, joka istuu paljojen vetten päällä, hänen, jonka kanssa maan kuninkaat ovat haureutta harjoittaneet ja jonka haureuden viinistä maan asukkaat ovat juopuneet".

Jae 18 paljastaa meille porton sijainnin:

> Ja nainen, jonka sinä näit, on se suuri kaupunki, jolla on maan kuninkaitten kuninkuus.

Siihen aikaan Rooman kaupunki hallitsi maailman kuninkaita. Vanhan testamenin profeetallisessa kielessä portto on Israel. Uuden testamentin kielessä portto on seurakunta.

Johannes hämmästyi suuresti, sillä hänelle näytettiin Rooman seurakunta, jota ei vainottu vaan joka oli nyt vallassa ja joka prostituoi kaiken sen, mitä Jeesus oli julistanut, saadakseen maallista valtaa. Ja tämä porttokirkko tulisi olemaan kaikkien porttokirkkojen äiti, joten samalaisia kirkkokuntia tulisi olemaan kaikkialla maailmassa.

Johanneksen ilmestys antaa meille selvän profetian seurakunnasta, joka myy itseään kuninkaille vallan takia. Tämä profetia on jo toteutunut, eikä meidän tule ottaa sitä kevyesti.

Monet karismaatikot odottavat ihmeiden johtavan maailman haltuunottoon seurakunnan toimesta tässä ajassa. Mutta kuten Johanneksen ilmestys osoittaa, maailman haltuunotto johtaa usein seurakunnan prostituointiin.

IHMEET HERÄTYKSEN ILMAPIIRISSÄ

Lavaa järjestelevät ihmeidentekijät aveluttavat monia kristittyjä, ja sen tähden he puhuvat herätyksen ilmapiiristä, jossa Jumala toimii spontaanisti, kunhan vain luomme tämän ilmapiirin.

Eli jos Jumalaa palvotaan, Pyhä Henki saattaa alkaa toimia. Tietyllä tavalla tämä on paluuta ensimmäiseen helluntaihin ja Azusa-kadulle. Mikä tässä on hyvää on, että se siirtää tavallisesti huomion pois karismaattisesta johtajasta, vaikkakin nämä

VOIMATEKOJEN LAHJA 273

sessiot ovat tavallisesti karismaattisten johtajien ohjaamia, joten niihin ei kuulu samanlainen epäjumalanpalvelus kuin johtajien armolahjoihin keskittyvissä tilaisuuksissa.

Mutta emme voi sanoa, että kyseessä on voimatekojen lahja, sillä voimatekojen lahja annetaan yksilöihmisille.

Tämänkaltaisiin tilaisuuksiin liittyy myös ongelma, josta meidän pitää olla avoimia. Vierailin Kensington Templessä Lontoossa ensimmäistä kertaa elokuussa 1994, jolloin seurakunnan johtajat olivat juuri tuoneet "Isän siunauksen" Torontosta.

Elokuussa seurakunnassa oli Jumalan etsimiseen keskittyviä kokouksia lähes jokainen viikonpäivä. Minulla ei ollut tietoakaan näistä tapahtumista, enkä tiennyt mitään Kensington Templestä, mutta ystävä oli suositellut siellä vierailemista.

Käyntini siellä oli todellakin ihmeellinen. Kensington Templen pääpastori Colin Dye antoi tiedon sanat nuorelle suomalaismiehelle, ja kävelin eteen. Hän siunasi minut palvelutyöhön seurakunnassa viisi vuotta ennen kuin liityin työtiimiin, ja olen työskennellyt yli kahdeksantoista vuotta hänen tiimissään. Minusta siellä tapahtunut oli todellakin Jumalan toimintaa. Mutta tämä ei tarkoita sitä, että kaikki tähän liikkeeseen liittyvät ilmiöt olisivat olleet ehdottomasti Jumalasta.

Ensimmäisessä Samuelin kirjassa 19 kuningas Saul etsii Daavidia tappaakseen hänet. Pyhä Henki on jo jättänyt hänet, ja paha henki kiusaa häntä. Ensimmäinen Samuelin kirja 19:22-24 kertoo, kuinka Saul saapuu Raaman Naajotiin:

> Silloin hän itse lähti Raamaan. Ja kun hän tuli sen suuren vesisäiliön luo, joka on Seekussa, kysyi hän: "Missä ovat Samuel ja Daavid?" Hänelle vastattiin: "He ovat Raaman Naajotissa".
>
> Mutta kun hän oli menossa sinne, Raaman Naajotiin, tuli Jumalan henki häneenkin, niin että hän kulki hurmoksissa, kunnes tuli Raaman Naajotiin. Silloin hänkin riisui vaatteensa ja joutui hurmoksiin Samuelin edessä; ja hän kaatui maahan ja makasi alastonna koko sen päivän ja koko sen yön. Sentähden on tapana sanoa: "Onko Saulkin profeettain joukossa?"

Saulin suhde Jumalaan ei ollut kunnossa ja hänen reaktionsa Jumalan Hengen päällelaskeutumiseen – ajattele tätä herätyksen ilmapiirinä – oli epäpuhdas. Tämä on herätyksen ilmapiiriin liittyvä erityisongelma. Ei kaikki mikä tapahtuu herätyksen ilmapiirissä ole Jumalasta. Paljon mitä tapahtuu on sielullista reaktiota, ja Paavali ja Johannes kirjoittavat jopa demonisista hengistä, jotka manifestoivat heidän kokouksissaan, ja opettavat kuinka erottaa niiden toiminta.

Karismaattisen liikkeen ongelma on se, että oletamme kaiken yliluonnolliselta tai ihmeenomaiselta näyttävän kokouksissamme olevan Jumalalta. Mutta näin ei ole asian laita. Me tarvitsemme yhä erottelukykyä ja henkien erottamisen armolahjaa ymmärtääksemme sitä, mitä todella on tapahtumassa.

ONKO SE APOSTOLINEN LAHJA?

Apostolien teoissa 19 apostoli Paavali oli Efesossa:

> Ja Jumala teki ylen voimallisia tekoja Paavalin kätten kautta, niin että vieläpä hikiliinoja ja esivaatteita hänen iholtansa vietiin sairasten päälle, ja taudit lähtivät heistä ja pahat henget pakenivat pois. (Ap. t. 19:11-12)

Parantaminen ja riivaajien ulosajo ovat tässä kertomuksessa vahvasti yhteydessä ihmeisiin. Tänään monet yrittävät monistaa näitä ainutlaatuisia tapahtumia metodien avulla. Paavali kirjoittaa Toisessa kirjeessä korinttilaisille 12:12:

> Onhan apostolin tunnusteot teidän keskuudessanne tehty kaikella kestävyydellä, tunnusmerkeillä ja ihmeillä ja voimateoilla.

Joten näyttää siltä, että voimatekojen lahja on apostolinen lahja, vaikkakin sen käyttö ei ole rajoitettu apostoleihin. Mutta mikä on huomattavaa Raamatun ihmeistä on se, että niitä ei voi monistaa. Ensimmäisestä Mooseksen kirjasta Johanneksen ilmestykseen jokainen ihme on *ainutlaatuinen* lahja Jumalalta.

VOIMATEKOJEN LAHJA 275

Mutta on samanlaisuuksia, ja me voimme erottaa tietynlaisia säännöllisyyksiä, kuten evankeliumien kirjoittajat ovat todistaneet.

Mutta tämä *ainutlaatuisuus* vastustaa kaikkia luokitteluja. Voimme sanoa Raamatun opettavan ihmeiden sisältävän mitä tahansa voit kuvitella – jos tarvitset sitä Jumalan suunnitelmien täyttämiseen.

Näemme kuinka leijonat eivät syö Danielia leijonien luolassa. Tämä on ihme. Mutta en halua yrittää toistaa tätä! Danielin ystävät heitettiin tuliseen pätsiin, mutta enkeli suojeli heitä. En halua yrittää toistaa tätäkään.

Uskovat ovat yrittäneet kävellä veden päällä vuosisatoja onnistumatta, elleivät he ole olleet Suomen kaltaisessa pohjoisessa maassa, jossa vesi jäätyy talvella.

Raamatussa Jumala lähettää ihmeitä silloin kun mikään muu ei toimi, ja niitä tarvitaan Hänen suunnitelmansa toteuttamiseen.

Raamatusta ei löydy yhtään pröystäilevää ihmettä. Niillä on kaikilla tarkoitus, ja useimmiten ne tapahtuvat äärimmäisen hädän aikana.

Paholainen kiusaa Jeesusta Evankeliumissa Matteuksen mukaan 4:1-11:

> Sitten Henki vei Jeesuksen ylös erämaahan perkeleen kiusattavaksi. Ja kun Jeesus oli paastonnut neljäkymmentä päivää ja neljäkymmentä yötä, tuli hänen lopulta nälkä.
>
> Silloin kiusaaja tuli hänen luoksensa ja sanoi hänelle: "Jos sinä olet Jumalan Poika, niin käske näiden kivien muuttua leiviksi".
>
> Mutta hän vastasi ja sanoi: "Kirjoitettu on: 'Ei ihminen elä ainoastaan leivästä, vaan jokaisesta sanasta, joka Jumalan suusta lähtee'."
>
> Silloin perkele otti hänet kanssansa pyhään kaupunkiin ja asetti hänet pyhäkön harjalle ja sanoi hänelle: "Jos sinä olet Jumalan Poika, niin heittäydy tästä alas; sillä kirjoitettu on: 'Hän antaa enkeleilleen käskyn sinusta', ja: 'He kantavat sinua käsillänsä, ettet jalkaasi kiveen loukkaisi'."
>
> Jeesus sanoi hänelle: "Taas on kirjoitettu: 'Älä kiusaa Herraa, sinun Jumalaasi'."

Taas perkele otti hänet kanssansa sangen korkealle vuorelle ja näytti hänelle kaikki maailman valtakunnat ja niiden loiston ja sanoi hänelle: "Tämän kaiken minä annan sinulle, jos lankeat maahan ja kumarrat minua".

Silloin Jeesus sanoi hänelle: "Mene pois, saatana; sillä kirjoitettu on: 'Herraa, sinun Jumalaasi, pitää sinun kumartaman ja häntä ainoata palveleman'."

Silloin perkele jätti hänet; ja katso, enkeleitä tuli hänen tykönsä, ja he tekivät hänelle palvelusta.

Kaksi ensimmäistä kiusausta keskittyivät saamaan Jeesusta väärinkäyttämään asemaansa Poikana. Läpi koko Raamatun näemme, kuinka Jumala ei koskaan antanut ihmeitä, ellei niihin ollut tarvetta, ja kertomukset riivaajien ulosajamisesta, parantumisista ja ihmeellisestä huolenpidosta ovat kaikki kertomuksia tarpeiden tyydyttämisestä.

Ne tapahtuvat kun mikään muu ei auta. Vanhassa testamentissa Jumala paljastaa Itsensä Moosekselle *Jahvena:* "Minä olen" tai "Minä tulen olemaan kuka tulen olemaan".

Lopultakin Jumalan tahto ja päämäärät ovat kaikkien ihmeiden syntypaikka.

Jumala sanoo nimensä kautta, että Hän tulee olemaan mitä tarvitsemme Hänen olevan missä tahansa tilanteessa, joten meidän ei tarvitse pelätä niin kauan kun olemme Hänen kanssaan.

Jumala sanoo, että Hän tulee täyttämään jokaisen tarpeen, jonka kohtaamme matkalla seuratessamme Jeesusta, sillä Hän tulee olemaan mitä tarvitaan Hänen suunnitelmansa toteuttamiseksi. Tämän takia jokainen ihme on *ainutlaatuinen.*

Rakkaus ja usko liittyvät yhteen voimatekojen lahjassa. Me voimme kaikki kokea ihmeitä elämässämme, mutta ne, jotka käyttävät voimatekojen lahjaa, ovat samaistuneet Jumalan valtakunnan asiaan niin syvästi, että he tarvitsevat ihmeitä jatkuvasti, joten Jumala antaa monia ihmeitä heidän elämänsä kautta.

Monet uskovat virheellisesti, että jos me voimme kokea yhden ihmeen, voimme tuottaa niitä tahdonvoimalla.

Tämä johtuu siitä, että me liitämme ihmeet virheellisesti vain uskoon. Jos meillä olisi enemmän uskoa, kokisimme enemmän

VOIMATEKOJEN LAHJA

ihmeitä! Mutta Jeesuksen mukaan asia ei ole näin. Jeesus sanoo Evankeliumissa Luukkaan mukaan 4:25-27:

> Minä sanon teille totuudessa: monta leskeä oli Eliaan aikana Israelissa, kun taivas oli suljettuna kolme vuotta ja kuusi kuukautta ja suuri nälkä tuli kaikkeen maahan, eikä Eliasta lähetetty kenenkään tykö heistä, vaan ainoastaan leskivaimon tykö Siidonin-maan Sareptaan. Ja monta pitalista miestä oli Israelissa profeetta Elisan aikana, eikä kukaan heistä tullut puhdistetuksi, vaan ainoastaan Naiman, syyrialainen.

Luukas kertoo, että kaikki siinä synagoogassa, missä Jeesus puhui, täyttyivät vihalla ja tahtoivat tappaa Hänet, mutta Hän jatkoi matkaansa.

Jeesus viittaa tässä kahdentyyppisiin ihmeisiin. Ensimmäinen oli luova ihme, ja öljy ja jauhot eivät loppuneet lesken talossa, sillä hän majoitti Elian kuivuuden läpi. Elia oli piilossa keskellä vihollisaluetta kirkkaassa päivänvalossa, sillä Sarepta oli Siidonissa, ja kuningatar Iisebel oli Siidonin prinsessa.

Juutalaisia loukkasi se, että Jeesus huomautti Jumalan tehneen ihmeen ulkomaalaiselle. Mutta hän oli tärkeä Jumalan tarkoituksille, ja Elia oli Jumalan suunnitelmien keskipisteessä.

Naiman oli Syyrian armeijan komentaja, ja hänet parannettiin spitaalista. Hänkin oli Israelin vihollinen. Tämän johdosta hän uskoi Israelin Jumalaan.

Lopultakin ihmeillä on vähemmän tekemistä uskon kuin Jumalan päämäärien kanssa. Ihmeet tapahtuvat kun rukoilemme *"Tulkoon sinun valtakuntasi, tapahtukoon sinun tahtosi"*, ja järjestämme elämämme tämän rukouksen mukaisesti.

On paradoksi, että uskon koulukunta esittää juuri tämän rukouksen ihmeet estävänä ja yrittää rakentaa ihmetehtaan uskon avulla. Mutta Jumalan tahdon mukaan toimiminen tuo ihmeet. Jokainen ihme on yksilöllinen ja erilainen valtakunnan tarpeiden mukaisesti. Tämän tähden apostoli Paavali selviytyy haaksirikosta ja virkoaa eloon kivityksen jälkeen, mutta hänestä tulee marttyyri Roomassa.

YLILUONNOLLINEN RAKKAUS

Elämänsä loppusuoralla Paavali kirjoittaa Toisessa kirjeessä Timoteukselle 4:6-8:

> Sillä minut jo uhrataan, ja minun lähtöni aika on jo tullut. Minä olen hyvän kilvoituksen kilvoitellut, juoksun päättänyt, uskon säilyttänyt. Tästedes on minulle talletettuna vanhurskauden seppele, jonka Herra, vanhurskas tuomari, on antava minulle sinä päivänä, eikä ainoastaan minulle, vaan myös kaikille, jotka hänen ilmestymistään rakastavat.

Monet ihmeet olivat pitäneet Paavalin mukana taistelussa ja juoksukilpailussa, mutta nyt hän oli päättämässä juoksua. Jumala oli poistamassa suojeluksensa Paavalin fyysisen elämän yltä, jotta hän voisi kokea sen suurimman ihmeen, ylösnousemuksen. Mutta tie ylösnousemukseen kulki teloituksen kautta.

Tänään uskosta on tullut maanpäälliseen elämään keskittynyt, ja monet yrittävät rakentaa paratiisia maan päälle.

Mutta Kirje heprealaisille 13:14 sanoo:

> Sillä ei meillä ole täällä pysyväistä kaupunkia, vaan tulevaista me etsimme.

Ne ihmeet, jotka Jumala antaa meille, ovat osa Hänen suunnitelmaansa ikuisuutta varten, ja Hän on valmis vapauttamaan ne, kunhan kuljemme Hänen suunnitelmassaan.

Ihmeet tuo *rakkaus*, joka saa energiansa Pyhältä Hengeltä. Tämän takia voimatekojen lahja vapauttaa *yliluonnollista rakkautta*.

14

JUOKSUN PÄÄTTÄMINEN HYVIN

Olen työskennellyt suuressa helluntaikirkossa yli kahdeksantoista vuoden ajan ja ollut mukana helluntailaisuudessa ja karismaattisessa liikkeessä suurimman osan elämästäni. Tänä aikana suuri joukko johtajia on langennut alkoholin, huumeiden, rahan ja kaikenlaisten aviorikosten takia.

Jumala käytti Lonnie Frisbeetä 1960-luvun loppupuolella sytyttämään Ihmeet ja merkit -liikkeen, joka tuli Jeesus-liikkeen – viimeisen länsimaisten seurakuntien kokeman kulttuurisen herätyksen – jälkeen.

Kuten monet muut hipit, jotka löysivät Jeesuksen, Lonnie Frisbee luki evankeliumit ja uskoi niihin yksinkertaisella tavalla. Niinpä hän uskoi ihmeisiin ja merkkeihin yksinkertaisesti sen tähden, että ne löytyivät Raamatusta. Hän julisti yksinkertaista ilosanomaa valtakunnasta, ja se oli tehokasta.

John Wimber ja Vineyard-liike kehittivät edelleen ihmeet ja merkit -ajattelua, ja se on vaikuttanut koko maailmanlaajuiseen karismaattiseen liikkeeseen. Mutta Lonnie Frisbee kuoli AIDSiin monien homoseksuaalisten kokemusten jälkeen, sillä hän ei koskaan vapautunut seksuaaliaddiktioistaan.

Kuuluisa parantajaevankelista A. A. Allen löydettiin kuolleena hotellihuoneesta alkoholin ja pillerien ympäröimänä.

Tunnen tänään monia pastoreita, jotka ovat ennen toimineet Pyhän Hengen voimassa, mutta jotka kamppailevat nykyään alkoholin, seksin tai huumeiden kanssa. Ja lähes viikoittain me kuulemme jonkun palvelutyön tuhoutumisesta.

Lista on pitkä, ja se pitenee edelleen.

Saatat ajatella, että tämä kaikki johtuu turmeltuneesta luonnostamme, ja tiettyyn määrään asti, tämä voikin selittää kaiken. Paavali kirjoittaa Kirjeessä roomalaisille 7:22-25:

> Sillä sisällisen ihmiseni puolesta minä ilolla yhdyn Jumalan lakiin, mutta jäsenissäni minä näen toisen lain, joka sotii minun mieleni lakia vastaan ja pitää minut vangittuna synnin laissa, joka minun jäsenissäni on. Minä viheliäinen ihminen, kuka pelastaa minut tästä kuoleman ruumiista? Kiitos Jumalalle Jeesuksen Kristuksen, meidän Herramme, kautta! Niin minä siis tämmöisenäni palvelen mielellä Jumalan lakia, mutta lihalla synnin lakia.

Kiitos Jumalalle, että tämä ei ole koko totuus! Kirje roomalaisille 8:1-2 kertoo:

> Niin ei nyt siis ole mitään kadotustuomiota niille, jotka Kristuksessa Jeesuksessa ovat. Sillä elämän hengen laki Kristuksessa Jeesuksessa on vapauttanut sinut synnin ja kuoleman laista.

Ainoa tapa voittaa liha on kulkea Hengessä. Mutta mitä tapahtuu, jos Jumalan läsnäolo poistuu? Ja miksi Jumalan läsnäolo poistuu? Tarkoitan tällä sitä, että elävän veden virrat tukkeutuvat elämässämme. Ei näytä siltä, että Jumalan läsnäolo jättäisi meidät turmeltuneen luontomme takia, sillä kannamme sitä kuolemaan asti.

Jumalan läsnäolo jätti kuningas Saulin sen tähden, että pelko johti tottelemattomuuteen. Kun Jumalan läsnäolo jätti kuningas Saulin, hän etsi jonkun, joka toi mukanaan sen, ja palkkasi Daavidin soittamaan harppua.

Monet johtajista, jotka ovat menettäneet voitelunsa, ympäröivät itsensä aluksi voidelluilla kakkosmiehillä – aina siihen asti kun nämä kakkosmiehet menettävät voitelunsa, sillä he seuraavat johtajaansa synnin tiellä. Mutta et voi elää Jumalan läsnäolosta jonkun muun elämässä, ja lopulta kuningas Saul jätti Jumalan läsnäolon kokonaan. Mutta se voitelu, jota kuningas Saul oli kantanut, avasi

JUOKSUN PÄÄTTÄMINEN HYVIN

hänen elämänsä yliluonnolliselle ulottuvuudelle, ja lopulta hän etsi neuvoa okkultistisilta lähteistä.

Usein kun Jumalan läsnäolo poistuu, ihmiset etsivät korviketta sille voimakkaalle tunnekokemukselle, rennolle ololle tai rauhalle, jota he ovat kokeneet, jostain muusta, ja heistä tulee riippuvaisia asioista, jotka voivat tuottaa voimakkaan tunnekokemuksen tai stressin purkautumisen – alkoholista, seksistä tai huumeista. Toisista tulee ahneita, sillä he etsivät monenlaisia tunnekokemuksia, ja näiden kokemusten tuottaminen on kallista.

On vaarallista pyytää Pyhän Hengen voitelua, mutta on vielä vaarallisempaa menettää se. Kirje heprealaisille 6:4-6 sanoo:

> Sillä mahdotonta on niitä, jotka kerran ovat valistetut ja taivaallista lahjaa maistaneet ja Pyhästä Hengestä osallisiksi tulleet ja maistaneet Jumalan hyvää sanaa ja tulevan maailmanajan voimia, ja sitten ovat luopuneet – taas uudistaa parannukseen, he kun jälleen itsellensä ristiinnaulitsevat Jumalan Pojan ja häntä julki häpäisevät.

Pyhän Hengen virta elämässämme estyy silloin kun kieltäydymme Jumalan selvästä kutsusta rakastaa lähimmäisiämme. Yhdysvaltojen toisen suuren herätyksen johtaja Charles Finney kirjoittaa *Lectures on Revivals of Religion* -kirjassa:

> Herätykset estyvät kun papit ja seurakunnat kasvavat väärään suuntaan suhteessa mihinkään ihmisoikeuskysymykseen. Jos seurakunta ei puhu esim. orjuutta vastaan, se vannoo väärän valan, ja Pyhä Henki poistuu siitä. Yksi syy uskonnon huonoon tilaan on se, että monet seurakunnat ovat väärällä puolella orjuuden kysymyksessä, ovat antaneet ennakkoluulojen hallita, ja ovat pelänneet kutsua tätä kauhistusta sen oikealla nimellä.[1]

Finneyllä oli aikalailla erilainen näkemys siitä, miksi herätykset kuolevat, kuin monilla nykypäivän herättäjillä. Hänen mukaansa herätys kuolee, ellei se kohta ala tuottamaan rakkauden tekoja.

Valheet voivat myös estää Pyhän Hengen virran elämässämme. Evankeliumi Matteuksen mukaan 16:1-12 kertoo:

> Ja fariseukset ja saddukeukset tulivat hänen luoksensa ja kiusasivat häntä pyytäen häntä näyttämään heille merkin taivaasta.
> Mutta hän vastasi ja sanoi heille: "Kun ilta tulee, sanotte te: 'Tulee selkeä ilma, sillä taivas ruskottaa', ja aamulla: 'Tänään tulee rajuilma, sillä taivas ruskottaa ja on synkkä'. Taivaan muodon te osaatte arvioida, mutta aikain merkkejä ette osaa. Tämä paha ja avionrikkoja sukupolvi tavoittelee merkkiä, mutta sille ei anneta muuta merkkiä kuin Joonaan merkki." Ja hän jätti heidät ja meni pois.
> Kun opetuslapset saapuivat toiselle rannalle, olivat he unhottaneet ottaa leipää mukaansa.
> Ja Jeesus sanoi heille: "Varokaa ja kavahtakaa fariseusten ja saddukeusten hapatusta". Niin he puhuivat keskenään sanoen: "Emme ottaneet leipää mukaamme".
> Mutta kun Jeesus sen huomasi, sanoi hän: "Te vähäuskoiset, mitä puhutte keskenänne siitä, ettei teillä ole leipää mukananne? Ettekö vielä käsitä? Ja ettekö muista niitä viittä leipää viidelletuhannelle ja kuinka monta vakallista otitte talteen, ettekä niitä seitsemää leipää neljälletuhannelle ja kuinka monta vasullista otitte talteen? Kuinka te ette käsitä, etten minä puhunut teille leivästä? Vaan kavahtakaa fariseusten ja saddukeusten hapatusta."
> Silloin he ymmärsivät, ettei hän käskenyt kavahtamaan leivän hapatusta, vaan fariseusten ja saddukeusten oppia.

Pyhän Hengen virta elämässämme estyy silloin, kun jahtaamme ihmeitä ja merkkejä ilman mitään huolta Jumalan Sanasta.

Pelkään tänään, että Uuden ajatuksen, spiritualismin, vapaamuurariuden ja monen muun väärän opin hapatus on tehnyt tiensä leivän läpi, ja tarjoamastamme leivästä on tullut syömäkelvotonta.

Ja kuitenkin me vain syömme sitä.

Karismaattinen liike on valmis uskonpuhdistukseen armolahjojen alueella. Ehkäpä tämä sukupolvi kieltäytyy hyväksymästä sen, mitä karismaattiset lavaesiintymismarkkinat

JUOKSUN PÄÄTTÄMINEN HYVIN 283

myyvät "lahjoina" ja palaa takaisin Lähteelle! Onneksi Lähde ei ole koskaan meistä kaukana!

Ja kun fariseukset kysyivät häneltä, milloin Jumalan valtakunta oli tuleva, vastasi hän heille ja sanoi: "Ei Jumalan valtakunta tule nähtävällä tavalla, eikä voida sanoa: 'Katso, täällä se on', tahi: 'Tuolla'; sillä katso, Jumalan valtakunta on sisällisesti teissä". (Luuk. 17:20-21)

Tulkoon *Sinun* valtakuntasi. Tapahtukoon *Sinun* tahtosi. Aamen.

LÄHDEVIITTEET

JOHDANTO
1. Candy Gunther Brown, *Testing Prayer*, 1. painos (Cambridge, Mass.: Harvard University Press, 2012), 1.
2. James Robinson, *Divine Healing: The Years of Expansion, 1906-1930: Theological Variation in the Transatlantic World* (Pickwick Publications, 2014), 146.

1. LUKU: YHTEISÖSTÄ LAVAESIINTYMISEKSI
1. Candy Gunther Brown, ed., *Global Pentecostal and Charismatic Healing* (Oxford; New York: Oxford University Press, USA, 2011), 3.
2. Cary McMullen, 'The Ledger of Lakeland', "Inside Todd Bentley's Florida Outpouring," *ChristianityToday.com*, accessed February 23, 2016, http://www.christianitytoday.com/ct/2008/september/4.18.html.
3. Douglas J. Nelson, *For Such a Time as This: The Story of Bishop William J. Seymour and the Azusa Street Revival, a Search for Pentecostal/Charismatic Roots* (University of Birmingham, 1981), 194.
4. Dr Shani Orgad, *Media Representation and the Global Imagination* (Cambridge ; Malden, MA: Polity, 2012), 190.
5. Chas H. Barfoot, *Aimee Semple McPherson and the Making of Modern Pentecostalism, 1890-1926*, 1. laitos (London: Routledge, 2011), 209.
6. Ibid., 232.

7. Ibid., 327.
8. Ibid., 236.
9. Ibid., 395.
10. Ibid., 407.
11. Ibid., 439.
12. "Exposed: Magicians, Psychics and Frauds - Exposed: Magicians, Psychics and Frauds - Exposed: Magicians, Psychics and Frauds, 2014-2015, Storyville - BBC Four," *BBC*, accessed February 5, 2016, http://www.bbc.co.uk/programmes/p029bgws/p029bgkj.
13. Simone Natale, *Supernatural Entertainments: Victorian Spiritualism and the Rise of Modern Media Culture* (Penn State University Press, 2016), 1–2.
14. Ibid., 3.
15. Ibid., 138.

2. LUKU: VÄÄRÄ PALVELUTYÖN MALLI

1. "Paul Keith Davis: A New Season - The Church Is Entering an Age of Militancy and Spiritual Confrontation," accessed February 6, 2016, http://www.elijahlist.com/words/display_word.html?ID=13291.
2. ChasingRiver, *The Real Jesus - Part 4 - by Bill Johnson*, accessed February 6, 2016, https://www.youtube.com/watch?v=vHcRI60j0HI.
3. C. Douglas Weaver, *The Healer-Prophet* (Macon, Ga.: Mercer University Press, 2004), 141.
4. Ibid.
5. Bill Johnson and Eric Johnson, *Momentum: What God Starts, Never Ends*, Original edition (Shippensburg, Pa.: Destiny Image Publishers, 2013), 67.
6. Derek Prince, *Protection from Deception* (New Kensington, PA: Whitaker House,U.S., 2008), 42–43.
7. William Branham, "William Branham, The Spoken Word, 2:24-28" (Spoken Word Publications, Jeffersonville IN, 1972).
8. Weaver, *The Healer-Prophet*, 111.
9. William Branham, "Revelation Chapter Four, Part III, Vol. 13

of The Revelation of Jesus Christ" (Spoken Word Publications, Jeffersonville IN, n.d.), 676.
10. Weaver, *The Healer-Prophet*, 62.
11. Ibid., 65.
12. William Branham, *Obey the Voice of the Angel," Sermon Delivered in Minneapolis MN*, 1949.
13. Gordon Lindsay, *William Branham: A Man Sent from God* (W. Branham, 1950), 173.
14. William Branham, *Expectations*, n.d.
15. William Branham, "How the Gift Came to Me," *The Voice of Healing*, April 1948.
16. "1933 7 Visions of William Branham | William Branham," accessed February 6, 2016, http://www.williambranham.com/1933-7-visions-of-william-branham/.
17. Lindsay, *William Branham*.
18. Johnson and Johnson, *Momentum*, 70.
19. David Edwin Harrell Jr, *Oral Roberts: An American Life* (San Francisco, CA: Harpercollins, 1987), 166.
20. Ibid.
21. Ibid., 456.
22. Matt Bai, *All the Truth Is Out: The Week Politics Went Tabloid* (New York: Knopf Publishing Group, 2014), xv.
23. Ibid., 228.

3. LUKU: MITÄ YLILUONNOLLINEN RAKKAUS ON?
1. Orgad, *Media Representation and the Global Imagination*, 194.

4. LUKU: ENSIMMÄINEN KIRJE KORINTTILAISILLE JA ARMOLAHJAT
1. Robert Larmer, ed., *Questions of Miracle* (Montreal Que.: McGill- Queen's University Press, 1997), xiii.
2. Brown, *Testing Prayer*, 66.
3. John Wesley, *Works: Miscellaneous* (B. Waugh and T. Mason, 1831), 444.
4. James D. G. Dunn, *Unity and Diversity in the New Testament: An Inquiry Into the Character of Earliest Christianity*, New edition edition (London: SCM Press, 2012), 299.

5. Brown, *Testing Prayer*, 72.

5. LUKU: SOTA KAHDEN VALTAKUNNAN VÄLILLÄ
1. Bill Johnson, *The Essential Guide to Healing* (Grand Rapids, Mich.: Chosen Books, 2011), 65.
2. Ibid.
3. Ibid., 66.
4. Ibid., 113.
5. Johnson and Johnson, *Momentum*, 120.
6. Ibid., 132.
7. General Stanley McChrystal et al., *Team of Teams: New Rules of Engagement for a Complex World* (Portfolio Penguin, 2015), 12–13.

6. LUKU: TERVEEKSITEKEMISTEN LAHJAT
1. Brown, *Testing Prayer*, 1.
2. Ibid., 30.
3. Barfoot, *Aimee Semple McPherson and the Making of Modern Pentecostalism, 1890-1926*, 107–108.
4. William K. Kay and James Robinson, *Divine Healing: The Formative Years: 1830-1890: Theological Roots in the Transatlantic World* (Eugene, Or.: Pickwick Publications, 2011), 15.
5. Ibid., 29.
6. Rolvix Harlan, *John Alexander Dowie and the Christian Catholic Apostolic Church in Zion*. (R.M. Antes, 1906), 157.
7. Barfoot, *Aimee Semple McPherson and the Making of Modern Pentecostalism, 1890-1926*, 227.
8. James R Goff JR, *Fields White Unto Harvest* (University of Arkansas Press, 1988), 44.
9. Robinson, *Divine Healing*, 27.
10. Barfoot, *Aimee Semple McPherson and the Making of Modern Pentecostalism, 1890-1926*, 92.
11. Harrell, *Oral Roberts*, 7.
12. Ibid., 106.
13. Robert Pierce Shuler, *"McPhersonism": A Study of Healing Cults and Modern Day "Tongues" Movements Containing Summary*

LÄHDEVIITTEET

of Facts as to Disappearance and Re-Appearance of Aimee Semple McPherson (The author, 1924), 122–123.
14. Ibid., 123.
15. Barfoot, *Aimee Semple McPherson and the Making of Modern Pentecostalism, 1890-1926*, 227.
16. Ibid., 34.
17. Ibid., 31.
18. Ibid., 147.
19. Harrell, *Oral Roberts*, 164.
20. Ibid.
21. Ibid., 166.
22. Ibid., 456.
23. Ibid., 451.
24. Barfoot, *Aimee Semple McPherson and the Making of Modern Pentecostalism, 1890-1926*, 285.
25. Weaver, *THE Healer-Prophet*, 62.
26. Ibid.
27. Ibid., 63.
28. Ibid., 75.
29. Ibid., 63.
30. F. F. Bosworth, *Christ the Healer*, Revised edition (Grand Rapids, MI: Chosen Books, 2008), 16–17.
31. Ibid., 17.
32. Ibid., 18.
33. Ibid., 29.
34. Harrell, *Oral Roberts*, 403.
35. Katia Moskvitch, "Why Does Food Taste Different on Planes?," accessed February 8, 2016, http://www.bbc.com/future/story/20150112-why-in-flight-food-tastes-weird.
36. Brown, *Testing Prayer*, 4.
37. Herbert Benson et al., "Study of the Therapeutic Effects of Intercessory Prayer (STEP) in Cardiac Bypass Patients: A Multicenter Randomized Trial of Uncertainty and Certainty of Receiving Intercessory Prayer," *American Heart Journal* 151, no. 4 (April 2006): 934–42, doi:10.1016/j.ahj.2005.05.028.
38. Brown, *Testing Prayer*, 96.

39. Ibid., 12.
40. Ibid., 278–279.
41. Ibid., 281–282.
42. Brown, *Testing Prayer*.
43. Ibid., 188.
44. "CHM: Personal Ministry - Christian Healing Ministries," accessed February 8, 2016, http://www.christianhealingmin.org/index.php?option=com_content&view=article&id=424&Itemid=482.
45. George Jeffreys, *Healing Rays* (Kessinger Publishing Co, 2003), 155.
46. Ibid., 2–3.
47. Ibid., 37–38.
48. Ibid., 170–171.
49. Ibid., 56–57.
50. Ibid., 57–58.
51. "Modern Pentecostalism - A. J. Pollock," accessed February 8, 2016, http://biblecentre.org/content.php?mode=7&item=439.
52. John Wimber and Kevin N. Springer, *Power Healing*, Reprint edition (San Francisco: HarperOne, 2009), 16.
53. Ibid., 154.
54. Ibid., 238–239.

7. LUKU: PROFETOIMINEN

1. "Apostolic-Prophetic Movement," *Wikipedia, the Free Encyclopedia*, August 24, 2015, https://en.wikipedia.org/w/index.php?title=Apostolic-Prophetic_Movement&oldid=677553740.
2. David Pytches, *Some Said It Thundered* (Hodder & Stoughton Religious, 1990), 1.
3. Ibid., 89.
4. Ibid., 90.
5. "Historical Weather For 1983 in Kansas City, Missouri, USA - WeatherSpark," accessed February 8, 2016, https://weatherspark.com/history/30837/1983/Kansas-City-Missouri-United-States.

6. Ibid.
7. Ibid.
8. "Visions and Revelations. Mike Bickle with Bob Jones, Kansas City, Missouri. Transcribed from Five (1) Hour Tapes," Fall 1988, 86.
9. Ibid., 44.
10. Ibid., 45.
11. Ibid., 50.
12. Ibid., 58.
13. Ibid.
14. Ibid., 74.

8. LUKU: KIELET JA NIIDEN SELITTÄMINEN

1. StPaulsLondon, 'The Kingdom of God with the Rt Revd Dr Tom Wright', sec. 1:26:28, accessed February 29, 2016, https://www.youtube.com/watch?time_continue=1584&v=rLiy-WlS9mA.
2. Dunn, *Unity and Diversity in the New Testament*, 302.
3. Ibid., 299.
4. Ibid., 301.
5. "Mithras Liturgy," *Wikipedia, the Free Encyclopedia*, December 25, 2015, https://en.wikipedia.org/w/index.php?title=Mithras_Liturgy&oldid=696701414.
6. H. F. J. Horstmanshoff et al., eds., *Kykeon: Studies in Honour of H.S. Versnel* (Leiden; Boston: Brill, 2002), 79.
7. Ibid., 78–79.
8. Ibid., 80.
9. Andrew B. Newberg et al., "The Measurement of Regional Cerebral Blood Flow during Glossolalia: A Preliminary SPECT Study," *Psychiatry Research: Neuroimaging* 148, no. 1 (November 2006): 67–71.

9. LUKU: TIEDON SANAT

1. Weaver, *The Healer-Prophet*, 76.
2. Ibid., 77.
3. Ibid., 78.

4. George Jeffreys, *Pentecostal Rays: The Baptism and Gifts of the Holy Spirit* (Elim Publishing, 1933), 121–122.
5. Ibid., 122.
6. Ruth Brandon, *The Spiritualists: The Passion for the Occult in the Nineteenth and Twentieth Centuries* (New York: Alfred a Knopf, 1983), 46.
7. Ibid.

10. LUKU: VIISAUDEN SANAT
1. "Wisdom Versus Faith -- 62-0401 -- Sermon Preached by William Branham," accessed July 15, 2016, http://branham.ru/message/message64e1.html?sermonum=820.
2. Lester Sumrall, *Gifts & Ministries of the Holy Spirit* (New Kensingon, PA: Whitaker House,U.S., 2005).
3. Ibid., 58.
4. Jeffreys, *Pentecostal Rays*, 120.
5. "1 Corinthians 12 Matthew Poole's Commentary," accessed February 11, 2016, http://biblehub.com/commentaries/poole/1_corinthians/12.htm.

11. LUKU: HENKIEN EROTTAMISEN ARMOLAHJA
1. William Seymour and Roberts Liardon, *The Great Azusa Street Revival: The Life and Sermons of William Seymour* (Embassy Publishing, 2014), 157.
2. Barfoot, *Aimee Semple McPherson and the Making of Modern Pentecostalism, 1890-1926*, 152–153.
3. Neil Forsyth, *The Old Enemy: Satan and the Combat Myth*, Reprinted Ed edition (Princeton, N.J.: Princeton University Press, 1989), 113.
4. "Jezebel Religion -- 61-0319 -- Sermon Preached by William Branham," accessed July 18, 2016, http://branham.ru/message/message9c9c.html?sermonum=748.
5. Robert Solomon, *Not Passion's Slave: Emotions and Choice* (New York: OUP USA, 2003), 181.
6. Ibid., 182.

LÄHDEVIITTEET

7. Ibid., 188.
8. Fabrizio Macagno, *Emotive Language in Argumentation* (Cambridge University Press, 2014), 63.
9. Ibid., 64.
10. Ibid., 65.
11. Ibid., 66.
12. Manuel Castells, *Communication Power*, 2 edition (Oxford University Press, Usa, 2013), 140.
13. Ibid., 141.
14. Jean-Paul Sartre, *Being and Nothingness: An Essay on Phenomenological Ontology*, 2. painos (London: Routledge, 2003), 225.
15. Castells, *Communication Power*, 142.
16. Bethany Albertson, *Anxious Politics* (Cambridge University Press, 2015), 9.
17. Ibid., 46.
18. Ibid.
19. R. W. L. Moberly, *Prophecy and Discernment*, 1 edition (Cambridge, UK; New York: Cambridge University Press, 2008), 172–173.
20. Seymour and Liardon, *The Great Azusa Street Revival*.

12. LUKU: USKON LAHJA

1. Kate Bowler, *Blessed: A History of the American Prosperity Gospel* (New York: OUP USA, 2013), 13–14.
2. Ibid., 14.
3. Ibid.
4. Ibid.
5. Ibid.
6. "New Thought - ReligionFacts," accessed February 26, 2016, / new-thought.
7. Bowler, *Blessed*, 33–34.
8. Jeffreys, *Pentecostal Rays*, 124.

13. LUKU: VOIMATEKOJEN LAHJA
1. *The Church Before the Watching World*, p. 17
2. *The Church Before the Watching World*, p. 18
3. "When God Plays Biased Dice," accessed July 22, 2016, https://www.churchtimes.co.uk/articles/2015/31-july/comment/opinion/when-god-plays-biased-dice.
4. Ibid.
5. Ibid.
6. Ibid.
7. St Augustine of Hippo, *The City of God* (Peabody, Mass: Hendrickson, 2009), 739.
8. "John Alexander Dowie," *Wikipedia, the Free Encyclopedia*, May 13, 2016, https://en.wikipedia.org/w/index.php?title=John_Alexander_Dowie&oldid=720024842.
9. Christopher D. Marshall, *Faith as Theme in Mark's Narrative*, New Ed edition (Cambridge; New York: Cambridge University Press, 2008), 60.
10. Edited by William K. Kay and Robin A. Parry, *Exorcism and Deliverance: Multi-Disciplinary Studies* (Milton Keynes: Paternoster, 2009), 56.

14. LUKU: JUOKSUN PÄÄTTÄMINEN HYVIN
1. Barfoot, *Aimee Semple McPherson and the Making of Modern Pentecostalism, 1890-1926*, 303.

LÄHDELUETTELO

"1 Corinthians 12 Matthew Poole's Commentary." Accessed February 11, 2016. http://biblehub.com/commentaries/poole/1_corinthians/12.htm.

"1933 7 Visions of William Branham | William Branham." Accessed February 6, 2016. http://www.williambranham.com/1933-7-visions-of-william-branham/.

Albertson, Bethany. *Anxious Politics*. Cambridge University Press, 2015.

"Apostolic-Prophetic Movement." *Wikipedia, the Free Encyclopedia*, August 24, 2015. https://en.wikipedia.org/w/index.php?title=Apostolic-Prophetic_Movement&oldid=677553740.

Bai, Matt. *All the Truth Is Out: The Week Politics Went Tabloid*. New York: Knopf Publishing Group, 2014.

Barfoot, Chas H. *Aimee Semple McPherson and the Making of Modern Pentecostalism, 1890-1926*. 1. painos. London: Routledge, 2011.

Benson, Herbert, Jeffery A. Dusek, Jane B. Sherwood, Peter Lam, Charles F. Bethea, William Carpenter, Sidney Levitsky, et al. "Study of the Therapeutic Effects of Intercessory Prayer (STEP) in Cardiac Bypass Patients: A Multicenter Randomized Trial of Uncertainty and Certainty of Receiving Intercessory Prayer." *American Heart Journal* 151, no. 4 (April 2006): 934–42.

Bosworth, F. F. *Christ the Healer*. Revised edition. Grand Rapids, MI: Chosen Books, 2008.

Bowler, Kate. *Blessed: A History of the American Prosperity Gospel*. New York: OUP USA, 2013.

Brandon, Ruth. *The Spiritualists: The Passion for the Occult in the Nineteenth and Twentieth Centuries*. New York: Alfred a Knopf, 1983.

Branham, William. *Expectations*, n.d.

Branham, William. "How the Gift Came to Me." *The Voice of Healing*, April 1948.

Branham, William. *Obey the Voice of the Angel,"* Sermon Delivered in Minneapolis MN, 1949.

Branham, William. "Revelation Chapter Four, Part III, Vol. 13 of The Revelation of Jesus Christ." Spoken Word Publications, Jeffersonville IN, n.d.

Branham, William. "William Branham, The Spoken Word, 2:24-28." Spoken Word Publications, Jeffersonville IN, 1972.

Brown, Candy Gunther, ed. *Global Pentecostal and Charismatic Healing*. Oxford; New York: Oxford University Press, USA, 2011.

Brown, Candy Gunther. *Testing Prayer*. 1. painos. Cambridge, Mass.: Harvard University Press, 2012.

Castells, Manuel. *Communication Power*. 2. painos. Oxford University Press, Usa, 2013.

ChasingRiver. *The Real Jesus - Part 4 - by Bill Johnson*. Accessed February 6, 2016. https://www.youtube.com/watch?v=vHcRI60j0HI.

"CHM: Personal Ministry - Christian Healing Ministries." Accessed February 8, 2016. http://www.christianhealingmin.org/index.php?option=com_content&view=article&id=424&Itemid=482.

Dunn, James D. G. *Unity and Diversity in the New Testament: An Inquiry Into the Character of Earliest Christianity*. New edition. London: SCM Press, 2012.

"Exposed: Magicians, Psychics and Frauds - Exposed: Magicians, Psychics and Frauds - Exposed: Magicians, Psychics and Frauds, 2014-2015, Storyville - BBC Four." *BBC*. Accessed February 5, 2016. http://www.bbc.co.uk/programmes/p029bgws/p029bgkj.

Forsyth, Neil. *The Old Enemy: Satan and the Combat Myth*. Reprinted Ed edition. Princeton, N.J.: Princeton University Press, 1989.

Goff, James R, JR. *Fields White Unto Harvest*. University of

Arkansas Press, 1988.

Harlan, Rolvix. *John Alexander Dowie and the Christian Catholic Apostolic Church in Zion*. R.M. Antes, 1906.

Harrell, David Edwin, Jr. *Oral Roberts: An American Life*. San Francisco, CA: Harpercollins, 1987.

Hippo, St Augustine of. *The City of God*. Peabody, Mass: Hendrickson, 2009.

"Historical Weather For 1983 in Kansas City, Missouri, USA - WeatherSpark." Accessed February 8, 2016. https://weatherspark.com/history/30837/1983/Kansas-City-Missouri-United-States.

Horstmanshoff, H. F. J., H. W. Singor, F. T. van Straten, and Johan Strubbe, eds. *Kykeon: Studies in Honour of H.S. Versnel*. Leiden; Boston: Brill, 2002.

Jeffreys, George. *Healing Rays*. Kessinger Publishing Co, 2003.

Jeffreys, George. *Pentecostal Rays: The Baptism and Gifts of the Holy Spirit*. Elim Publishing, 1933.

"Jezebel Religion -- 61-0319 -- Sermon Preached by William Branham." Accessed July 18, 2016. http://branham.ru/message/message9c9c.html?sermonum=748.

"John Alexander Dowie." *Wikipedia, the Free Encyclopedia*, May 13, 2016. https://en.wikipedia.org/w/index.php?title=John_Alexander_Dowie&oldid=720024842.

Johnson, Bill. *The Essential Guide to Healing*. Grand Rapids, Mich.: Chosen Books, 2011.

Johnson, Bill, and Eric Johnson. *Momentum: What God Starts, Never Ends*. Alkuperäinen laitos. Shippensburg, Pa.: Destiny Image Publishers, 2013.

Kay, William K., and James Robinson. *Divine Healing: The Formative Years: 1830-1890: Theological Roots in the Transatlantic World*. Eugene, Or.: Pickwick Publications, 2011.

Lakeland', Cary McMullen, 'The Ledger of. "Inside Todd Bentley's Florida Outpouring." *ChristianityToday.com*. Accessed February 23, 2016. http://www.christianitytoday.com/ct/2008/september/4.18.html.

Larmer, Robert, ed. *Questions of Miracle*. Montreal Que.: McGill-

Queen's University Press, 1997.

Lindsay, Gordon. *William Branham: A Man Sent from God*. W. Branham, 1950.

Macagno, Fabrizio. *Emotive Language in Argumentation*. Cambridge University Press, 2014.

Marshall, Christopher D. *Faith as Theme in Mark's Narrative*. New Ed edition. Cambridge; New York: Cambridge University Press, 2008.

McChrystal, General Stanley, David Silverman, Tantum Collins, and Chris Fussell. *Team of Teams: New Rules of Engagement for a Complex World*. Portfolio Penguin, 2015.

"Mithras Liturgy." *Wikipedia, the Free Encyclopedia*, December 25, 2015. https://en.wikipedia.org/w/index.php?title=Mithras_Liturgy&oldid=696701414.

Moberly, R. W. L. *Prophecy and Discernment*. 1. laitos. Cambridge, UK; New York: Cambridge University Press, 2008.

"Modern Pentecostalism - A. J. Pollock." Accessed February 8, 2016. http://biblecentre.org/content.php?mode=7&item=439.

Moskvitch, Katia. "Why Does Food Taste Different on Planes?" Accessed February 8, 2016. http://www.bbc.com/future/story/20150112-why-in-flight-food-tastes-weird.

Natale, Simone. *Supernatural Entertainments: Victorian Spiritualism and the Rise of Modern Media Culture*. Penn State University Press, 2016.

Nelson, Douglas J. *For Such a Time as This: The Story of Bishop William J. Seymour and the Azusa Street Revival, a Search for Pentecostal/Charismatic Roots*. University of Birmingham, 1981.

Newberg, Andrew B., Nancy A. Wintering, Donna Morgan, and Mark R. Waldman. "The Measurement of Regional Cerebral Blood Flow during Glossolalia: A Preliminary SPECT Study." *Psychiatry Research: Neuroimaging* 148, no. 1 (November 2006): 67–71.

"New Thought - ReligionFacts." Accessed February 26, 2016. / new-thought.

Orgad, Dr Shani. *Media Representation and the Global Imagination*. Cambridge ; Malden, MA: Polity, 2012.

Parry, Edited by William K. Kay and Robin A. *Exorcism and Deliverance: Multi-Disciplinary Studies*. Milton Keynes: Paternoster, 2009.

"Paul Keith Davis: A New Season - The Church Is Entering an Age of Militancy and Spiritual Confrontation." Accessed February 6, 2016. http://www.elijahlist.com/words/display_word.html?ID=13291.

Prince, Derek. *Protection from Deception*. New Kensington, PA: Whitaker House,U.S., 2008.

Pytches, David. *Some Said It Thundered*. Hodder & Stoughton Religious, 1990.

Robinson, James. *Divine Healing: The Holiness-Pentecostal Transition Years, 1890-1906: Theological Transpositions in the Transatlantic World*. Eugene, Or.: Pickwick Publications, 2013.

Robinson, James. *Divine Healing: The Years of Expansion, 1906-1930: Theological Variation in the Transatlantic World*. Pickwick Publications, 2014.

Sartre, Jean-Paul. *Being and Nothingness: An Essay on Phenomenological Ontology*. 2. laitos. London: Routledge, 2003.

Schaeffer, Francis A. *Church Before the Watching World*. 1st UK Paperback Edition. London: Inter-Varsity Press, 1972.

Seymour, William, and Roberts Liardon. *The Great Azusa Street Revival: The Life and Sermons of William Seymour*. Embassy Publishing, 2014.

Shuler, Robert Pierce. *"McPhersonism" : A Study of Healing Cults and Modern Day "Tongues" Movements Containing Summary of Facts as to Disappearance and Re-Appearance of Aimee Semple McPherson*. The author, 1924.

Solomon, Robert. *Not Passion's Slave: Emotions and Choice*. New York: OUP USA, 2003.

StPaulsLondon. *The Kingdom of God with the Rt Revd Dr Tom Wright*. Accessed February 29, 2016. https://www.youtube.com/watch?time_continue=1584&v=rLiy-WlS9mA.

Sumrall, Lester. *Gifts & Ministries of the Holy Spirit*. New Kensingon, PA: Whitaker House,U.S., 2005.

"The Infancy Gospel of Thomas." Accessed July 25, 2016. http://

gnosis.org/library/inftoma.htm.

"Visions and Revelations. Mike Bickle with Bob Jones, Kansas City, Missouri. Transcribed from Five (1) Hour Tapes," Fall 1988.

Weaver, C. Douglas. *The Healer-Prophet*. Macon, Ga.: Mercer University Press, 2004.

Wesley, John. *Works: Miscellaneous*. B. Waugh and T. Mason, 1831.

"When God Plays Biased Dice." Accessed July 22, 2016. https://www.churchtimes.co.uk/articles/2015/31-july/comment/opinion/when-god-plays-biased-dice.

Wimber, John, and Kevin N. Springer. *Power Healing*. Reprint edition. San Francisco: HarperOne, 2009.

"Wisdom Versus Faith -- 62-0401 -- Sermon Preached by William Branham." Accessed July 15, 2016. http://branham.ru/message/message64e1.html?sermonum=820.

MARKON MUITA KIRJOJA

Suomeksi:
Viisi askelta: taistelu profetian armolahjasta

Englanniksi:
Five Movements: Winning the Battle for Your Prophetic Gift
Cloud 913
Supernatural Love: Releasing the Compassion of Jesus Through the Gifts of the Spirit
The Red Scorpion: A True Russian Mafia Story

iheringius.com

www.ingramcontent.com/pod-product-compliance
Lightning Source LLC
Chambersburg PA
CBHW021144160426
43194CB00007B/682